생각하는 피부

국립중앙도서관 출판시도서목록(CIP)

생각하는 피부: 촉각문화론
지은이: 미나토 지히로; 옮긴이: 김경주, 이종욱
- 서울: 논형, 2014
    p. ;   cm

원표제: 考える皮膚: 觸覺文化論
원저자명: 港千尋
일본어 원작을 한국어로 번역
ISBN 978-89-6357-158-4 03380 : ₩18000

예술 사회학[藝術社會學]
문화론[文化論]

600.13-KDC5
700.103-DDC21   CIP2014021105

생각하는 피부

촉각문화론

미나토 지히로 지음 | 김경주·이종욱 옮김

일러두기

1. 일본어를 비롯한 외국어는 현행 '외래어 표기법'을 따랐다.
2. 원주의 해설부분은 한국어로 옮겼으나 참고문헌은 통상 그대로 두었다. 다만, 한국어 번역본이 있는 경우에는 함께 밝혀 놓았다.
3. 원서에는 부호 ' ', " ", 〈 〉,「」,『』 등이 불규칙적으로 쓰였는데 한국어로 옮기면서 강조일 경우에는 ' '로, 인용구나 문장은 " "로, 영화나 노래, 미술작품 등은 〈 〉, 논문은「」로, 단독의 저서나 작품 등은『』로 통일하였다.

한국어판 서문

이 책이 다루는 대상은, 인간의 신체 표면 전체를 구성하는 최대 기관이자 그 내·외부 경계를 이루고 있는 피부다. 동서를 막론하고 촉각의 감각기관인 피부에 대한 의학적 탐구는 거듭되어왔다. 그와 동시에 피부는 눈에 직접 와 닿는 표면이자 미학적 대상으로서 다양한 장식이 가미되었는데, 이러한 전통은 현대 미용산업으로 이어지고 있다. 이 책은 의학, 인류학, 정신분석학, 사회학, 예술과 제 과학을 횡단하면서 씌어졌다. 이는 피부가 신체의 '전체'를 이루고 있듯이, '전체성'을 특징으로 하는 대상이기 때문이기도 하다. 피부는 지성과 감성을 종합하는 사유의 기회를 제공한다. 그것이 이 책을 쓰게 된 최초의 동기이기도 했다.

초판 간행 후 20년 사이에 현대 사회는 엄청난 변화를 겪고 있다. 예컨대 이 책에서 로봇 팔(Robot arm)이나 인터랙티브 아트(Interactive art)를 다룬 장은, 그 후의 해당 분야에서 일어난 괄목할 만한 발전을 염두에 두고 읽었을 때, 이미 고고학적인 내용으로 비칠지 모르겠다. 반면 차별이나 이민배척 문제를 다룬 장을 다시 읽어보면, 21세기의 정치가 20세기의 그것에 비해 거의 변하지 않은 상황이어서 기가 막힐 지경이다. 피부 감각은 과학기술이 어디까지 발전을 하든 인간성의 가장 깊은 곳에서 우리의 감정과 판단을 지배한다고 해도 좋겠다.

이 책은 내 작업 중에서 1980년대의 군중 연구로부터 1990년대의 기억의 탐구로 이어지는 중요한 위치에 있다. 고도로 정보화된 사회에서는 컴퓨터가 생활 전체의 국면을 지배하는 것으로 생각하기 마련인데 실은 그렇지 않다. 어쩌면 미래에 대해서도 같은 말을 할 수 있을 것이다.

과거에서든 미래에서든 닥쳐올 사태를 알리는 것은 우리 신체의 표면을 두드리는 희미한 신호다. 그것을 감지하는 것이야말로 인간이 갖고 있는 최대의 능력이다. 그런 의미에서 자기의 경계란 폐쇄적인 '벽'이 아니라 무수한 신호에 대해 항상 열려있는, 감각적인 '장소'다. 그 장소에 모습을 드러내는 것이 타자임은 이 책의 핵심에 위치한 신념이라 할 수 있다. 한국어판 간행에 부쳐 출판사와 번역자에게 감사의 마음을 전한다.

2013년
미나토 지히로

일본어 원문

　本書が扱うのは、人間の身体の全表面を構成する最大の器官であり、自己の内と外の境界をなしている皮膚である。触覚を司る感覚器である皮膚については、西欧でも東洋でも古来より医学的探究が重ねられてきた。それと同時に、皮膚は直接目に触れる表面であり、美学的な対象として、さまざまな装飾が施され、それは現代の美容産業にも受け継がれている。本書は医学、人類学、精神分析学、社会学、芸術と諸科学を横断しながら書かれているが、それはとりもなおさず、皮膚が身体の「全体」をなしているように、「全体性」を特徴とする対象だからでもある。皮膚は、知性と感性を総合するような思考の機会を提供する。それが本書を著した最初の動機でもあった。

　第一版の刊行から二十年のあいだに、わたしたちの社会は多くの変化を経験している。たとえばロボットアームやインタラクティブアートを扱った章は、この分野に起きたその後の目覚ましい発展を念頭に置いて読むとき、すでに考古学的な内容にも思われるかもしれない。そのいっぽう差別や移民排斥の問題を扱った章を読み返してみると、21世紀の政治がほとんど変わらない状況を示していることに愕然とする。科学技術がどれだけ進展しようとも、皮膚感覚は人間性のもっとも深いところで、感情や判断を支配していると言ってよいだろう。

本書はわたしの仕事のなかで、1980年代の群衆研究から1990年代の記憶の探求へとつながる、重要な位置にある。高度に情報化された社会では、コンピュータが生活のすべての局面を支配しているかのように思いがちだが、実はそうではない。群衆や記憶といったテーマをとおして人間を見るとき、現在の行動や過去の想起が計算よりも、皮膚感覚に影響されていることがわかる。おそらく未来についても、同じことが言えるだろう。

　過去からも未来からも、やって来る物事を知らせるのは、わたしたちの身体の表面をたたく、かすかな信号である。それを感じることこそが人間がもつ最良の能力であり、その意味で自己の境界とは、閉鎖的な「壁」ではなく、無数の信号にたいして常に開かれているような、感覚的な「場所」なのである。その場所にたち現れるのが他者であることは、本書の核心にある信念と言ってもいいだろう。韓国語版の刊行にさいして、出版社と翻訳者に心からお礼をもうしあげたい。

2013年 12

港千尋

목차

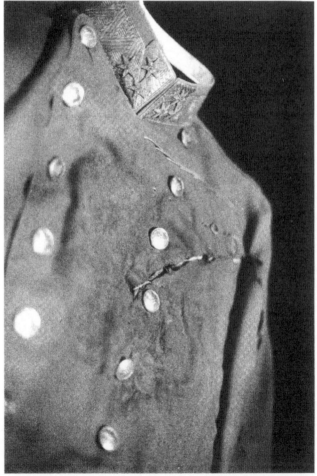

오스트리아 프란츠 페르디난드(Franz Ferdinand) 황태자의 군복, 빈(1992)

1장
현실의 가시

인간의 손은 점점 빈약해지고 있다. 잉카제국의 장신구나 중세의 수공직물을 보고 우리는 그렇게 생각한다. 연말이면 쭉 늘어선 벼룩시장에서 발견한 골동품의 훌륭한 세공을 두고 옛날 사람들은 손재주가 좋았는데 우리 시대는 더 이상 이와 같은 물건을 만들어낼 수 없게 되어버렸노라고 갑작스레 깨닫게 되는 것이다. 박물관에 감도는 어떤 적막감은 어쩌면 일종의 상실감에서 비롯된 것인지도 모른다.

그러나 그러한 감정을 품은 최초의 인간이 대체 어느 시대에 나타났었는지는 알 수 없다. 의외로 관솔불로 동굴벽화를 그리던 사람들이, 이미 그렇게 느끼고 있었는지도 모른다. 요즘 젊은 것들은 사냥도 할 줄 모르고 들소 하나 제대로 그리지 못한다면서 말이다.

그렇더라도 금세기만큼 수작업의 세계가 축소된 시대는 없었다. 고도기술사회란 일손을 줄이는 사회다. 굳이 예를 들 필요도 없을 것이다. 주위에 있는 스위치의 수를 세어보면 될 터이다.

하지만 그 빈약함에 번민하는 일도 없어졌다. 수렵(게임)으로 배가된 섬세한 감각은 오래 전에 잃어버렸다. 오늘날 게임을 하는 아이에게 필요한 것은 단추를 누르는 타이밍뿐이다. 그 빈약한 백 만의 손이 전체가 되어 한 사람의 손처럼 두드리고 있는 광경을 보고 놀라는 경우 또한 더 이상 없다.

열 손가락으로 무엇 하나 할 수 없다

고생물학, 형질인류학, 선사학의 여러 성과를 기초로 생명의 기원에서 현대문명까지 인류가 이룬 영위가 끊임없는 '해방'의 역사임을 밝힌 앙드레 르로와-그랑은『몸짓과 말(Andre Leroi-Gourhan: Le Geste et le Parole)』(1964)이라는 출중한 저서에서 〈손의 운명〉이라는 글을 통해 다음과 같이 언급한다.

"열 손가락으로 무엇 하나 할 수 없다는 사실은 그다지 우려할만한 것은 아니다. 그도 그럴 것이 이 정도로 오래된 신경운동기관이 퇴화하려면 수천 년이 걸리기 때문이다. 그러나 개인 차원에서는 문제가 전혀 다르다. 열 손가락으로 생각할 필요가 없다는 것은 정상적인 계통발생학적 의미에서 인간적인 사고가 일정 부분 누락된다는 뜻이다. 그런 까닭에 종의 차원은 아니라 하더라도 개인 차원에서는 현재 손의 퇴화 문제가 이미 대두되고 있는 것이다."[1]

르로와-그랑은 이 퇴화 문제를 단순히 신체기관의 문제가 아닌 넓게 언어와 영상의 관계 속에서 고찰하고 있다. 그 대담하면서도 정치한 고찰은 기술과 문명의 도달점이 환경과의 관계에서 위기 단계에 접어든 오늘날 얼마간 신선한 관점을 제공해 주는 것이기는 하나, 우리는 이에 더하여 손의 문제를 인간과 현실인식과의 관계 속에서 다루어 보고자 한다. 손이

---

1) アンドレ・ルロワ＝グーラン(荒木亨 訳),『身ぶりと言葉』, 新潮社(1973), p. 151.

감각을 관장하는 가장 중요한 기관인 이상 그 '퇴화'는 촉각에 변화를 미칠 수 밖에 없을 것이다. 혹은 거꾸로 기술 사회 속에서의 촉각 내지는 피부감각의 변화가 이를테면 손의 퇴화로 나타나고 있는지도 모른다. 그것은 바로 우리가 '현실의 감촉'이라 말할 때의 손에 의한 감촉의 문제다.

그러나 사라져가고 있는 것은 손 쪽인가 아니면 현실 쪽인가. 피부는 불감증에 걸린 것인가, 아니면 과민증에 거릴 것인가. 도대체 우리 감각에 무슨 일이 일어나고 있는 것인가. 우선 '아무 것도 할 수 없다' 혹은 '무엇이나 할 수 있다'에 대한 판단은 보류하기로 하자. 대신에 세계와 부대끼고 현실을 느끼는 그 방식부터 살펴보기로 하자.

물질 P

세계가 현실의 것으로 존재함을 확인하는 가장 간단한 방법으로 우리는 손으로 볼을 꼬집거나 잡아당기는 행위를 한다. 통증을 느낀다면 그것은 현실일 것이고 통증을 느끼지 못한다면 꿈이나 환상의 다름 아니다. 현실 식별법이라기보다는 일종의 주술일지도 모른다. 다만, 시각이나 청각이 아닌 촉각이 동원된다는 사실은 우리가 촉각의 이러한 역할을 경험적으로 알고 있기 때문일 것이다. 꿈과 생시의 경계에서 백 번 듣거나 한 번 보는 것 보다 빼어난 기준은 통증이다.

통증이란 무엇인가. 국제통증학회(International Association for the Study of Pain)의 정의에 따르면 통증이란 "조직의 실제 혹은 가상의 손상을 동반하는 지각적, 정서적으로 불쾌한 경험"이라 규정하고 있다. 이정의에는 최근 20여 년간의 통증에 관한 연구와 거기에서 얻어진 새로운 견해가 요약되어 있다. 우선 통증은 실제 조직의 손상뿐 아니라 가상적인 손상으로도 일어난다. 예컨대 팔이나 다리가 절단되어 신체의 일부를 잃어버렸음에도 진통을 느끼는 환지통(幻肢痛 , fant me de douleu)이라 불리는 통증의 존재가 알려져 있다. 통증은 지각만이 아닌 정서적인 경험이기도 하다. 다시 말해 말초의 자극뿐 아니라 통증을 느끼는 주체의 사고나 정서, 동기 등에 의해서도 좌우되는 경험이다.

통증은 데카르트의 유명한 "불꽃이론"에 의해 기초가 다져진 이래 통각의 전도로를 통한 자극과 반응의 상관관계로 다루어져 왔다. 통증의 감각을 낳는 말초신경은 대부분의 기관에 존재하고 있으나 특히 피부 그리고 내장에 분포되어 있다. 이들 말초신경은 온도나 압력 등의 외부로부터의 자극뿐 아니라 생체 내부에서 만들어진 화학물질에도 반응한다. 이 반응이 대뇌에 '통증'으로 전달되기까지의 과정은 대강 다음과 같다.

데카르트에 의한 반사궁도(反射弓圖)(1664)

불꽃이 손의 피부에 닿으면 자극은 거기에서 퍼져 있는 신경을 타고 뇌로 전달된다. 그러나 이 그림으로는 뜨거운 석탄 위를 맨 발로 건너는 행동을 설명할 수 없다. 데카르트의 천사에게 "무념무상의 경지에 이르면 불조차 시원하다"고 해봐야 통하지 않을 것이다.

아무 것에도 둘러싸여 있지 않고 노출된 채로 나뉘어져 있는 이들 수
상돌기의 최종분지(分枝)가 자극을 받으면 임펄스(impulse)를 일으켜 그
것이 신경을 따라 전파되고 척수신경절에 도달한다. "통증 뉴런"은 거기
에서 축색(軸索)을 대뇌로 밀어 올리는 개재(介在)뉴런과 시냅스를 형성
한다. 이 "통증 뉴런"은 자극을 받으면 물질 P라 불리는 화학물질을 방출
한다. 이 물질이 척수 차원에서 대뇌까지 도달하는 임펄스를 일으키는
통증의 전달물질인 것이다.

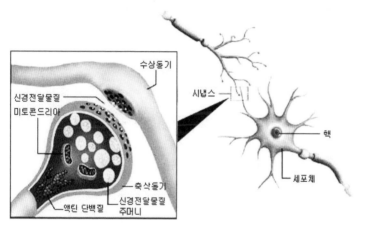

뉴런의 구조

이처럼 통증 특유의 말초에서의 자극과 그 전달을 일방통행적인 특이한
관계로 이해해온 이론에 대해, 통증을 말초와 중추와의 상호 관계로 파악
할 수 있게 한 것이 1965년 로날드 멜잭(Ronald Melzack) 등에 의해 제창된
'게이트 이론(gate control theory of pain)'이다. '게이트 컨트롤'이라고도 불
리는 이 이론의 열쇠는 통증의 활동이 유발되기 전에 자극의 양을 제어하

는 관문 시스템을 상정한 데 있다. 자극은 두께가 다른 두 종류의 신경섬유를 통해 전달되고 게이트는 이들을 지나는 자극의 양에 따라 개폐된다. 두꺼운 신경섬유에서의 자극이 게이트의 폐쇄를, 가는 쪽이 게이트의 개방을 담당하여 그 상황에 따라 중추에서의 지령에 개폐가 이루어지는 것이다. 게이트가 열리고 척수의 개재 뉴런에 전달된 자극이 어떤 수준에 이르러 비로소 통증에 관여하는 활동 시스템이 활성화하게 된다.

이 이론의 이점은 실제로 통증의 자극이 없더라도 게이트 개폐상태의 균형이 무너짐으로써 통증 활동이 일어나 버리는 것을 설명 가능하다는 데 있다. 예를 들면 환지통은 말초가 아닌 게이트에서의 문제로 이해할 수 있다. 또 게이트의 개폐가 중추신경의 제어 아래 있다는 사실은 그것이 사고나 감정과 같은 중추신경의 다른 활동의 영향을 받는 점도 시사하고 있다. 통증에 관여하는 것은 어떤 특정 중추가 아닌 인지나 사고, 정서 등의 여러 정신활동이다. 따라서 통증을 해명하려면 생리학적 메커니즘뿐 아니라 생리학적인 요소까지도 고려해야 한다는 뜻이 된다.[2]

또 물질 P가 통증을 전달하는 것이라면 이 물질의 생성을 저해함으로써 통증을 멈추게 할 수 있게 된다. 예컨대 아주 잘 알려져 있는 진통제 모르핀에 함유되어 있는 양귀비의 추출물, 모르핀의 활동은 이 메커니즘에 따라 설명된다. 즉 모르핀은 말단에서, 통증 신경으로부터 물질 P가 방출되는 것을 억제하는 것이다.

신경생리학(Neurophysiology)은 통증을 포함한 모든 감각의 물질적 기초를 해명하고 있는 중인데 최근에는 기쁨이나 분노와 같은 감정조차

---

2) 丸田俊彦, 『痛みの心理学 : 疾患中心から患者中心へ』, 中央公論社(1989).

도 화학적 메커니즘으로 설명할 수 있을 정도로까지 성과를 내고 있다. 그러한 연구 성과가 특히 흥미로운 까닭은 감각이나 감정의 물질적 기초의 해명이 현대인의 감각이나 감정 조절과 직접 연결되어 있기 때문이다.

예컨대 이 분야의 선구적 연구자의 한 사람이자, 발표 당시 전문분야를 훨씬 뛰어넘어 철학에서 예술 분야에 이르기까지 커다란 파장을 일으킨 쟝 피에르 샹주(Jean-Pierre Changeux)의 저서 『뉴런 인간(Neuronal Man: The Biology of Mind)』은 세계에서 가장 많이 팔리는 약물인 벤조디아제핀(Benzodiazepine)류의 억제 메커니즘에 대한 설명으로 끝을 맺는다.

"이들 약진정제(弱鎭靜劑, minor tranquilizer)는 억제성 신경전달물질 감마 아미노락산의 대뇌 수용체에서 작용한다. 그 효과를 강화하면 이들 약물은 불안을 진정시키고 수면을 유도한다. 프랑스에서는 매월 700만 갑이 팔리고 있는데 공업 국가 대부분이 같은 수만큼의 판매를 하고 있다. 성인의 4분의 1이 스스로를 화학적으로 진정시키고 있는 것이다".[3]

신경전달물질에 따른 조절은 그 메커니즘이 해명되기 훨씬 이전부터 이루어져왔고 아편으로 대표되는 약물의 사용은 시대와 민족을 초월하여 수많은 예가 보고되고 있다. 그러나 여기에서 지적되는 것처럼 양적으로 대규모이면서 조직적인 생산과 소비는 오늘날 이전에는 없었다. 게다가 이 수치가 제시하고 있는 것은 조절을 위한 '진정'의 한 측면일 뿐

3) ジャン=ピエール シャンジュ(新谷昌宏 訳), 『ニューロン人間』, みすず書房(2002), p. 405.

다른 측면에는 '각성' 즉 대부분의 공업국가에서 사용되고 있는 '약물'로 총칭되는 화학물질의 남용이 있다.

이러한 상황에 대한 일반적인 비판은 약물 사용이 '현실로부터의 도피'라고 주장하는 것이다. 단순하기는 하나 함축적인 표현이다. 왜냐하면 신경전달물질 및 그 조절이 현실과의 관계에서 다루어져야할 문제임을 시사하고 있기 때문이다. 코카인을 둘러싸고 국가 규모의 전쟁이 일어나는 것을, 국제 경제적 남북문제의 질곡이라 설명하면 그만이다. 그러나 그 말단에서 진행되고 있는 인류의 현실 변용을 배제하고서는 진정한 문제의 소재를 밝힐 수 없을 것이다.

통증이 없어지면 현실도 사라진다. 그렇다면 우리는 오히려 물질 P에 대한 생물학적 개념정리를 결론이 아닌 출발점으로 삼아야 한다. 인간이 뉴런과 시냅스의 집합에 다름 아닌 존재라면 그 때문에라도 그러한 인간이 존재하는 동안 어떠한 현실이 다가오고 있고 또 어떠한 세계가 가능한지를 따져봐야 할 것이다.

촉각문화

통증의 물질적 기초는 모든 인간에게 적용되는데 통증의 수용에는 커다란 개인차가 있다. 종종 스포츠 선수가 시합 중에 입은 상처를 경기가 끝난 뒤에야 비로소 의식하게 되는 현상은 한 개인에게도 시간과 경우에 따라 통증을 느끼는 방식이 다름을 나타낸다. 또 고통의 수용은 개인의 힘으로 바꿀 수 있는 것이고 그 실천이 다양한 '수행'으로 체계화되어 있음을 우리는 알고 있다.

현대 사회에서 통증은 보통 의학의 영역에서 다루어지고 거기에서는

통증의 제거가 목적이기는 하나 예컨대 고통의 감내를 요구하는 통과의
례가 오늘날의 많은 사회에서 실천되고 있는 것 또한 사실이다. 따라서
통증은 물질적으로는 얼마간의 메커니즘으로 환원되지만 그 표현은 실
로 다양한 형태를 띠고 있다. 이 경우 고통을 하나의 문화로 생각할 수도
있겠는데 시각문화나 청각문화를 다루듯이 할 수는 없으리라. 피부가 인
체 구석구석을 덮고 있듯이 그 감각은 표현활동의 전 영역을 덮고 있다.
시각예술로서의 회화나 청각예술로서의 음악에 대응하듯 하나의 표현형
식을 촉각에서 찾아봐야 소용없는 짓이다. 같은 방식으로 촉각이 집중된
손은 모든 활동의 기초기 때문에 촉각만을 독립시켜 그 표현 형식을 생
각할 수는 없다.

통증 감각은 수행으로도 바꿀 수 있다. 사진 상의 힌두교 수행자는 바늘 침대에 누워 염
주를 만지작거리며 만트라(mantra)를 중얼거리고 있다. 손끝의 기운을 단련하는 염주가
불교나 기독교에서 공통적으로 이용되듯 대부분의 종교에서 통증을 견디는 훈련은 기본
적인 수행 중 하나다.

　여기에는 오랫동안 우리를 지배해온 하나의 모델이 있다. 피부는 육체
를 감싸는 자루임과 동시에 외계로부터의 정보를 받아들이는 감각기관

이기도 하다. 예를 들면 통증의 메커니즘에서 살펴보았듯이 불꽃의 자극은 피부라는 '말단'에서 뇌라는 '중심'에 전달된다. 거기에 불이 있다는 현실을 파악하는 것은 어디까지나 인간의 '중심'이다. 화상의 감각이나 불의 이미지, 화염에서 받은 감정 등에 대한 인간의 정신활동을 이해하기 위해서는 이 '중추' 활동을 밝혀야만 한다. 따라서 신체 '주변'을 구성하는 피부는 인간의 본질에는 관여하지 않는다. 피부는 인간의 표면이고 그 본질은 그 속 깊은 곳에 감추어져 있다. 피부는 비본질적이다.

앞으로 살펴볼 감각문화란 이 모델을 역전하는 것이다. 거기에서 피부는 단순한 자루도 중추를 섬기는 말단도 아니다. 피부와 뇌는 계층적인 관계가 아닌 기하학적인 관계로 이해할 수 있다. 피부는 종속적이지 않다. 피부를 뇌의 확장으로서, 뇌를 개켜놓은 것으로 이해해야 한다. 본질은 피부에 있다.

따라서 촉각문화가 중요시되는 것은 현실의 존재가 아닌 현실의 생성에서다.

응콘데(Nkonde)─가시를 꽂아 만든 조각상

아프리카 적도 부근, 콩고와 자이레를 중심으로 불가사의한 조각 군이 분포한다. 현재는 세계의 인류학박물관에 산재해 있으나 로앙고(Loango)의 조각상이라 총칭되는 이 조각 군은 17세기 무렵 이 지방을 탐험한 유럽 사람들에 의해 보고되었다. 식민지에서 거두어들인 진귀한 오브제가 본국 수집가들의 진열장을 장식하였는데 이는 박물관의 전신을 이루고 있던 무렵의 이야기다. 그러나 로앙고의 조각상은 보통의 식민지 컬렉션에서는 배재되었다고 한다. 처음부터 진기하게 여기기보다

는 공포의 대상으로 여겼던 것이다.[4]

　이유는 분명하다. 당시의 선교사는, 로앙고 지방에서 알게 된 수많은 우상을 소각했다고 보고했는데 어쩌면 이교의 우상이 이 정도로까지 배제된 경우는 없었을 것이다. 그 중에서도 응콘데라 불리는 조각상은 가면이나 다른 조각들과 비교하여 그 색다른 형태가 눈에 띤다. 그들의 눈에 그것이 악마를 머물게 하는 우상으로 비쳤다 해도 무리가 아니다.

자이레의 응콘데 조각상(아프리카박물관/베르크엔달)
높이 90센티미터. 치켜든 주먹에는 쇠사슬이 쥐어져 있고 얼굴과 다리를 빼고는 촘촘하게 못이 박혀 있다. 뭉툭한 다리와 크게 벌려진 입과 눈이 보는 사람을 위협한다. 표정의 사실적인 표현은 아프리카 예술 중에서는 오히려 예외적이고 이 조각상이 애초부터 다른 조각상이나 가면과는 다른 목적에서 만들어졌음을 드러내고 있다. 또 대부분의 응콘데에는 복부에 부정한 것을 물리치는 거울이나 순산을 비는 자패가 끼워져 있다.

---

4) 응콘데를 포함한 아프리카 주물에 대해서는 아프리카예술 전문 연구기관인 다페르재단이 발행한 자료를 참고로 했다. *Objets Interdits*, Editions Dapper, Paris, 1989.

응콘데는 높이 1미터 전후의 목조로 그 대부분이 입상이다. 머리 부분의 표현은 사실적이고 전체적으로 균형을 갖추고 있으며 표면의 부드러운 처리를 보아도 느낌이 힘차면서도 아름다운 조각상의 조건을 갖추고 있다. 얼굴의 표정은 위협적이다. 종종 한쪽 손을 치켜 올린 동작에서도 힘의 과시를 느끼게 한다.

이러한 조각상이 보는 이로 하여금 눈길을 거두게 할 정도의 공포를 주는 것은 전신에 박힌 금속 파편 때문이다. 여태까지 파리 아프리카 오세아니아박물관, 인류학박물관, 다페르 재단(Olfert Dapper), 또 빈, 베를린, 제네바의 인류학박물관 등에서 여러 종류의 응콘데 조각상을 보아왔다. 그것을 처음 보았을 때도 강한 전율을 느꼈는데 그 후 몇 번을 더 보아도 그 위화감이 무뎌지는 일은 없었다. 냉정하게 생각해보면 그것이 갖고 있던 주술적 힘이 박물관의 유리 상자 속에서 소실되어 있을 터임에도 유리 상자 안쪽에서 이편을 향해 무언가가 찌르는듯한 느낌에 두려웠다.

자세히 보면 신체에 박혀 있는 금속은 못, 화살촉, 손도끼의 날 등으로 그것이 전체를 둘러 침산(針山)처럼 되어 있다. 허리 부분에 한해 못이 집중되어 있거나 복부와 목 주변에 박혀 있거나 또는 말 그대로 전신을 뒤덮고 있는 경우도 있다. 안면에 박혀 있는 경우는 상당히 드물다. 금속 파편이 통일적으로 사용되지는 않았고 못이라 하더라도 여러 종의 것이 무작위로 박혀 있다.

응콘데는 응키시(Nkisi)라 불리는 주물(呪物)의 일종이다. 주술적인 목적을 위해 사용되었을 것이라 추정되는 응키시의 특징은 복부에 고무를 접착제처럼 사용하여 쑤셔 넣은 자패(紫貝, cowrie)나 작은 거울이 있다는 점이다. 그리고 종종 베나 새의 깃털 등도 말아서 붙여 놓았다. 다시 말해 나무를 바탕으로 금속이나 고무, 베 등의 다른 재료를 덧붙인 일종의 아상블라주(assemblage)로 거기에 무수의 금속 파편이 박힌 조각상을 응콘데라 부르는 것이다.

응콘데처럼 커다란 것은 가족의 전유물이 아닌 공동체 전체를 위한 조각상이었다. 조각상이 실제 어떤 용도로 쓰였는지에 대해서는, 병의 치료에서 전쟁 승리의 기원, 도둑에게 저주를 퍼붓는 의식에 이르기까지 다양한 예가 보고 되고 있다. 하나 같이 응강가(Nganga)라 불리는 주술사가 조각상에 말을 붙임으로써 그 선조에게 근원적인 힘을 불러들이고 그때그때 목적에 따라 조각상에 못을 박거나 베, 동물의 털, 새의 깃털을 쑤셔 넣거나 했다. 그렇게 한 번 박아 넣은 못이나 베는 그 목적이 달성될 때까지, 예컨대 바라는 바 때로는 저주가 이루어질 때까지 뽑혀져서는 안 된다. 보이지 않는 힘과의 약속인 경우에는, 그것이 다른 약속으로 대체될 때까지 못은 그대로의 의미를 지닌다.

따라서 이 금속 파편에는 저마다 응강가가 불어넣은 말이 담겨 있다. 얼른 보아서는 아무렇게나 박혀 있는 듯 보이는 침산이 실은 공동체가 치른 의식의 기록을 이루고 있는 셈이다. 그것이 어떤 내용의 것인지는 지금으로써는 알 길이 없다. 그것을 알고 있는 이는 어쩌면 못을 박은 당사자, 즉 주술사뿐일 것이다.

다시 말해 응콘데 조각상은 한 명의 조각가가 만든 것이 아니다. 최초의 목상은 한 사람이 만들었을 것이다. 목상의 크기를 보더라도 또 전체적인 마무리를 보더라도 그것들은 하나의 미의식에 의해 만들어졌음에 틀림없다. 그러나 그것은 완성품이 아니다. 조각상은 그 후 응강가의 손에 넘겨지고 수많은 의식을 거쳐 변형이 더해져 간다.

의식이 거듭되는 동안 조각상은 늘 모습이 바뀌게끔 되어 있다. 공동체 속에서 힘을 발휘하는 내내 조각상은 생성의 도상에 있다. 그런 의미에서 이들 조각상에 완성이라는 상태는 있을 수 없다. 지금 우리 앞에 있는 조각상은 그 힘이 다해서 버려졌든지 아니면 억지 폭력에 의해 강탈되어 반출된 것이다. 이런 점 때문에 응콘데 조각상은 완성된 가면이나 다른 조각상과는 다른 성격을 띤다. 그 형태가 갖고 있는 무어라 형언하기 힘든, <u>으스스한</u> 분위기의 뿌리도 여기에 닿아 있을 것이다.

콩고의 응콘데(인류학박물관/ 파리)

길이 88센티미터. 짖고 있는 표정과 돌출된 혀는 사람 모양의 응콘데와 마찬가지로 위협적이나, 머리 부분의 처리가 놀라울 정도로 매끄럽다. 그런 까닭에 전신을 뒤덮은 못이 어색하고 이상스럽다. 못으로 된 돗자리에 누워 있는 수행자와 이들 응콘데는 의식적(儀式的) 고통의 양극을 이루고 있다.

응콘데가 그것을 보는 이에게 공포를 느끼게 하는, 촘촘하게 박힌 못의 실체는 사실상 촘촘하게 박힌 말의 수다. 이 못들의 불변성만큼 강렬한 인상을 주는 것은 없다. 못은 그것이 박혔을 때의 힘을 조금도 잃는 일 없이 남기고 있다. 게다가 그 못은 인간이 창조한 목상에 박혀있는 것이라 그것을 보고 아픔을 느끼지 못 하는 이는 없을 것이다. 고통의 물질화로서 이만큼 순수한 형태는 드물다.

고통은 응강가가 못을 빼기 전까지 지속된다. 그 말이 성취될 때까지 고통은 남는다. 파리의 인류학박물관에 동물의 형태를 한 응콘데가 있다. 맨 처음 보았을 때 고슴도치의 조각상이라 생각했다. 전신에 빼곡하게 못을 박아 원형을 알 수 없게 해버렸다. 그것이 실은 개였다. 등골이 오싹했다.

고슴도치는 방어라는 행동을 순수하게 형태화한 동물이나 그 개는 말하자면 고슴도치의 역인 것이었다. 다시 말해 인간의 명령을 일상적으로 받고 있는 개는 주인의 말에 대해 아무런 방비조차 갖지 못한다. 명령이라는 못이 끝없이 박히는 상태를 물질화한 것이 바로 응콘데다.

명령이라는 가시

이 상태를 가리켜 엘리아스 카네티(Elias Canetti)는 명령이란 영구불변의 가시라 단정지었다. 게다가 명령은 말보다 오래되었다.

"만약 그렇지 않았던 개들은 명령을 이해할 수 없었을 것이다. 〔중략〕 동물들은 명령을 따르고 금지를 지킨다. 따라서 명령의 여러 가지 원형을 고대에서 찾는 일은 지극히 당연한 것이다. 적어도 명령이 어떠한 형태로든 인간사회의 외부에 존재하고 있음은 분명하다."[5]

---

5) エリアス・カネッティ(岩田行一 訳),『群衆と権力』, 法政大学出版局(1971), 37. 엘리아스 카네티(강두식 외 옮김),『군중과 권력』, 바다출판사(2002).

카네티는 이러한 명령의 근원을 동물 사이에서도 발견되는 '도주명령'에 귀착한 다음 명령의 본질을 세력과 가시로 분해한다. 세력이란 명령이 내려졌을 때 그것이 미치는 범위와 힘이고 가시란 명령을 수행하는 자의 내부에 남아 있는 것이다. 명령이 기대대로 수행되면 가시는 사라진다.

"그러나 가시는 명령을 수행한 인간 내부에 깊숙이 꽂혀서 그대로 거기에 머무른다. 인간의 모든 심리구조 속에서 이 정도로 변화가 적은 것은 예를 찾기 힘들다. 명령의 내용은 명령이 최초로 내려진 순간에 영구히 확정된 것이어서 [중략] 그것이 다시금 나타날 때까지 몇 년이든 몇십 년이든 매몰된 채로 지속될지도 모른다. 다만 명령은 결코 사라지지 않는다. 이 사실을 이해하는 일이 절대 필요하다. 명령의 수행은 끝이 아니다. 명령은 영원히 쌓인다."

명령에 대한 굉장히 특이한 이 고찰은 카네티가 주장하는 권력론의 핵심을 이루고 있다. 그러나 여기에서 우선 우리에게 중요한 것은 명령이 말보다 오래된 무엇이고 게다가 그것은 가시로서 불변인 채 쌓인다는 통찰이다. 그것은 수십 년간 감추어져 있을지도 모르지만, 사라지는 일은 없다. 그것은 응콘데와 마찬가지로 살아 있는 것이어서 늘 끝이 없는, 생성 상태에 있다고 바꿔 말할 수 있을 것이다.

토미 웅게러의 가시
여기에 응콘데의 현대판이라 할만 한 사진집이 있다.[6] 토미 웅게러

---

6) *Tomi Ungerer PHOTOGRAPHIE*, Heidelberg, 1990.

(Tomi Ungerer)는 오늘날 일러스트레이터, 또 그림책 작가로서도 잘 알려져 있는데, 최근 1960년 이후의 사진 작품만을 편집한 책이 그 전시회에 맞춰 출간되었다. 웅게러는 프랑스 알자스에서 태어난 후 뉴욕으로 건너가 광고 일러스트로 성공을 거두고 여러 종의 상을 수상했다. 그 후로는 그림책 작가로 유명해졌는데 근년에 들어서는 가족과 더불어 캐나다와 아일랜드에 농장을 차려 자급자족적인 생활을 실천해왔다.

사진은 그 일상 속에서 찍은 것들이 대부분인데 내용은 보통의 가족사진과 거리가 멀다. 아름다운 아일랜드의 풍경과 도축현장, 함부르크 밤 풍경이 주는 이상스런 생태(生態)가 같은 리듬으로 편집되어 전체적으로 짙은 죽음의 냄새가 난다. 웅게러는 머리말에서 알자스에서 보낸 소년 시절에 제2차 세계대전을 경험하고 자신의 집 앞에 포로수용소가 지어진 데서 정신적으로 깊은 상처를 받았노라고 회상한다. 그 보이지 않는 상흔이 전편에 그림자를 드리우고 있는 듯한, 섬뜩한 사진집이다.

그림책 작가로서의 웅게러는 판타지보다는 잔혹성과 공포가 감추어진 안데르센의 직계라 해야 할 작품을 발표해왔다. 따라서 사생활의 기록이라고도 볼 수 있는 사진 앨범은, 어린이에 대한 잔혹성을 가장 깊은 부분에서 이해하고 있는 웅게러의 창조의 비밀을 조금은 밝힐 수 있을지도 모른다.

웅게러 사진집의 가장 공포스러운 부분은 바로 인형에 바늘을 찔러놓고 찍은 시리즈일 것이다. 인형을 사용한 사진이라면 곧 베르나르 포콩(Bernard Faucon)이 떠오르지만 거기에는 포콩이 시간을 들여 불어넣은 상징적 세계가 티끌만큼도 없다. 웅게러가 사용한 것은 마네킹이 아니라 아이들이 가지고 놀법한 바비인형이다. 그 인형을 발가벗겨 사람을 구속할 때 쓰는 도구로 묶거나 색깔이 서로 다른 핀 침을 수없이 꽂는 행위를 그대로 찍은 탓에 엽기성 범죄를 연상시켜 소름을 돋게 한다.

〈무제〉, 토미 웅게러

일본에서도 인형에 못이나 바늘을 꽂는 행위는 아프리카와 마찬가지로 저주를 뜻한다. 그 변형은 여러 형태인데 오늘날에도 볼 수 있다. 1970년대 런던의 젊은이들이 갑작스레 귀나 코에 안전핀을 꽂고 돌아다닌 것은 왜였을까. 웅게러가 이 바늘에 어떤 말을 실었는지는 밝혀져 있지 않다.

웅게러는 대량생산에 따른 제품이 갖는 무기적인 성격의 인형들에 증오심을 품고 있는 것일까. 그럴지도 모른다. 그러나 그보다는 웅게러 자신이 밝히고 있듯이 그림책을 발표할 때마다 "아이들에게 맞지 않다"는 격렬한 비난에 휩싸여 온 작가의, 세상이 내세우는 위선적인 상식에 대한 복수로 이해하는 쪽이 맞을 것이다. 그 복수의 침은 웅게러 자신에게서 나오는 것임에 틀림없다. 전쟁이 어린 신체에 쑤셔놓은 무수의 침이다. 이러한 유추는 최근 읽은 작은 신문 기사를 통해 확인할 수 있을 듯하다. 그것은 세계에서 가장 많이 팔리는 '옷을 갈아입힐 수 있는 인형'의 원작자의 죽음을 알리는 뉴스였다. 그리고 기사는 마지막에 원작자가 인형뿐 아니라 미사일 디자인에서도 중요한 업적을 남겼노라고 덧붙였다.

가시는 제거할 수 있는가

이렇듯 집요하기 그지없는 가시를 제거할 수는 있는 것일까. 웅게러가 찍은 아일랜드의 함초롬한 풍경사진이 그저 단순하게 아름답듯이, 가시는 숨겨져 있어 시각적으로 인지할 수 있는 것이 아니다. 게다가 그것은 절대 불변한 것으로 남아 있다. 우리가 의지할 수 있는 것은 촉각뿐이다. 다시 말해 내부에 존재하는 이물감을 느끼는 것이다. 카네티는 그 프로세스를 다음과 같이 밝힌다.

"가시는 바로 그 인간의 내부에 고립적인 것으로, 그의 육체 속에 깃든 이물로 남아 있다. 가시가 얼마만큼 깊게 닿아 있든 그 존재가 얼마만큼 피막에 둘러싸여 있든 가시가 그 소유자에게 무거운 짐인 사실에는 변화가 없다. 가시는 그의 내부에 은밀하게 부착되어 일종의 친근해지기 힘든 존재로 고정되어 있다. 가시를 제거하는 일은 참으로 곤란하다. [중략] 그것이 가능한 것은 가시가 처음 침입했을 때의 기세와 동등한 기세를 다시금 지닐 경우에 한한다. [중략] 이 기세를 얻기 위해서는 본래의 명령 상황으로 되돌아갈 필요가 있다. 즉 그 상황에 대한 정확한 재현이 불가결한 것이다."[7]

정확한 재현을 위해서는 가시에 찔렸을 때의 상황을 정확하게 기억하고 있어야 한다. 하지만 걱정할 필요는 없다. 그것을 기억하고 있는 것은 다름 아닌 가시 자신이기 때문이다. 조각상에 박힌 못이 갖고 있는 불변성의 정체는, 실은 못의 기억 그 자체였다.

"가시는 마치 가시 자신에 대해 즉 그것이 박혔을 때의 상황에 대해서만큼은 기억하고 있는 듯한 안배다. 그 오랜 상황의 출현 기회가 도래할 것을 몇 개월이고 몇 년이고 몇십 년을 기다리고 있는 듯한 안배다. 이 상황이 재현될 때 가시는 다시금 그것을 인정해야 한다. [중략] 모든 일은 돌연히 이전의 상황과 전혀 바뀌지 않게 되고 행위자들의 역할만 완전히 역전된다. 이 순간이 찾아 왔을 때 가시는 득달같이 전력을 다해 스스로의 희생자를 급습한다. 전복은 마침내 기정사실화 한다."

우리가 현재 경험하고 있는 것은 이 가시의 전면적인 봉기에 다름 아니다. 카네티의 예언대로 가시는 수십 년이나 축적되어 옛 상황의 도래를 계속 기다렸다. 전복은 우선 동구에서 일어났다. 다시 머지않아 금세기 최대의 명령기계인 중추 부분을 급습하게 되었다. 냉전의 종언이란 동결되어 있던 가시의 해동에 지나지 않았다.
이처럼 거대한 가시의 제거는 물론 혼자서 할 수 없다. 그러나 "아무리

---

7) エリアス・カネッティ, 앞의 책, p. 41.

복잡기괴한 가시라 하더라도 모든 가시로부터의 해방이 군중 내부에서는 가능하다". 우리들이 목전에서 경험하고 있는 군중현상은 다시 말해 군중에 의한 가시 제거 작업인 것이다.

그렇다면 응콘데의 조각상을 앞에 두고 느끼는 공포의 실태 역시 분명해진다. 왜 응콘데상이 여기에 있는가. 우리는 몇십 년은 고사하고 수 세기에 걸친 퇴적을 보고 있는 것이다. 이는 식민지화라는, 인간을 깊은 데서부터 붙들고 지배하는 명령시스템을 말한다.

우리는 이미 노예에게 내려진 명령으로 시작된 그 최초의 상황을 잊어버렸노라 생각하고 있는지도 모른다. 그러나 가시는 기억하고 있다. 조각상에 박힌 못의 대부분은 유럽인이 야기한 것이다. 그 못을 박으면서 주술사들이 어떤 말을 입에 올렸는지 우리는 알지 못 한다. 유럽의 세계 정복이 개시된 지 정확히 500년째다. 가시는 상황의 도래를 호시탐탐 기다리고 있다.

가시는 우리의 감각에 호소하고 있는 것은 아닐까. 역사가 결코 완성될 수 없음을, 우리들은 항상 생성의 도상에 있음을 그리고 그 순간을 마침내 맞이해야 함을.

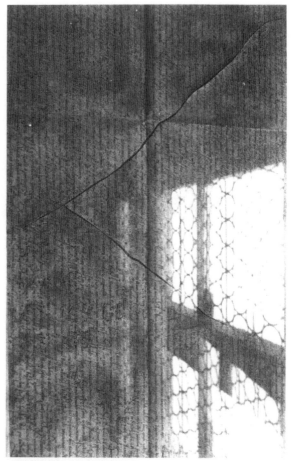

성(城)의 고문서, 프라하(1989)

2장
통증의 도상학

문신이 유행이란다. 최근의 잡지 기사에 따르면 도쿄 시부야(渋谷)를 중심으로 젊은이들 사이에서 문신이 유행하고 있다고 한다. 기사의 대상인 '시부야의 젊은이들' 사이에서는 일본어 '문신' 대신 타투라는 영어를 쓰는데 사진을 자세히 보면 벚꽃 풍경이나 용의 승천 같은 일본 전통예술로서의 모티브는 하나도 없고 거의가 미국에서 만들어진 이미지들뿐이다. 백골, 버펄로, 늑대 등이 그것이다. 가죽 상의나 할리 데이비슨과 같은 것들에 애용되어온 현대 미국문화의 의장이다.

기사는 문신사 스스로가 본고장의 기술을 익히기 위해 미국 본토에 다녀와 개점한지 2년 만에 벌써 700여 명을 새겼다고 한다. 젊은이들에게 그것은 '삶의 방식을 미국풍으로 치장하는 패션'이자 '자유의 나라 미국의 상징'인 것이라 전한다. 따라서 은밀하게 '감추는' 문신이 아닌 당당하게 '보이는' 타투인 것이다. 어쨌든 어떤 '자유'가 피부에 새겨져 있기는 한 것 같다.

타투(tattoo)의 계보
타투라는 말의 기원은 폴리네시아어 타타우(Tattaw)로 18세기말 제임스 쿡(James Cook) 선장이 태평양 탐험 항해 때 타이티(Tahiti) 섬에서 완벽에 가까운 전신 문신을 관찰하고 또 실제로 폴리네시아 사람을 유럽에 데리고 귀국함으로써 일반화되었다. 폴리네시아의 문신 기술은 쿡 선장을 비롯하여 그 후에도 많은 탐험 항해를 통해 관찰 기록되었다. 러시아 사람 크루젠슈테른(Adam J. von Krusenstern)은 마르키즈 제도(Iles Marquises)의 히바 오어(Hiva Oa)섬 추장을 배로 초대했을 때, 그 추장은 생전 처음으로 거울에 비친 자신의 모습과 몸에 새겨진 문신을 몇 시간이고 들여다보았다고 한다.

쿡 선장의 항해 일지나 그와 동행한 조셉 뱅크스 경(Sir Joseph Banks)을 비롯한 박물학자들의 기록은 두 세기가 지난 오늘날에도 학술적 가치가 높다. 그들이 느낀 감동의 신선함과 관찰의 정확성은 잃어버린 문명에 관한 귀중한 자료로서 뿐 아니라 태평양이라는 문명권이 상상력의 위대한 보고였음을 전해준다. 마르키즈제도에서 쿡이 관찰한 타투를 새기는 모습 역시 그 한 예다.

"타후타이는 지면에 앉아 상체를 뒤로 젖히고 머리를 다른 남자의 무릎 위에 올렸다. 남자는 머리가 움직이지 않도록 야무지게 붙들었다. 곁에 앉은 문신사가 작은 망치를 이용하여 예리하게 깎은 빗을 피부에 찌른다. 가끔씩 빗을 염료에 담근다. 이 빗의 움직임에 따라 타후타이의 관자놀이 한쪽에서 다른 한쪽으로, 이마를 가로질러 흐른 피가 활모양을 그린다. 얼굴은 통증 때문에 굳어지고 거무스레한 피로 뒤덮인다. 신경질적인 몸부림이 전신에 퍼져 타후타이는 빗을 빼달라고 간청한다. 결코 지울 수 없고 기묘하기 짝이 없는 이 민족 장식을 위한 대가는 적지 않다."[1]

태평양, 특히 폴리네시아는 지구상에서 가장 복잡한 문신을 낳았고 쿡
선장 등의 보고로 이 예술은 유럽에 전해지게 되었다. 찰스 다윈(Charles
Robert Darwin)도 타히티에 기항했을 때 그들의 문신을 목격한다.

"남자들은 거의 전원이 문신을 새기고 있다. 신체의 선에 따라 새겨진
그 문양은 대단히 우아하다. 가장 많이 눈에 띄는 문양은 야자수의 우듬
지를 닮았다. 문양은 척추에서 시작하여 신체 좌우를 우아하게 덮고 있
다. 과장되게 들릴지 모르나 이러한 문신을 가진 남자는 섬세한 담쟁이
넝쿨에 뒤덮인 한 그루의 멋스러운 나무줄기에 비견할 만하다 ."

피부에 각인된 불가사의한 문양은 많은 사람들을 매료시켰고 수집가
를 위해 문신이 새겨진 시체 머리 부분의 밀수가 횡행할 정도였다.
전신 문신이 유럽에 센세이션을 일으킨 데에는 그때까지 이루어지던
문신이 하나 같이 부분적인 각인에 머물러 있었던 까닭도 있다. 뱃사람
의 나라 영국은 한편 문신의 나라이기도 한데, 전신을 캔버스 삼아 묘사
할 수 있는 예술로서의 문신이 그들에게는 경이로울 따름이었다.
19세기에 접어들면 직업적인 문신사가 등장하여 세기말을 사이에 두
고 영국을 중심으로 문신이 크게 유행한다. 또 일본의 문신예술도 이 무
렵에 소개되어 에드워드 7세(Albert Edward Wettin)와 조지 5세(George

1) J. Cook, Voyage of Discovery, London, 1954. 『太平洋の迷宮』 港千尋, リブロポート,
   1988.

Frederick Ernest Albert Windsor)가 요코하마(橫浜)를 방문했을 때 문신을 새긴 바 있고 조지 6세(Albert Frederick Arthur George Windsor) 역시 그것을 답습했다. 1930년대가 되면 문신의 본고장이 영국에서 미국으로 바뀌게 된다. 일본의 문신예술은 호놀룰루 출신 해군병사 제리 콜린즈(Jerry Collins)에 의해 미국에 전해져 캘리포니아 사람들의 피부 위에 기묘한 꽃문양이 그려진다.

마오리의 남성

시드니 파킨슨(Sydney Parkinson)의 데생(1770년). 쿡 선장의 제1차 항해 때 수행한 화가 파킨슨의 수작 중 하나로 쿡의 항해기가 출판된 이래 셀 수 없을 정도로 복제 유포되어 마오리 전사상의 스테레오타이프(stereotype)가 된 작품이다. 파킨슨은 항해 중 병으로 사망하나 원래는 식물을 전문적으로 그리는 박물화가로 여기에서도 인간의 머리 부분을 마치 꽃이나 과일을 보는듯한 시선으로 묘사하였다.

문신은 군대 경험이 있는 정치가 사이에서 오히려 일반적이었음에 틀림없다. 윈스턴 처칠(Winston Leonard Spencer Churchill)은 왼팔에 해군 시절의 흔적으로 만화 주인공 뽀빠이처럼 닻 마크를 새기고 있었다. 스탈린(Iosif Vissarionovich Stalin)은 가슴에 백골문양을 새겼다고 전해지는데 혁명 전 매춘 시설을 운영하거나 은행 강도를 일삼아 투옥과 탈옥을 반복한 전력을 생각하면 놀랄 일도 아니다. 미국 대통령 중에서는 프랭클린 루즈벨트(Theodore Roosevelt), 투르만(Harry S Truman), 케네디(John F. Kennedy) 등이 알려져 있다. 1945년 얄타회담을 주도한 세 거두의 신체에는 죄다 문신이 있었다는 뜻이다. 타투는 다른 무엇보다도 하물며 남근/근육/무기 체계와 깊은 관계를 맺어 왔다. 다시 말해 우리 시대의 권력외교(power politics)의 상징이었다.

데모그라피에서 피부학으로

문신의 유행은 일본만의 현상도 시대착오적인 반문화(counterculture)로의 회귀도 아니다. 본고장 미국이나 유럽에서도 붐이라기보다는 도리어 정착된 문화적 현상이다. 그런 의미에서 문신은 분명히 패션인 셈이다. 패션으로서의 문신은 역시 60년대 후반에서 70년대를 통하여 정착해왔다고 보아야 할 것이다. 전기 문신기의 개량으로 통증이 경감됨과 동시에 이 시기 하위문화의 중심이 된 히피 운동에 의해 문신은 이전보다 부담 없이 새길 수 있는 일종의 장신구로 일반화 되었다. 도쿄의 문신을 한 청년이 주장하는 '자유'란 이 시대의 자유를 의미하고 있을 터이다.

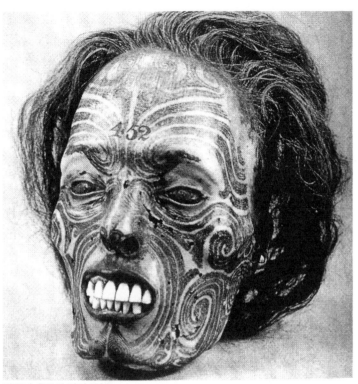

마오리 추장의 머리 부분

18세기에 밀수된 것 중 하나인데 이것을 보면 파킨슨이 얼마나 정확하게 데생을 했는지 알 수 있다. 더불어 흥미로운 것은 유럽인들이 이 머리의 이마에 또 다른 문신(번호)을 새겼다는 점이다. 데모그라피의 선명한 대조를 이루는 귀중한 오브제다.

1976년 휴스턴에서 열린 제1회 문신회의는 이 시기 문신의 광범위한 침투를 시사하는 하나의 사건이라 할 수 있다. 미국 전역에서 모인 전문 문신사들의 회의로 문신은 사회적인 관심과 승인을 얻어 동 회의는 이후 매년 리노(Nevada-Reno), 미니애폴리스(Minneapolis) 등으로 장소를 바꿔가며 열리게 된다. 문신 전용 전기문신기나 염료의 개량, 위생 면에서의 대응 변화 그리고 의장의 다양화 등이 전문가 사이에서 조직적인 정

보교환의 필요성을 낳은 결과 전국 규모의 회의가 요구되었던 것이다.[2]

이 일반화 움직임은 근년 들어 조작이 간편하고 또 값싼 기기가 개발됨에 따라 한층 가속이 붙고 있다. 예를 들어 오토바이 전문 잡지를 들추면 다음과 같은 문구가 눈에 띤다.

"문신사를 위한 저렴한 가격의 프로용 기계! 문신은 고수입을 보장하는 매력적인 기술입니다."

문신기계는 이러한 통신판매로 확대되고 있고 특히 오토바이 팬들 사이에서 문신은 더욱 쉽게 새길 수 있는 것으로 자리를 잡았다. 이에 대해 프랑스에서는 전문 문신사들이 운영하는 전국문신조합이 사고를 방지하는 목적에서 전문가로서의 문신사 등록의 제도화를 서두르고 있다.

특히 에이즈의 감염 위험성이 제기된 이래 문신의 아마추어화는 문신 조합만이 아니라 의학계에서조차 문제시 되고 있다. 최근 열린 제1회 국제문신회의에서도, "문신사는 아티스트인가 아니면 외과의사인가"라는 문제 제기가 이루어져 유행 중인 지방흡입 등과 함께 신체를 다루는 직업의 다양화를 의학적 입장에서 어떻게 볼 것인가가 논의되었다. 문신이 이미 의학의 한 분야로 취급되고 있음은, 예컨대 동 회의에서 타투라는 말 대신에 〈데모그라피(dermographie)〉 혹은 〈데모피그멘테이션(dermopigmentation)〉이라는 용어가 쓰이게 된 것에서도 엿볼 수 있다. 나중에 다룰 '제거기술'의 급속한 발전과 더불어 문신은 문신사의 아틀리에에서 전신 미용사(aesthetician) 더러는 외과의의 치료실로 확산하고

---

2) Chris Wroblewski, *Tattoo: Pigments of Imagination*, London, Virgin, 1987.

롤링 스톤즈가 1981년에 발표한 앨범 〈Tatoo You〉의 커버(크리스천
파이퍼[Christian Piper] 그림)

기하학적 문양의 우아한 문신은 현대 대중문화에서는 소수파에 속한다.
얼굴의 곡선을 이용한 미묘한 디자인은 마오리파라 불러도 손색이 없다.

이러한 둘 이상의 분야에 걸친(interdisciplinary) 회의가 열리게 된 것

자체가 문신뿐 아니라 보다 넓은 의미에서의 피부학이 필요하게 되었음

을 보여준다. 이미 미용 분야에서는 화장품과 의약품의 경계가 사라졌다. 문신에 관한 기술과 거기에서 비롯된 사고 대책이나 제거기술은 미용에 머무르지 않고 아토피성 피부염 등의 알레르기나 면역학과 함께 종합적인 피부과학의 인식을 요구한다. 또 한편으로는 사회학, 인류학 분야에서도 문신을 적극적으로 연구해온 점을 생각한다면 피부학이란 자신과 타자의 과학, 혹은 경계의 과학으로 탐구해야 할 것이다. 문신 혹은 데모그라피를, 주변적인 유행으로 치부해버릴 것이 아니라 종합적인 인간과학으로서의 피부학이 갖고 있는 가능성을 알리는 징후로 접근해야 한다.

데타토아쥬(detatouage)

문신이 데모피그멘테이션으로서 의료의 일부로 편입된 배경에는 문신을 파는 행위와 동시에 그 제거가 급증하는 현실이 자리 잡고 있다. 파리의 어느 피부과 전문의는 피부과나 외과에서 문신제거는 바야흐로 특별한 치료가 아니라 한다. '문신제거'는 일반적인 상흔 제거로 다루어지는데 프랑스에서는 굳이 '데타토아쥬(detatouage)'라는 용어가 쓰이고 있다. 말할 것도 없이 타투의 반대어로 만들어진 용어인데 영어나 일본어에서는 비슷한 용어가 아직 확립되어 있지 않으므로 여기에서는 '문신제거'의 의미로 데타토아쥬라는 말을 차용하고자 한다.

대개 문신사의 아틀리에에는 문신의 테마를 간단히 피부에 붙일 수 있는 판박이(seal)도 판다. 실은 패션으로, 문양은 붙여보고 싶으나 문신을 팔 결심이 서지 않은 경우, 특히 미성년자들을 위해 마련된 것이다. 우선 붙여보고 미지의 심리적 저항을 확인해보는 의미도 있을 터이다.

그러나 일단 새겨진 문신은 판박이처럼 문지른다고 지워지는 것이 아니다. 문신의 본질은 돌에 새겨진 문자처럼 '영원히 남는다'는 데 있다. 호랑이가 죽어서 가죽을 남기듯 인간은 문신을 판 피부를 남길 수 있는 것이다.

기록과 제거가 같은 기술의 양면을 이루듯 데타토아쥬도 논리적으로는 타토아쥬(tatouage)와 동시에 생겨난 기술이라 할 수 있다. 하지만 문신을 새기는 사람이 동시에 그것을 제거하는 기술까지 갖고 있었던 것도 아니고 또 문신 기술에 비해 제거 기술은 가장 최근까지 매우 치졸한 단계에 머물러 있었다. 19세기까지 뱃사람들 사이에 알려져 있던 팔 문신 제거 방법은 바닷물에 장시간 동안 팔은 담그는, 대단히 간단한 것이었다. 팔에 새겨진 닻을 양동이 속으로 내리는 광경은 우스꽝스럽다. 물론 이처럼 느긋한 방법은 왕년의 항해에서나 가능했던 것이다.

가장 간단한 방법은 피부를 부분적으로 지져버리는 것이리라. 예컨대 낙인이 그것이다. 두 말할 나위도 없이 문신을 파는 것보다 단시간에 게다가 대량으로 처리할 수 있어서 낙인은 고대로부터 포로나 노예에게 수없이 사용되었다. 고대 그리스 사모스(Samos) 섬에서는 아테네 사람은 올빼미, 시칠리아 사람은 말의 머리 식으로 포로의 낙인에 따라 그 출신지를 분류했다. 노예의 팔에 주인의 이니셜을 지지는 장면은 미국영화에 자주 등장한다. 근세 프랑스에서도 노예의 신체에 백합꽃을 낙인함으로써 국가 소유물로서의 흔적을 남기는 작업이 콜베르(Jean-Baptiste Colbert)에 의해 고안되었다.

이러한 포로나 노예가 달아났을 경우 그의 귀속을 나타내는 낙인을 제거하는 일은 문자 그대로 목숨을 건 일일뿐 아니라 다급함을 요하는 중대사였을 것이다. 화상의 흔적은 남지만 달군 철, 구운 탄, 불붙은 담배 등은 고대로부터 셀 수 없을 만큼 반복적으로 사용되어온 도구들임에 틀림없다.

비교적 최근까지 이 제거 방법은 전기 메스나 저온법(부분적인 동상을 일으키는 방법) 등 훨씬 세련된 형태로 외과의사에 의해 사용되어 왔다. 현재 데타토아쥬의 최전선에서는 이것들에서 벗어나 상흔을 더욱 작게 하고자 탄산가스 레이저나 적외선 응결법 등의 신기술이 등장하고 있다.

파리 소재 로칠드(Rothschild)병원에서 데타토아쥬 시술에 종사하고 있는 연구자 중 한 사람인 질 라베리(Gilles Rabary)에 따르면 데타토아쥬를 하러 오는 사람들의 동기는 문신을 새길 경우에 비해 훨씬 단순하며 이해하기 쉽다고 한다. 그에 따르면 데타토아쥬의 대상이 되는 모티브는 크게 두 가지로 나뉜다. 하나는 '젊은 혈기의 과오'나 변덕스런 마음으로 새긴 것이 대부분이어서 프로 문신사가 예술 작품으로 새긴 문신이 데타토아쥬의 대상이 되는 경우는 굉장히 드물다고 한다.[3] 데타토아쥬는 타투의 패션화에 발맞춰 급속히 증가하고 있다. 특히 많은 것은 문신 후 '삶의 방식'에 방향전환이 일어나, 예를 들면 타투가 새로운 환경에 마이너스 요인이 될 경우 데타토아쥬를 필요로 하게 된다. 군 복무 중이나 교도소 복역 중에 동료들끼리 새긴 치졸한 문신을 나중에야 후회한다. 일상으로부터의 이탈 혹은 소외 기간을 끝내고 사회로 복귀할 때 과거의 제거가 필요하게 되는 것이다. 타투가 어느 정도 수용되고 있는가에 따라 차이가 나겠지만 일본을 포함한 많은 도시에서 상흔을 최소한으로 줄이는 데타토아쥬 기술은 앞으로도 더욱 요청될 것이다.

---

3) Gilles Rabar, *Tatonuage et Détatonuage*, Paris, 1990.

매체로서의 피부

두 번째 동기는 지역적으로 특수하고 수도 많지 않다. 유럽의 경우는 북아프리카 출신 여성의 얼굴 문신이나 강제 수용소로 보내기 위해 나치가 새긴 팔의 번호 같은 것들이다. 하지만 이런 종류의 문신이야말로 본래 문신이 갖는 성격을 내재하고 있다. 그것은 일상 언어와 대칭을 이루는 또 하나의 기호체계로서의 문신이다.

문신이 식별을 위해 새겨진 것에 그 기원을 두고 있는지의 여부는 알 수 없으나 적어도 그것이 중요한 기능이었음은 분명할 것이다. 이집트에서는 왕족의 자녀들이 태어나자마자 문신을 새긴 사실이 미라에 남아 있는 흔적을 통해 확인되었다. 현대에 이르러서는 신생아의 발바닥에 혈액형, 당뇨병의 병력, 약에 대한 알레르기 등의 데이터를 새기자는 제안이 구미의 의사들에 의해 여러 차례 시도된 바 있다. 다행히도 이러한 제안은 단시간에 혈액형을 식별할 수 있는 기술 등이 개발됨에 따라 실현되지 않았다.

도쿄에서 유행하는 문신은 하나의 집단을 다른 집단과 구별하고 동료들끼리 동정할 목적의 성격이 강한 것 같은데 이러한 시도는 특히 종교 세계에서 중요한 역할을 담당해왔다. 중세 스코틀랜드에서는 문신을 새긴 종교단체를 픽트(Pict)파라 불렀다. 우선 문신이 있는 피부는 문신이 없는 피부와 구별된다. 이처럼 문신에 대해 엄격한 태도를 취하는 종교 집단이 유대교와 이슬람교다. 예를 들면 꾸란(Quran)에서는 문신이 악마의 상징이자 그 피부는 어떠한 방법으로도 정화할 수 없는 것이라 여긴다. 유고 내전에서 세르비아의 정예부대 체토니크의 병사가 보스니아의 이슬람교도를 폭행한 다음 상대의 몸에 체토니크의 이니셜을 칼로 새겨 넣은 일은 기억에 새롭다. 베두인족(Bedouin)이나 베르베르인(Berber) 등, 북아프리카나 예맨 등지에서 널리 살펴볼 수 있는 안면과 팔에 새긴 문신은 이슬람교 이전에 있었던 것들이다. 이러한 경우는 개종 후에도 계속 유지되어 오고 있는데 꾸란이 금하는 사람 모양은 새기지 않고 그 대신에 야자수의 도안을 비롯해 대부분 기하학적인 것들이 쓰이고 있다.

이집트를 여행하는 외국인 여성은 종종 반농담의(혹은 진심으로) 청혼을 받는 경우가 있는데 그때 상대 남성이 자신의 팔 문신을 보이는 예가 많다고 한다. 사정을 모르면 상당히 기겁할 행위임에 틀림없는데 팔에 새겨진 십자 문양은 콥트(Copt) 교도의 상징이다. 즉 "나는 이슬람교도가 아니므로 나와 결혼해도 당신은 개종할 염려가 없습니다"라는 의미를 담고 있다고 한다. 이슬람교도와의 식별을 위한 문신으로는 역시 십자문양의 팔 문신을 들 수 있는데 이는 십자군원정 때 많이 새겨진 것이다. 가톨릭교회는 문신을 바람직하지 않은 것으로 여기고 있으나 예루살렘 등의 성지순례 기념 문신은 지금도 이루어지고 있고 이에 따른 수많은 전문 문신사가 활약하고 있다.

유형지의 기계

나치가 팔에 새긴 숫자는, 유대인으로서는 종교적인 의미에서도 꺼림칙한 것이었다. 이 경우, 문신을 새긴 쪽인 친위대 대원들도 겨드랑이 밑에 SS마크와 번호를 새긴 사실에서 문신이라는 기호체계가 지배와 피지배 양쪽 모두를 포괄하고 있었음을 이해할 수 있다.

이러한 체계를 가장 명쾌하게 묘사한 작품이 카프카(Franz Kafka)의 단편『유형지에서』[4]일 것이다. 잘 알려진 작품이므로 줄거리를 소개할 필요는 없겠으나, 어느 유형지를 방문한 여행자에게 펼쳐지는 그로테스크한 광경을 묘사하면서 카프카는 교묘한 문신기계를 발명한다. 그 기계 장치의 대목만을 요약하면 다음과 같다.

유형지는 개미지옥과 같은 양념절구 모양의 모래땅에 위치하고 기계는 그 중심에 설치되어 있다. 기계는 세 부분으로 되어 있다. 형을 집행하는 장교에 따르면 각각의 부분은 별칭이 있어서 위로부터 '제도사', '써레', '침대'라 부른다. 처형될 수인은 발가벗겨진 채로 우선 솜으로 뒤덮인 '침대' 위에 엎드리게 한다. 그 위쪽에서 '써레'가 내려오게 되는데 '침대'와 위에 있는 '제도사'에는 각각 배터리가 달려 있고 '침대'와 '써레'가 동조하여 움직이도록 되어 있다. 그리고 이 '써레'가 판결을 집행한다.

여행자에게 판결문이 건네지는데 도대체가 판독할만한 것이 아니다. 그도 그럴 것이 형 집행을 열두 시간이나 끌어갈 요량으로 본문에 수 없이 많은 장식 문자를 채워놓았기 때문이다. 본문의 문자는 신체에 띠 모양으로 새겨지는 것에 비해 장식 문자는 다른 부분에 각인된다. 그 세밀한 움직임을 관찰할 수 있게끔 '써레'는 사람의 형태를 갖추고 있는 데다 유리로 만들어져 있다.

집행 순서는 우선 판결문에 따라 '제도사'의 톱니바퀴를 조정하는 것에서 시작된다. '제도사'의 움직임은 '써레'로 전해지는데 이 '써레'에는 크고 작은 침이 박혀 있고 이 침이 수인의 몸에 판결문을 새겨나간다. 하나의 문자를 새기면 침대가 움직여 흐르는 피를 솜으로 지혈하고 '써레'는 다시금 그 위에 문자를 새긴다. 전문을 옮기는 데 평균 열두 시간이 필요하

---

4) フランツ・カフカ,『カフカ 短編集』, 池内紀 訳, 1987.

다. 여섯 시간을 지날 무렵이면 수인은 제공되는 식사조차 받지 못하게 된다. 최후의 한 글자가 새겨지는 순간 '써레'가 전신을 꿰뚫어 시신을 구덩이 속으로 던져버림으로써 집행은 끝을 맺는다.

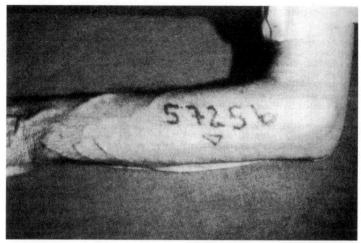

강제수용소에서의 문신(질 라베리 촬영)
유고슬라비아 전쟁에서는 세르비아군의 정예부대 '체토니크'가 크로아티아인이나 이슬람교도를 폭행한 후 자신들의 키릴 문자 이니셜 Ч를 그들의 가슴팍에 새기는 범죄행위가 보고되었다.

판결문은 판결이라기보다 명령이다. 맨 처음 불복종의 죄 몫으로 끌려온 병사의 판결은 "상관을 공경할 것"이었고 그에 대한 형이 실행되지 않은 채 장교 스스로가 복죄(服罪/伏罪)하는 명목은 "정의를 이루라"는 것이었다. 앞 장의 가시에 대한 고찰을 상기한다면 피부에 새겨지는 말이 다름 아닌 명령임을 쉽게 이해할 수 있으리라.

그러나 이 기계는 고장이 나는 바람에 여행자는 결국 설명만 들을 뿐 실제로 판결문이 새겨지는 장면을 목격하지는 못한다. 장교가 '침대'에

엎드리자 '제도사'에서는 톱니바퀴가 미친듯이 튕겨나와 '써레'가 판결문을 새기는 대신에 장교를 찔러 죽이고 만다.

이 처형기계의 설계도는 피카비아(Francis Picabia)나 뒤샹(Marcel Duchamp)이 출품한 초현실주의적인 기계들에 앞선 것으로 읽을 수도 있겠고 전체적인 흐름은 한 편의 희극(slapstick)으로 볼 수 있을 정도로 골계 그 자체지만 장치를 만든 노 사령관의 섬뜩한 그림자는 독재기계의 도래로 읽지 않을 수 없다. 이 노 사령관은 병사이자, 판사이고, 기계공이자 화학자이며 게다가 스스로 기계의 도면까지 그린 것으로 묘사되어 있다. 즉 현대의 산군관학(産軍官學) 복합체와 같은 인물인 것이다. 작품의 마지막 부분에 여행자는 그의 묘비를 읽게 되는데 그 비문이 사령관의 부활을 예언하고 있음을 알고는 유형지를 허둥지둥 빠져 나온다.

촉각과 비 광학계 코드

현대 세계를 보이지 않는 풀솜처럼 뒤덮고 있는 테크노 정치학(Technopolitics)의 메커니즘을 이 정도로까지 간결하게 그려낸 작품은 없을 것이다. 그 중심에 있는 문신 기계는 우의로서가 아닌 작가의 발명품으로 읽혀야 할 것이다. 현재 사용되고 있는 전기 문신기의 원형은 19세기 말에 고안된 것이지만, 카프카의 기계는 그 상세한 기술에 의해 마치 실용품으로 고안된 듯한 사실성을 담지하고 있다.

이 기계의 독창성은 명령을 다른 말로 변환하여 '몸으로 이해하게 한다'는 데 있다. 수인은 판결을 모를 뿐 아니라 눈으로 읽어낼 수조차 없다. 따라서 그는 판결내용을 '몸의 생체기로 해독한다'. 문신이 자신을 뒤덮게 되자 수인은 '입을 내밀기도 하고 귀를 기울이기도 한다'. 그러나 그는 모든 사태를 촉각으로 이해한다.

여기에는 카프카가 『성』이나 『심판』에서 전개한 것과 같은 광학적인 권력 장치가 없다. 이 작품은 1941년에 쓰여졌는데 이 사실은, 19~20세기로 넘어오는 동안 사진에서 영화예술이 탄생하는 대중문화의 역학, 다시 말해 광학장치의 전성기적 시대 상황을 생각하면 흥미롭다.

그도 그럴 것이 문신기계는 본질적으로 비 광학계 장치이기 때문이다. 판결문은 침의 움직임에 변환되어 전달되지만 그 사이에 렌즈의 개재는 없다. 겨우 유리로 만든 '써레'가 관찰의 여지를 남겨놓고 있을 뿐이다(이 점 때문에 뒤샹의 광학적 작품 군과 좋은 대조를 이루고 있다고 할 수 있을지 모른다). 혁명 후의 러시아도 제3제국도 할리우드도 대중에게 무언가를 이해시키는 데 가장 강력한 방법이 무엇인가를 골몰하다 얻은 결론은 렌즈를 이용하는 것이었다. 두 말할 나위 없이 대중시각문화는 그 뒤 텔레비전 지배 시대에 접어들어 지금에 이르고 있는 셈이다. 카프카가 발명한 장치는 이러한 20세기 시각문화의 주류와는 아무런 관련이 없는 곳에 등장한 것처럼 보인다.

하지만 문신이란 그러한 것인지도 모른다. 분명히 그것은 시각적인 것이다. 백인종(Caucasoid), 황인종(Mongoloid)계가 오로지 염료 사용의 문신을 이용한 데 반해 피부색이 검은 흑인종(Negroid) 계에서는 염료가 아닌 피부의 상처를 융기시키는 방법을 택했다. 문신의 무늬에 대해 도안이 한층 돋보일 수 있는가의 문제다. 비슷한 양상의 차이는 폴리네시아(Polynesia)와 멜라네시아(Melanesia)에서도 발견된다.

그런 까닭에 우리들은 문신의 동기를 보고 탄복하거나 두려워하거나 때로는 차별하는데 문신의 진정한 의미를 이해하고 있는 이는 그 당사자

뿐일지도 모른다. 왜냐하면 문신을 새긴 당사자가 경험하고 기억하는 것은 우리가 보고 있는 모티브가 아니라 그것을 새기기까지의 관습 혹은 동기로부터 집단과의 관계 그리고 새길 당시의 통증에 이르는 사건 전반에 대한 연쇄이기 때문이다. 바꿔 말하면 그것은 당사자가 살고 있는 세계에서 이루어진 관계의 연쇄다.

오늘날 그것이 예부터 내려오는 관계성의 해체 속에서 일어나고 있음은 도쿄의 문신 청소년이 '자유'를 믿고 아메리칸 타투를 장식하는 데서 확연하게 드러난다. 가족에서 교육에 이르는 사회제도의 해체가 한편에 있고, 다른 한편에는 정치에서 생산양식에까지 영향을 행사 중인 성제도의 해체가 있다. 문신이 노동력으로서의 신체와 성적 존재로서의 신체 양쪽에 관여하는 기호였음을 생각한다면 이를 단순한 유행으로 치부할 수는 없을 것이다. 유동하는 관계 속에서 실마리를 찾기 위해 어떤 관계의 연쇄가 문신기계에 의해 문신이라는 코드로 변환되어 피부에 기록된다. 그때의 통증은 사는 시간 속에서의 어떤 결절점을 형성한다. 통증은 며칠 만에 사라지지만 결절점은 남는다. 사탕 파편에서 장대한 기억의 가람(伽藍)이 환기되듯이 침 끝의 통증 속에 다른 이의 상상을 초월한 이야기가 각인되어 있을지도 모른다.

문신은 일상 언어와 다르지만 그 의미 차원은 역시 언어고 더 더욱 카프카의 판결문이 그랬던 것처럼 당사자의 몸이 아니고서는 이해할 수 없는 언어인 것은 아닐까.[5]

이 점에서 유형지의 수인이 그 이야기를 피부로 이해하는 일은 아무리

---

5) 장 테야르 마르텡(Jean-Thierry Maertens)은 성흔(聖痕)이나 문신을 피부 위에 새겨진 사회적 에크리튀르(écriture: 쓰는 행위, 써진 것을 뜻하는 구조주의 용어- 역자)로 파악하고 민족학적, 정신분석적인 고찰을 시도했다. J. T. Maertens, *Le dessein sur la peau*, Paris, 1987.

강조해도 지나치지 않을 정도로 중요하다. 정보는 감각기관에서 뇌로 전해지는 것이 아니라 피부라는 표면에서 이해된다. '써레' 밑의 맨몸뚱이는 그야말로 뇌의 확장으로서의 피부고 그것은 심오함을 내재하지 않는다. 카프카의 처형기계 속에서 이미 수인은 해부학적 신체에서 위상학적 신체로 변환되어져 있는 것이다. 그리고 비 광학계의 변환은 이 프로세스에 더더욱 적합한 것이 아닐까. 특히 광학계의 지배하에 있는 텔레비전을 비롯한 대중매체가 인간관계를 조작하려는 데 혈안이 된 시대일수록 말이다.

그렇게 생각하면 광학이 지배하는 시대의 밑바닥에서 비 광학계 장치가 새겨온 마이너 코드(Minor code)의 문화를 느낄 수 있을 것만 같다. 우리는 촉각을 둘러싼 탐구 과정의 후반부에서 비 광학계 코드가 처리하는 '당사자의 몸이 아니고서는 이해할 수 없는 언어'가, 컴퓨터 그래픽의 도움을 받아 새로운 유형지의 지평선에 떠오르는 모습을 보게 될 것이다.

적도의 문 차일드(moon child), 상토메(São Tomé)섬(1990)

3장
색소정치학

통합이 진행됨에 따라 분열도 확대된다. 유럽의 현실은, 적어도 현재까지는 통합=평화라는 도식과는 반대 방향으로 흐르고 있는 듯이 보인다. 1991년 가을 유럽 각지에서 펼쳐진 의회선거의 결과를 비교해보면 오스트리아, 폴란드, 스위스, 스웨덴 등 극우세력이 넓은 범위에 걸쳐서 현저한 성장을 과시하고 있다는 생각이 들었다.

그 중에서도 유럽 각국에 충격을 준 사건은 11월 벨기에에서 이루어진 통일의회 선거였다. 선거 결과 플랑드르(Flandres)에 기반을 둔 블람스 블로크(Vlaams Blok)당이 12의석을 획득했다. 프랑스어권에서도 특히 수도 브뤼셀(Brussels)에서 국민전선당이 전체의 8%의 득표율을 보였다. 사태 자체가 통합이 진행되면 대립이 감소하는 것과 같은 제로섬 게임이 아님을 알 수 있다. 균열은 통일EC의 중심에까지 미치고 있었던 것이다.

"유럽에 만연하는 외국인 거부"

선거 다음날 나온 일간지 표제어다. 이것은 결코 과장된 표현이 아니다. 정도의 차이가 있기는 하겠지만 어떤 나라든 극우정당은 외국인의 배척을 내세우고 있기 때문이다. 경제위기, 여전히 높은 물가, 공산주의의 붕괴, 이들에 대해 제자리걸음을 계속하는 국내 정치 등 유럽 공통의 골칫거리의 배경에 80년대 초기부터 두각을 나타내기 시작한 극우세력이 표적으로 삼은 것은 어떤 나라든 외국인 노동자였다.

주변으로부터 생겨나는 배타주의

이들 나라 중 특히 배타주의가 정치 차원에서 드러나고 있는 곳은 프랑스, 벨기에, 오스트리아 3국이다. 이 점에 대해 좀 더 자세하게 살펴보기로 하자.

극우세력의 대두는 앞서 밝힌 나라들 외에도, 예를 들면, 영국이나 독일에서도 70년대 후반부터 나타났다. 하지만 두 나라 모두 영향력 행사에 한계가 있었다. 영국의 국민전선당은 77년을 정점으로 대처 정권 하에서 약화되었다. 또 네오나치즘(Neo-Nazism)을 표방하는 스킨 헤드들의 횡행이 미디어를 통해 떠들썩하게 다루어지는 독일에서조차 현재로서는 도시 주변부의 변방적인 현상에 머물러 있어 뿌리를 둔 정치세력으로는 발전하지 못하고 있는 실정이다.

이에 대해 극우세력이 정치적인 발언권을 획득하고 있는 것이 프랑스, 벨기에, 오스트리아인데, 역사나 문화가 전혀 다른 이들 세 나라의 경우에는 어떤 공통점이 발견된다. 어떤 경우도 중앙으로부터 벗어나 지방의 한정된 부분에서 발전해온 것이다. 프랑스의 장 마리 르팽(Jean-Marie Le Pen)이 이끄는 국민전선당은 지중해의 항만도시 마르세유을 기반으로 하고 있다. 노골적인 반유대주의와 반이슬람주의로 알려진 르팽의 정치 노선은 80년대를 통해 매스미디어의 본보기 공격목표였으나 결과적으로는 그것이 자양분이 되어버린 감이 없지 않다. 르팽의 급성장은 유럽 다른 나라들에 파급을 미쳐 각지에서의 미니 국민전선 활동을 활성화

시켰다.

앞서 밝힌 벨기에의 블람스 블로크도 플랑드르 지방에 한정되어 있으나 프랑스의 경우와 다르게 거기에는 중앙=브뤼셀=프랑스어권으로부터의 분리주의라는 움직임이 얽혀 있다. 실제 그들은 시위에서 '벨기에 뒈져라'라는 플래카드를 내세우는데 이는 유고슬라비아의 분열과 비슷한 양상이라 할 수 있다.

세 번째인 오스트리아에서의 극우세력의 기반은 수도 빈이다. 이 아름다운 삼림의 도시에서 이제는 카리스마라고까지 일컬어지는 요르그 하이더(Jörg Haider)가 이끄는 FPÖ국민자유당(Freedom Party of Austria, Freiheitliche Partei Österreichs)은 제2정당이 되었다. 따라서 프랑스, 벨기에와는 다른 것처럼 보이지만 FPÖ의 주의(主義) 주장을 따져보면 역시 비슷한 지방성을 발견할 수 있다. 그도 그럴 것이 그들이 주장하는 것은 독일 내셔널리즘이다.

하이더 자신이 「왜 우리 오스트리아인은 독일인인가?(Jörg Haider Sind wir Österreicher Deutsche?)」라는 논문에서 밝혔듯이 폴란드의 실레지아(Silesia), 프랑스의 알자스로렌(Alsace-Lorraine), 오스트리아의 티롤(Tirol), 그리고 오스트리아 자체도 어머니인 독일의 일부라는 대독일주의가 오스트리아 극우정당의 주장이다. 역시 발칸 반도를 피바다로 이끈 대세르비아주의(A Greater Serbia)와 닮아 있다. 그런 점에서 제3 제국의 정신이 엿보인다기보다는 오히려 히틀러의 사상을 정통으로 계승하는 정치세력이라 해야 할지도 모른다. 하이더는 현지에서 철저한 반유대주의에 의해 '반유대계 백인(Aryan)화'한 골짜기를 소유하고 있다고 일컬어진다. 오스트리아의 수도는 빈이지만 그들에게 그곳은 독일=반유대계 백인 국가에 속한 지방으로서의 수도인 것이다.

접촉공포를 낳는 환경

이상과 같은 배타주의의 새로운 대두가 최근 10년간의 현상이라고는 하나 각각의 국가가 가지고 있는 역사적 배경을 무시할 수는 없다. 빈에게 터키, 폴란드, 유고슬라비아, 프랑스에게 알제리, 모로코, 벨기에의 플랑드르가 모두 이전 세기부터의 '지역 문제'이자 오늘날에 이르도록 해결되지 못한 채 지속되고 있음을 새삼스레 지적할 필요는 없을 것이다.

하지만 두 차례의 돌이킬 수 없는 대참사(=세계대전)를 초래하여 인종주의와 배타주의가 나치즘이라는 체제 속에서 어떠한 결과를 낳았는지를 온몸으로 체험했을 터인 유럽에서 왜 이러한 일들이 일어나는 것일까. 매스컴이나 지식인에 의한 반인종주의 캠페인이 실질적으로 아무런 효과도 올리지 못하는 이유는 무엇 때문인가.

이들 지역에서의 선거 결과를 다시금 살펴보면 의외의 사실에 놀라게 된다. 지중해 연안에 알제리라는 이민공급국이 바라다보이는 마르세유를 제외하면 이들 배타주의를 표방하는 정당이 승리를 거두는 지구에서 반드시 외국이민자가 대량으로 발생하고 있는 것도 아니다.

플랑드르의 중심 앤트워프(Antwerp)는 수 세기에 걸쳐 상업의 중심지로 번성하여 지금도 중앙역 주변에는 다이아몬드를 비롯한 귀금속을 취급하는 점포가 늘어서 있다. 그러나 블람스 블로크가 표적으로 삼은 것은 이곳에 사는 유대인이 아니다. 그들이 든 배격의 칼끝은 인접한 볼가하우트(la haute-Volga)지구에 사는 모로코인 이민들에게 향해 있는 것이다. 이곳은 모로코인들이 많은 까닭에 '볼가-로코(Volga-rocco)'라는 속칭으로 통한다. 하지만 분명히 이 지구에 이민이 집중되어 있다고는 하나 터키인을 포함한 이슬람계 이민 인구는 앤트워프시 전체 인구의 5%에도 미치지 못한다.

또 빈에서 FPÖ가 평균 25%라는 가장 높은 득표율을 기록한 곳은 도나우강 북동부의 주택지구 그로쓰펠트자이드룽(Groβfeldsiedlung)이다. 그런데 이 지구의 외국인은 지구 전체의 2%에 지나지 않는다. 빈시의 평균 13%에 비해 극단적으로 낮은 이 수치는 그로쓰펠트자이드룽 대부분이 공단 주택을 이루고 있는 것에 기인한다. 즉 공단 주택의 입주조건이 우선 오스트리아 국적일 것을 요구하고 있기 때문이다.[1]

증식과 '외부인 혐오(Xenophobia)'

외국인 혐오는 일반적으로 제노포비아라 표현한다. 제노는 이물, 외래의 물질을 나타내는 그리스어 xeno이므로 문자 그대로 에일리언 공포증이 될 것이다. 영화 〈에일리언〉에서 관객에게 공포를 부추기는 괴물 에일리언의 '알', '침입', '기생', '증식'과 같은 이미지를 현실의 문맥 속에서 다시 건져 올릴 가치는 있다고 본다.

마르세유나 빈을 비롯하여 현재 서유럽에 만연한 제노포비아의 대상은 우선 이슬람계 이민이다. 프랑스를 예로 들자면 북아프리카계 외국인 노동자의 이민은 최근에 시작된 일이 아니다. 현재 이민의 제3세대가 탄생을 앞둘 정도로 많은 세월이 흘렀다. 다른 나라에 대해서도 비슷한 예를 들 수 있을 것이다.

---

1) 빈과 벨기에 앤트워프(Antwerp)의 통계 및 그 현황에 대해서는 『리베라시옹(*Liberation*)』 1992년 1월 17일자에 게재된 'L'extrême droite dans ses murs'에 의함.

그러나 70년대 중반 무렵부터 이민의 형태에 변화가 일어났다. 그때까지는 가장이 일정 기간 외국인노동자로 일하다가 조국의 가족 품으로 돌아가는 패턴이 많았는데 오일 쇼크를 경계로 전 가족 이주 형태가 늘어나게 된 것이다. 물론 처음에는 혼자서 온다. 그리고 어느 정도 수입이 안정된 시점에서 가족을 불러들인다. 빈에서 FPÖ가 제2세력이 되었을 때 시가 떠안은 이민 문제를 다룬 뉴스는 다음과 같은 시민의 소리를 담고 있었다.

"한 사람의 독일인이 가지고 오는 것은 무엇?—돈. 그럼 또 한 사람의 터키인이 가지고 오는 것은 무엇?—가족!"

80년대형 제노포비아의 근저에는 증식에 대한 두려움이 있는 것이 아닐까. 처음에는 한 사람이지만 나중에는 두 사람으로 늘어나고 그 다음에는 다섯 사람, 마침내는 대가족을 이룬다. 영화에서는 증식한 에일리언이 인간에게 덤벼들지만 이민은 그저 사람일뿐 괴물이 아니다. 그것이 괴물화하는 것은 이민의 얼굴이 보이지 않기 때문일 것이다.

빈과 앤트워프의 수치는 일상생활 속에서의 실질적인 접촉이 적은 부분에서도 제노포비아가 고조되고 있음을 보여준다. 문제는 유럽이 키워온 타자에 대한 사상이 위기를 맞고 있다는 것과 이문화와의 접점이 피폐해져 일종의 문화적 면역 결핍을 일으키고 있다는 것이다. FPÖ는 빈의 유력 일간지의 후원을 받고 있다. 대중매체는 타자의 얼굴을 벗겨내고 대신에 균이라든가 미생물과 같은 눈에 보이지 않는 무엇으로 바꾸어 놓는다.

나치는 이나 쥐의 이미지를 써먹었는데 오늘날의 증식 이미지는 지구 규모의 인구폭발과 결부되어 있다. '우주선 지구호'를 침입하는 에일리언이다. 그로부터 '빈은 빈 시민에게', '프랑스의 토지를 프랑스 사람에게'라는 말이 나오게 된다.

보스니아의 비극도 기본적으로는 같은 논리에 따르고 있다. 세르비아의 과격한 민족주의자들의 민족정화정책은 대세르비아를 실현하기 위한 수단이 아닌 목적이다. 마찬가지로 비전투원의 대량학살도 처음부터 설정된 목적이다. 이 전쟁의 특징인 교회나 학교, 도서관의 조직적인 파괴는 모두 공생의 기억을 말살하기 위한 것에 다름 아니다.

예를 들면, 왜 전략적으로 그다지 중요하지 않은 사라예보를 집요한 파괴의 대상으로 삼는 것인가. 세르비아의 과격한 민족주의자들이 대중매체를 총동원하여 벌인 선전활동에서 사라예보는 반드시 공격해야 할 이문화 도시기 때문이다. 구 유고슬라비아에서 유일하게 세르비아인, 크로아티아인, 이슬람 사람들이 뒤섞여 일하던 방송국이나 신문사가 사라예보에 있고 이들이 모두 처음부터 조직적인 공격과 파괴를 당한 것은 결코 우연이 아니다. 도시 파괴는 기억의 파괴이자 이해의 파괴고 타자에 대한 파괴 다시 말해 인간의 가장 중요한 재산의 파괴여서 바그다드 공습과 동등하게 보도할 수는 없을 터이다. 하지만 서방측 저널리즘은 그 의미를 끝내 이해하지 못했다. 그들이 왜 자신들을 보스니아인이라 부르는가를 이해했을 때 보스니아인은 이미 지상에서 모습을 감추려하고 있었던 것이다.

공생을 부정한 곳에서 증식의 이미지는 과장된다. 모든 파시즘의 알이 부화하는 조건이다. 아니 벌써 부화해버린 것은 아닐까.

인종과학이라는 범죄

이러한 움직임에 대해 반인종주의 운동도 대형화되었다. 1992년 들머리에 파리에서 벌어진 반인종주의 집회에서는 '인종이라는 사고 자체가 범죄다'라는 주장이 펼쳐졌다. 말 그대로다. 인종주의는 유네스코가 이미 1965년에 폐기안을 채택한 바 있다. 이를 위해 쓴 레비-스트로스(Claude Lévi-Strauss)의 『인종과 역사』는 가장 널리 읽히는 그의 저작 중 하나일 것이다. 그로부터의 4반세기 역사는 대체 무엇이었는가고 묻지 않을 수 없다. 과학적으로 부정된 인종이라는 개념이 살아남은 것은 무엇 때문인가.

인종이라는 개념이 등장한 것은 겨우 두 세기 전의 일에 지나지 않는다. 16세기, race라는 말은 아직 가계와 비슷한 의미로 사용되고 있었다.[2] 그랬던 것이 육체적 특징에 따라 인간집합의 개념으로 변용된 것은 같은 시기에 시작된 유럽의 세계 식민지화를 통해서였다. 신대륙에 도착한 유럽인의 눈에 비친 미지의 주민들의 가장 큰 특징은 그들이 벌거벗은 채로 생활하는 것과 피부색이었다. 그들의 피부가 얼마나 유럽인들이 인간에 대해 품고 있던 관념을 흔들어 놓았는지는 16세기 중반 무렵에 '인디오'의 인간성을 따지기 위해 스페인의 바야돌리드(Valladolid)에서 열린 회의로 유명하다. 동시에 식민지에서는 흑인노예의 수입이 시작된다. 이리하여 17세기로 넘어오는 동안 그때까지 없었던 니그로(Negro), 메티스(Metis), 물라토(mulato) 등의 인종명이 출현한다. 명칭이 갖추어지면 그 다음은 분류가 이루어지는 법이다. 인종의 존재를 과학적으로 설명하려는 시도가 이루어진다. 유럽인이 피지배자의 육체적 특징을 이론화하려는 것이라 애초부터 자기중심적인 광학(光學)에 바탕을 두었음

---

2) race라는 말을 둘러싼 언어학적, 사회학적, 생물학적 해석에 대해서는, 프랑스 헌법 제2조에 나오는 race를 에티엔 발리바르(E'tienne Balibar), 피에르 앙드레 타기에프(Pierre-André Taguieff) 등 30명이 철저하게 토론한 기록을 참조하기 바란다. *Sans distinction de race*, l'Université de Paris XII, 1992.

은 두말할 나위가 없다.

하지만 18세기 린네(Carl Von Linne)의 분류학(Taxonomy)에서 시작된 인종연구의 계보를 보면 그것이 그리스 로마 시대 이래의 비유럽 세계, 비 기독교 세계에 대한 이미지에 깊은 영향을 받았음을 알 수 있다. 린네는 인간을 분류할 때 지리적 조건뿐 아니라 육체적 특징이나 심리적 성격을 염두에 두었는데 여기에는 고대 그리스 생리학의 체액론(體液論)과 피부 색 그리고 기질이 적절하게 대응하고 있다. 혈액, 점액, 흑담즙, 황담즙의 네 체액의 조합에 따라 나오는 기질, 아프리카, 유럽, 아시아, 아메리카 네 지역의 지리 구분 그리고 흑백황적의 네 피부색을 기초로 한 분류가 그것 이다. 린네는 이 분류에 따라 유럽인에게 흰색 · 지적임 · 종교심을, 아프 리카인에게는 검정색 · 교활함 · 종속성이라는 성격을 대응시켰다.

18세기 최대의 박물학자 뷔퐁(Georges-Louis Leclerc, Comte de Buffon)은 거기에 생물계의 피라미드 구조를 도입했다. 정점에는 당연하 게도 유럽과 코카서스(Caucasus) 사람들이 올랐다.

"백인은 지상에서 가장 아름답고 뛰어난 존재다."[3]

이후의 인종관은 칸트, 헤겔에서 다윈을 거쳐 금세기에는 동물행동학 의 로렌츠에 이르기까지 방법론의 차이를 막론하고 기본적으로는 이 뷔퐁 의 정식(定式)에서 한 치도 벗어나지 못했다고 할 수 있다. 모두 하나의 '결 론'을 정당화하기 위한 연구이자 이론이다. 그런 까닭에 진화론의 '도태'나 '적응'과 같은 개념이 어떤 식으로 적용됐는지는 재삼 거론할 필요도 없다.

---

3) 린네, 뷔퐁 등에 의해 다져진 인종개념에 대해서는 츠베탕 토도로프(Tzvetan Todorov) 가 타자의 사상적 계보를 더듬은 저서에서 면밀한 검토를 이루었다. 거기에서 토도로프 는 이들 18세기에 태어난 사상을 인종본질주의(Racialism)라 하여 일반적인 인종차별주 의(Racism)와 구별한다. Tzvetan Todorov, *Nous et les autres, la reflexion francaise sur la diversite humaine*, Paris, 1989.

고비노(Joseph Arthur Comte de Gobineau)나 헤켈(Ernst Heinrich Philipp August Haeckel)에 의한 인종이론은 백인종이 인종의 우열을 따지는 데 한 층 더 언급된다. 어쨌든 식민지 지배와 파시즘 정통화의 공식은 이로써 구색을 갖추었고 유럽은 안심하고 이문화 살육을 지속할 수 있었다.

19세기가 되면 피부색 등의 외관이 아닌 대뇌의 용량을 바탕으로 인종 간의 지능 차이를 증명하려는 시도가 나타난다. 미국에서는 사무엘 모튼(Samuel George Morton), 프랑스에서는 폴 브로카(Paul Broca)가 두개골의 측정을 기초로 인종과 대뇌의 용량 그리고 지능 사이의 완벽한 상관관계를 밝혀냈다.

그러나 두 차례의 세계대전을 거치면서 이들의 이론이 완전히 사라졌는가 하면 그렇지 않다. 60년대에는 미국에서 백인과 유색인종의 진화 사이에 기후조건에 의한 지능발달의 차이를 인정하려는 칼튼 S. 쿤(Carlton Stevens Coon-미국인류학회 회장 역임)의 이론이 발표되었다. 또 70년대 후반에는 남아프리카의 유전학자와 프랑스 학자에 의해 『인종과 지능』이라는 제목의 책이 간행되었다. 도대체 지금에 이르러서도 '백인'이나 '흑인'이라는 말을 여전히 쓰는 과학자가 있다는 사실 자체가 납득할 수 없는 일인데 이쯤 되면 '백인'들의 깊은 업보에 오히려 송구할 지경이다.

색소정치학

우리들의 피부색은 태어나서 죽을 때까지 함께 해야 할 생물학적으로 결정된 '운명'이다. 마이클 잭슨의 예는 나중에 다루겠으나 현재로서도 타고난 피부색을 바꾸는 일은 기본적으로 불가능하다. 이 피부색의 안정성이야말로 인간의 정치적 유형화에 최상의 아전인수식 표적이 되었다.

만약 인간이 카멜레온이나 어떤 종류의 물고기처럼 자유자재로 색을 바꿀 수 있었다면 세계 역사는 상당히 다른 모습을 하고 있었을 것이다.

그러나 인류는 이 이외의 육체를 가질 수 없었다. 육체적 능력이 생물학적으로 결정되어 있을 뿐만 아니라 그 정치적 (무)능력조차 미리 정해져 있는 것은 아닌가 하는 자괴감이 남아프리카의 역사를 보면 들기 마련이다. 아파르트헤이트(Apartheid)란 개체의 생물학적 특징을 정치적 지배에 이용하고 그 지배에 의해 이번에는 그 생물학적 특징을 유전적으로 존속시키려는 이데올로기다. 즉 혼혈을 어떻게 지배 내지는 관리하고 통제할 것인가의 문제다.

이렇게 피부색에 따라 구성된 혼혈사회의 극단적인 예를 우리는 18세기 카리브해에서 찾을 수 있다. 이 지역의 프랑스 식민지에서도 신대륙의 다른 지역과 마찬가지로 흑인 노예의 도입에 따라 플랜테이션(plantation)을 경영했다. 18세기를 통해 타 지역과는 다른 방식으로 인종주의적 분리 사회를 완성한 예로는 산토도밍고(Santo Domingo)의 그것이 유명하다.

유럽인과 아프리카인 및 신대륙 원주민 사이의 혼혈 출생은 '발견' 직후부터 시작되었다. 그 후로 이 지역의 역사는 증가하는 혼혈을 어떻게 다룰 것인가 즉 사회의 생물학적 변용을 어떻게 정치적으로 지배할 것인가를 둘러싸고 이어져온 것이나 다름없다.[4]

---

4) "혼혈은 정복 직후부터 시작되었다. 바르톨로메 베나사르(Bartolomé Bennassar)는 가톨릭 왕들이 신대륙에 독신자를 보낸 것은 그들이 식민자와 원주민 여성과의 결혼을 바랐던 것이 아닐까고 지적한다. 이에 대해서는 다음과 같은 수치가 남아있다. 콜럼부스가 통과한 다음 산토도밍고(Santo Domingo: 도미니카 공화국의 수도. 서반구에 유럽인이 세운 가장 오래된 상설도시- 역자)에서는 16세기 초에 스페인 식민자 3분의 1이 원주민과 교회에서 공식적인 결혼을 했다. 게다가 거기에는 동거자 수는 들어있지 않다. 스페인 사람들이 지속적으로 원주민을 교살했다는 식의 우리들이 갖고 있는 이미지는 물론 사실이었으나 그것이 원주민과의 결혼이나 혼혈아가 태어나는 것을 방해하지는 못했다는 사실 만큼은 염두에 둘 필요가 있다."(세르주 그뤼진스키[Serge Gruzinski], Le Monde des Debits의 인터뷰에 답하여, 1992).

예를 들면, 1685년 프랑스 본국에서 제정된 유명한 흑인법(Code Noir)에서는 그 명칭에도 불구하고 피부색에 의한 인종적인 차별을 강조하지는 않았다. 인간의 차이는 육체적 특징이 아니라 자유민으로 태어났는지 아니면 노예로 태어났는지에 있다. 이 법의 바탕에 따르면 자유민은 해방과 혼혈이라는 두 가지 방법으로 증가한다. 해방된 노예는 주인과 동등한 권리를 가질 수 있고 백인과의 사이에서 태어난 혼혈아 또한 마찬가지다. 지배계급에 있는 백인이 스스로의 지위를 잃지 않으려면 새로 출현한 이들을 어떻게 백인과 차별할 것인가를 문제시하게끔 되어 있다.

우선 명칭을 차별화할 것이라고 추측할 수 있다. 멕시코 과달루페(Guadalupe)섬에서는 유색인종의 어머니가 태어난 아이에게 아프리카계 이름이나 직업명을 지어주어야 한다는 법이 제정되었다. 그러나 이름은 직업과 마찬가지로 바꾸는 것이 가능하다. 그리하여 바꿀 수 없는 것, 다시 말해 개개인이 갖고 태어난 신체가 선천적인 낙인이 되는 셈이다. 피부색에 분명한 경계선을 그을 것, 백인과 그 외의 유색인 사이에 넘어설 수 없는 선을 긋는 것이다.[5]

물론 색채라는 것은 굉장히 주관적인 가치다. 때문에 피부를 흑과 백으로 단순하게 분류하는 인간은 사실 그 정도로 앙상한 감수성밖에 갖고 있지 못하다는 뜻이기도 하다. 문화에 따라 색의 감수성이 얼마나 다른지 모른다. 예컨대 다음과 같은 피부색 이름은 모두 '혼혈'에 대한 호칭으로 아이티(Haiti)에서 보고된 것이다.

---

5) 여기에서 거론한 색소정치학의 고찰은 18세기 카리브해 식민지에서의 인종주의적 사회 구조를 대상으로 한 다음 연구에 많은 빚을 졌다. Jean-Luc Bonniol, *La couleur comme maléfice*, Paris, 1992.

검정, 푸른 검정색, 숯검정색, 회숯검정색, 복숭아흑색, 붉은 흙색, 밝은 검정, 어두운 검정, 어두운 색, 차색, 어두운 차색, 밝은 차색, 붉은 차색, 마호가니색, 밤색, 적동색, 햇볕에 그을린 색, 캐러멜색, 송진색, 계피색, 살구색, 복숭아색, 제비꽃색, 카페오레색, 초콜릿색, 동색, 당밀색, 피스타치오색, 황색, 잘 저민 옥수수의 황색, 기름색, 벽돌색, 붉은색, 장미색, 베이지색, 피의 붉은색, 새우의 붉은 색…[6].

그러나 실제로는 혼혈이 진행됨에 따라 이렇듯 풍부한 변화(variation)를 낳는 피부색 사이에 명확한 차이의 지표 설정을 하는 일은 불가능하지 않을까. 그런 점에서 18세기 산토도밍고의 인종적 분류를 시도한 모로 드 생 메리(Moreau de Saint-Méry)의 작업은 그 정밀함 때문에 경탄을 자아낸다. 우선 그 분류표를 살펴보기로 하자.[7]

모로 드 생 메리의 분류 기준은 색소 식별이 아니라 가계도를 채용한 것이다. 즉 그 사람의 육체적 특징이 어떠하든 백인과 흑인이라는 두 간극에서 태어날 때 계열 속의 위치가 그 사람의 인종이 된다. race라는 말의 어원적 해석을 그대로 채용했다고도 할 수 있다.

예컨대 어떤 사람의 가계도를 7대까지 거슬러 올라갈 경우, 2의 7제곱=128명의 갈래로 나뉜다고 상정한다. 이 가계도를 구성하는 흑의 갈래와 백의 갈래와의 비율에 따라 그 개체의 위치가 정해진다.

---

6) Micheline Labelle, *Idéologie de couleur et classes sociales en Haïti*, l'Université de Montréal, Montréal, 1978.

7) Moreau de Saint-Méry, *Description de la partie française de l'isle Saint-Domingue*, Paris, 1958.
  웹사이트 http://gallica.bnf.fr/ark:/12148/bpt6k111179t에서 1798년에 간행된 이 책의 원문을 PDF파일로 제공하고 있다.(역자주)

인종명	백인의 비율	흑인의 비율
사카트라(Sacatra)	8~16	112~120
그리페(Griffe)	24~32	96~104
마라보(Marabou)	40~48	80~88
밀레트레(Mulâtre)	56~70	58~72
캬르테옹(Quarteron)	71~96	32~57
메티스(Métis)	104~112	16~24
마메로케(Mamelouque)	16~120	8~12
캬테론느(Quarteronne)	122~124	4~6
생-메레(Sang-mele)	125~127	1~3

　흑인에 보다 가까운 쪽이 사카트라이고 백인에 가까운 쪽이 생-메레다. 그 중간 즉 흑인과 백인 사이에서 태어난 제1대가 밀레트레가 되는 셈이다. 모로 드 생 메리는 이 외에도 비슷한 분류표를 만들었는데 이들 혼혈인종을 하나의 계급 다시 말해 하층계급으로 집어넣은 점에서는 차이가 없다. 지배계급인 백인은 백인들 사이에서 밖에 태어날 수 없는 것이다.

　그러나 실제로는 모든 개인의 게다가 '비백인'의 가계도를 7대째까지 거슬러 올라가기란 쉬운 일이 아니다. 그런 점에서는 분류자 스스로도 이것이 하나의 기준에 지나지 않는다는 것을 인정한다. 그런 까닭에 피부색이 불거져 나오는 것이다. 유전적 위치가 애매할 경우에 형질(phenotype)로 드러난 각자의 육체적 특징이 결정적인 열쇠 구실을 한다.

　그리하여 모로 드 생 메리는 현지에서 관찰한 것과 구전된 정보를 바탕으로 혼혈인종의 피부색이나 머리카락의 형태들을 이 표에 집어넣는다. 그리고 육체적 특징뿐 아니라 성향, 기후나 노동에 대한 적응 여부, 성에 대한 열정의 정도 등을 더해 다른 혼혈군의 사회적 변동까지도 예상하려 한다.

이러한 분류는 같은 프랑스 식민지에서도 마르티니크(Martinique)나 과달루페에서는 발견되지 않은 극단적인 예이고 산토도밍고에서도 실제로는 혼혈에 대한 분류가 네 종류 정도로 제한되었다고 하나 어느 지역에서건 색의 선을 경계로 한 혼인통제는 이루어졌다. 특히 백인여성은 백인 이외의 남성과 접촉하는 데 제한이 따랐고 백인 계급 내에서의 혼인을 강요받았다. 또 유색인종군 사이에서는 일반적으로 자신과 같은 집단이거나 그보다 더 백인에 가까운 집단과의 혼인을 선호했다. 그리하여 육체적 특징을 바탕으로 한 가치기준, 그에 따른 사회적 통제는 카리브해의 혼혈문화에 다양한 영향을 미치게 된다.

이들 카리브해의 섬들은 생물학적인 특징과 정치적인 통제의 상호작용(interaction)이 이루어진 이른바 '혼혈의 실험실'이라 할 수 있을 것이다. 하지만 그 혼혈의 과정 속에서 크리올(Creole)문화라는, 본질적으로 비분류적이자 전혀 다른 가치를 낳은 곳도 이 지역임을 생각하면 생물학과 정치학의 폐쇄회로를 깨부술 가능성의 여지가 보인다.

그런데 이 분류표에서 가장 미묘한 부분은 말할 나위도 없이 생-메레다. 이 집단을 굳이 '섞인 피'라 부르는 것도 백인과 구분짓기 위해서일 것이다. 도대체 128분의 1의 흑인 피가 섞인 사람을 백인으로부터 분리하는 일이 가능한 것일까. 분류자는 이렇게 말한다.

"생-메레의 자손은 한없이 백인에 가깝다. 실제로 산토도밍고에는 4대에 걸쳐 백인과 결혼한 생-메레가 있는데 이 사람에게 들어있는 아프리카 사람의 피는 512분의 1이라는 수치가 나온다. 이 사람을 구별하려면 상당한 관찰력이 필요하나 실질적으로는 구전이나 기록된 것 외에 단서가 될 만한 것은 아무것도 없다."

분류 과학도 여기에 이르면 광기를 띠게 마련이다. 모로 드 생 메리에게 색의 선은 영원토록 사라지지 않을 것이었음에 틀림없다.

아라비안나이트의 피부

그만큼 피부의 이미지는 강하다는 것일까. 폴 브로카는 피부색을 34가지로 분류했는데 유럽 세계가 검은 피부를 어떻게 표현했는지를 살펴보면 오히려 검은 피부를 몰랐던 기간 쪽이 길었던 사실을 깨닫게 된다. 로마시대 이후 15세기까지 회화든 조각이든 아프리카 사람을 묘사한 경우는 대단히 적다. 지리적으로 떨어져 있었을 뿐 아니라 북아프리카에서 이베리아 반도까지를 석권한 아랍인들에 의해 역사적으로도 멀어졌기 때문이다. 같은 시기 아프리카 사람을 모델로 한 작품으로 그뤼네발트(Matthias Grunewald), 뒤러(Albrecht Dürer), 만테냐(Andrea Mantegna) 등의 그림을 들 수 있는데 주제로든 작품 수로든 예외적인 경우라 하겠다.[8]

따라서 근대 이전의 사회가 피부색을 어떻게 다루었는지를 알기 위해서는 오히려 유럽, 아프리카 양쪽과 교섭이 있었던 이슬람 세계를 눈여겨 볼 필요가 있다. 이슬람세계의 인종관에 대한 기술로 가장 커다란 영향을 미친 것은 아놀드 토인비가 저술한 『역사의 연구』의 한 대목일 것

---

8) 서양미술에 나타나는 흑인 이미지에 대해서는 그리스 로마로부터 미국의 개척시대까지의 미술사를 망라한 전 3권짜리 대작이 상세하다. Ladislas Bugner, *L'image du Noir dans l'art occidental*, Paris, 1976.

이다. 주지하는 바대로 토인비는 거기에서 이슬람세계에서는 신자인가 아닌가가 모든 인종적 차이에 선행하고 유럽처럼 흑인/백인의 우열관계를 따지지 않는 자유세계임을 자신의 경험에 비추어 밝히고 있다. 이것이 1939년이라는 시기에 간행된 점을 생각하면 이 대목이 단순한 역사기술을 넘어선 의미를 내포하고 있었음을 쉽게 짐작할 수 있으리라.

〈세속적 쾌락의 동산(The Garden of Earthly Delights)〉 부분,
히에로니무스 보슈(Hieronymus Bosch)

스페인 마드리드 소재 프라도(Museo del Prado) 미술관에 있는 이 유명한 트립틱(Triptych)에는 투명한 돔에 싸인 세계가 묘사되어 있다. 인종 개념이 없는 시대의 마지막 행복한 광경일까.

하지만 북아프리카를 여행하다 보면 비록 짧은 체재 중에라도 흑인을 가리켜 '노예의 자식'이라는 식으로 업신여기는 말을 듣게 된다. 이슬람세계에 가본 적이 없더라도 예컨대『아라비안나이트』나 오리엔탈리즘 회화를 조금이나마 아는 사람이라면 토인비가 언급한 내용에 의문을 품게 될 것이다. 이슬람세계에서는 백인노예와 흑인노예가 공존하고 있었음은 알려져 있지만, 어째서 회화의 중심을 이루는 오달리스크(Odalisque=Harem)의 여자들은 항상 백인이고 노예는 늘 흑인인가. 그도 아니라면 이 구도는 유럽의 화가들이 멋대로 그려놓은 환상의 산물이란 말인가.

실체가 알려지지 않은 이슬람세계에서의 인종관은 미국의 역사가 버나드 루이스(Bernard Lewis)에 의해 밝혀졌다.[9] 루이스는 분명히 성전(=꾸란) 속에는 인종주의적 기술이 없고 신앙의 유무가 다른 모든 것에 우선하는 원리임을 인정하면서도 이슬람이 확대되고 이교도를 개종시켜 나가는 과정에서 다른 인종에 대한 차별관이 생겨나게 된 것이 아닌가고 추측한다. 개종한 비아랍인은 원칙적으로 아랍인과 완전히 동등한 권리를 갖는 것으로 되어 있으나 실제로는 사회적으로든 정치적으로든 우열이 존재했기 때문이다.

인종주의가 생겨난 커다란 원인은 노예제에 있다. 아랍세계가 이슬람 이전에 알고 있었던 것은 높은 문화 수준의 에티오피아였는데 이슬람의 확대와 더불어 예의 에티오피아를 포함하여 광대한 범위에서의 노예무역이 시작되었다. 노예 공급지역은 서아프리카에서 중앙아시아에까지 미쳤는데 아프리카에서 온 흑인노예와 코카서스에서 온 백인노예에게는 애초부터 차이가 있었다.

---

9) Bernard Lewis, *Race and Color in Islam*, New York, 1971.

우선 백인노예 쪽의 값이 더 비쌌다. 더불어 흑인노예의 일은 엄격하게 제한되어 있었다. 루이스는 이 차이가 무엇보다도 노예를 의미하는 말에 드러나 있다고 지적한다. 백인노예는 mamuluk('소유되는 것'이라는 의미), 흑인노예는 abd(노예 일반의 의미)라 불렸는데 abd는 흑인노예에게만 사용되다 나중에는 흑인 자체를 의미하게 되었다. abd라는 단어는 영어의 slave와 의미론적으로 정반대의 변화를 보이는 것이다.

결혼에서도 이슬람의 성립 초기까지는 상대의 인종이 아닌 출신 계급에 따른 차별이 나타난 것에 대해 이슬람의 확대와 더불어 검은 색을 노예, 흰색을 자유와 결부시키는 인종적 선입관이 확산된다. 루이스는 아바스(Abbasid) 왕조의 어느 왕자에 대한 전기에서 다음과 같은 시구를 예로 들었다.

"피부가 검다고는 하나 제 마음만은 하얗습니다."

이 검은 피부의 왕자를 앞에 두고 칼리프(caliph)가 읊는 시는,

"검은 색이 고매한 인간을 깔볼 수는 없는 법! 색은 검으나마 내가 매료된 것은 그대의 새하얀 마음이라네!"

하렘(Harem) 환상

물론 루이스가 그의 연구에서 이슬람세계에도 아파르트헤이트가 있었다고 주장하려는 것은 아니다. 이슬람의 인종주의는 미국이나 남아메리카에서처럼 엄격한 사회제도를 낳지는 못했다. 특히 미국과 비교했을 경우 이슬람세계에서 노예제의 흔적은 대단히 미약하다. 그 원인의 하나로 루이스는 아프리카 출신 흑인노예에게 상당수의 거세자가 포함되어 있었음을 지적한다. 하렘에서 시중을 든 환관이 그들이다.

이상과 같은 이슬람세계의 인종주의를 유럽은 동양에 대한 환상으로 해석했는데 그 결과 등장한 것이 19세기를 통해 그려진 오리엔탈리즘 회화다. 들라크루아(Ferdinand Victor Eugène Delacroix)나 앵그르(Jean Auguste Dominique Ingres), 나아가서는 마티스 (Henri Matisse) 등 이 시대의 화가들은 누구나가 그 대표작으로 하렘, 특히 오달리스크를 그렸다. 하지만 19세기 중반 무렵에는 백인노예의 수가 극도로 감소한다. 러시아가 코카서스를 병합함에 따라 이슬람세계는 백인노예의 주요 공급 지역을 잃어버려 그 대부분을 아프리카에서 데려왔던 것이다. 그들이 그린 오달리스크의 순백색 피부는 현실에서 비롯된 투영이 아닌 유럽인 남성들이 품고 있던 성적 욕망의 투영이다.

마네(Édouard Manet)의 〈올랭피아(Olympia)〉가 그 대표적인 예다. 전라로 누워있는 올랭피아의 뒤에는 뚱뚱한 흑인 여성이 꽃다발을 들고 서 있다. 흑인 여성의 오른 편에는 검은 고양이가 침대 위에서 꼬리를 치켜 든 채 이쪽을 바라보고 있다. 당시 이 검은 고양이의 꼬리는 발기를 연상 시킨다고까지 해석되었다.

올랭피아를 두드러지게 하는 흑인 하녀와 검은 고양이의 배치는 색채 구성상 확실히 훌륭하다. 그러나 기독교문화가 가꾸어온 흑백의 상징성 을 무시할 수는 없다. 19세기 회화의 중요한 이론가 몽타베르(Paillot de Montabert)는 다음과 같이 지적한다.

"백은 신성과 신의 상징이고 흑은 악과 악마의 상징이다. 백은 최고의 미, 순진무구, 축복의 심벌이고 흑은 추함, 죄, 퇴폐, 불행의 심벌이다. 선과 악의 싸움은 백 가까이에 흑을 둠으로써 가장 잘 드러난다."

단순한 까닭에 더욱 강력한 이 상징성은 유럽세계가 아프리카와 직접적인 교섭을 갖지 않은 1500년 사이에 문화의 심층에 스며든 것이었다. 더구나 두 문화가 만났을 때 한 쪽이 다른 한 쪽을 노예로 삼았다.

〈에스더의 화장(The Toilet of Esther)〉, 테오도르(Theodore Chasseriau)(1841)
구약성서의 오리엔탈리즘 표현. 금발의 에스더, 양성구유적인 아랍인, 보석상자를 바치는 아프리카 사람이라는 세 요소가 하렘회화와 비슷한 구도로 묘사되어있다. 백색, 갈색, 흑색의 관계가 마네의 〈올랭피아〉에서는 창부, 하녀, 검은 고양이로 전환된다.

그러면 마네의 그림이 물의를 빚은 까닭은 단순히 화가가 살롱이라는 장소에 당당하게 창부 그림을 걸었기 때문이라기보다 그 창부가 '퇴폐와 죄의 색'이 아닌 '순진문구와 축복'의 색으로 묘사되어 있었기 때문은 아닌가. 그것이 하렘의 오달리스크였다면 용인되었을 것이다. 이교도의 땅에서는 죄도 죄가 아니리라. 게다가 순백의 피부를 가진 오달리스크들은 유럽에서 끌려와 시장에서 팔린 노예다. 19세기 유럽이 갖고 있던 역발상의 시선이, 그리고 그 욕망을 거리낌 없이 채울 수 있었던 장소가 하렘이었던 것이다.

〈말콤 X〉

그러나 우리들이 피부색을 둘러싼 환상에서 지금은 자유로워졌다고 말할 수 있을까. 육체적 징후를 경계면으로 한 바이오 폴리틱스 =생정치 (生政治, Bio-politics), 그 중에서도 가장 집요한 색소정치로부터의 해방을 요구하는 투쟁은 로스엔젤레스와 요하네스버그 사이에서 계속되고 있다. 그러한 흑인들의 영웅으로 지금 말콤 X가 거대한 미디어 캠페인 (media campaign)을 동원하여 등장하고 있는 것도 결국 우리가 여전히 색소정치의 시대를 살고 있음을 방증한다.

영화 〈말콤 X〉는 말콤 X의 생애를 바탕으로 만들어진 작품이지만 우리가 기대하는 바는 전기성에 충실한 영상이 아닌 새로운 말콤상을 통해 감독 스파이크 리(Shelton Jackson Lee)가 어떤 메시지를 우리에게 던지려 하는가에 있다. 이제는 미국 흑인사회의 대변자라고까지 일컬어지는 감독 스파이크 리지만 실제로 영화를 보면 예상했던 것만큼 도발적인 작품은 아니다.

영화 공개에 앞서 이루어진 화려한 선전광고는 X자를 거리에 범람하게 함으로써 이 영화를 하나의 사회현상으로 인식시키려 한 것이었다. 티셔츠나 모자 등의 패션은 감독 자신이 적극적으로 관여하는 농구를 비롯한 스포츠나 랩뮤직 등의 음악적 이미지 전략을 능숙하게 엮어내 X자를 해방투쟁사의 문맥에서 스포츠용 운동화의 마크와 같은 현대 도시문화의 상표로 바꾸는 데 성공했다. 스파이크 리는 자타가 공인하는 '흑인영화'작가이나 그 이미지 전략에는 베네통의 월드 캠페인에 비견할만한 데가 있다고 할 수 있다.

그것이 제작자들의 의도대로 되었는지의 여부는 차치하더라도 말콤 X의 이름이 거의 알려진 바 없는 일본이나 유럽에서도 매스컴이 앞 다투어 화제로 삼고 그때까지 팔린 적도 없던 자서전이나 연구서 따위가 재판에 들어가는 현상이 일어났다. 사후 30년 가까이 테러리스트 정도의 잘못된 대중적 이미지가 덧씌워져 있던 말콤 X 상을 재평가하는 의미에서는 영화의 완성여부를 떠나 스파이크 리의 목적이 달성되었다고 볼 수 있다.

그리고 공개가 된 것인데 그 도발적인 포장과는 정반대의 참으로 얌전한 말콤 X가 등장한 것에 많은 사람들이 놀라움을 감추지 못한 모양이다. 영화로서는 주인공이 아직 '말콤 리틀'이었을 무렵, 다시 말해 투옥되기 이전의 애송이 무렵을 그린 전반 30분, 전체의 7분의 1이 가장 재미있다. 약간의 몸동작이나 회화가 리드미컬하게 장면을 약동하게 하는 멋진 장면이 이어진다. 미국 흑인문화가 낳은 이 역동성을 스크린 위에서 이 정도로 매끄럽게 표현할 수 있는 작가는 어쩌면 스파이크 리 말고는 없을 것이다.

그러나 해방투쟁에 눈 뜬 후의 말콤 X상은 어떠한가. 전기 영화로서는 파탄이 없는 모양새일지도 모른다. 화재, 부친의 암살, 피부색의 차이로

교육을 받지 못한 것, 속죄, 환골탈태, 투쟁, 배신, 죽음 … 등, 그 생애가
그야말로 성서적인 이야기 구조를 이루고 있다. 그 흐름 속에서 스파이
크 리는 세부적인 말콤 X의 인생을 재구성하고 그 세부 속에 같은 경우
에 처한 동시대 흑인의 모습을 비추는 천 개의 거울을 끼워놓았다.

영화는 투옥을 경계로 말콤 X를 정치적 투사가 아닌 문화적인 영웅으
로 그려나간다. 확실히 그 투쟁이론은 당시의 매스컴이 대서특필한 것처
럼 폭력적인 것은 아니었지만 실상 영화가 묘사하듯 수동적인 것이 아니
었음에 분명하다.

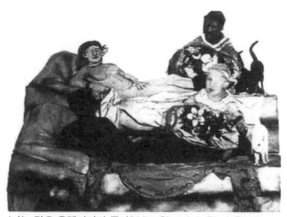

〈나는 검은 올랭피아가 좋다(I Like Olympia in Black Face)〉,
래리 리버스(Larry Rivers)(1970)

미술사(史)의 해석과 인용을 래디컬하게 실천해온 리버스는 이 작품에서 색채를 역전함
으로써 감춰져 온 식민지 코드의 노출을 시도한다. 리버스가 하렘회화의 색채정치학을
꿰뚫고 있음은 분명하다. 수많은 화가들이 마네의 〈올랭피아〉를 패러디했는데 이 작품
은 가장 우아한 것들 중의 하나다.

주지하는 바대로 말콤 X의 사상에서 전기가 된 것은 메카(Mecca)에의
순례였다. 거기에서 그는 이슬람교도가 백인이든 흑인이든 공존할 수 있
음을 알고 충격을 받는다. 이 대목은 원작의 자서전에서는 영화보다 다

소 미묘한 표현으로 언급되었다.

"이슬람 종교세계에서의 혹은 일반적으로 이슬람교도가 보이는 피부색에 대한 무관심은 시간이 더할수록 점점 나를 놀라게 했다. 그리고 이전의 내 판단이 잘못되었음을 납득하게 되었다. 세계 곳곳에서 수만 명의 순례자가 모여들었다. 푸른 눈을 한 백인에서 아프리카의 흑인까지 모든 인종이 있었다. 거기에서 우리는 하나의 통일된 우애의 정신으로 같은 의식에 임했던 것인데, 미국에서의 내 경험에 비추면 백인과 비백인 간에 이러한 정신을 갖기란 불가능한 것이었다."[10]

그 직후 말콤 X는 다음과 같은 관찰을 한다.

"이 거대한 군중 속에는 일종의 색의 배치가 발견되었다. 그것을 알아차린 순간부터 나는 이것에 아주 많은 주의를 기울이게 되었다. 미국 출신이라는 것 때문에 나는 특히 색에 대해 민감해 있었던 것이다. 사람들은 거기에 모이자마자 새로 그룹을 만들어 대부분의 시간을 함께 보내는 것에 눈길이 갔다. 그 행동은 의식적인 것임에 틀림없었다. 그도 그럴 것이 의식적이지 않으면 안 될 이유가 없었기 때문이다. 아프리카 사람은 아프리카 사람끼리, 파키스탄 사람은 파키스탄 사람끼리 식으로 똘똘 뭉쳐 있었다. 내게 이 사실은 미국에 돌아가는 대로 보고해야할 것처럼 보였다. 피부색과는 독립적으로 대부분의 우애가 존재하는 장에서, 어떤 사람도 차별받고 있다는 느낌이 들지 않는 장에서, 우열에 대한 어떠한

---

10) *The Autobiography of Malcolm X*, New York, 1966, pp. 338-9.

콤플렉스도 존재하지 않는 장에서, 사람들이 자발적으로 그리고 자연스럽게 서로가 공유하는 것에 매료되어 있었다는 뜻이다."

피부색과는 독립적인 우애의 장에서, "어떤 색의 배치"가 있다는 사실을 이 민감한 관찰자는 깨닫고 있었다. 말콤 X는 만년에 인종적인 세계관에서 계급적인 세계관으로 옮겨갔다고 한다. 이는 메카에서의 경험에서 비롯된 것이 아니라 아프리카를 방문했을 때 몇 사람의 급진적인 지도자를 만나고 흑인만 억압을 당하는 것이 아님을 이해한 때문이라 일컬어진다.

그렇다면 영화 속에 나타나는 말콤 X상의 상상하기 힘든 차분함은 스파이크 리 자신의 모습이 투영된 것이 아닌가 하는 생각이 들기도 한다. 왜냐하면 작품이 진정한 의미의 급진주의, 즉 피부색에 따른 차별에서 그것을 포함한, 보다 일반적인 차별로 시야를 확대시킨 말콤 X에 대해서는 다루고 있지 않기 때문이다.

색소정치를 넘어서 계급정치로 향한 사상의 성장을 정면으로 묘사하는 일이 이 영화에서는 어려웠을 것이다. 어디까지나 시장경제의 룰 속에서 움직여야 하고 오히려 그 룰을 스스로 광고캠페인을 통해 대대적으로 전개해 보인 스파이크 리에게 말콤 X가 최종적으로 사정 거리 안에 있는 적을 쏘는 일은 우선 자기 자신에게 시위를 당기는 짓이나 다름없다.

하지만 지금 정말 필요한 것은 로스엔젤레스나 요하네스버그뿐 아니라 발칸반도에서 호주까지 확대된 색소정치를 지속시키는 일반적인 메커니즘을 밝히는 일이 아닐까. 가상적국을 잃은 미국에서 무엇보다 곤란한 일은 진정한 적을 찾아내는 것임에 틀림없다.

천사는 무슨 색인가

생각건대 인간의 신체적 특징 중에서도 피부색만큼 애매한 것은 없다. 지금은 빌딩숲에 선탠 살롱이 있을 정도다. 멜라닌 색소의 증감을 개인적으로 조절하는 것은 일상적인 패션이다. 애매한 까닭에 코드화되기 쉽다. 미국 백인과 흑인의 성을 연구한 B. 데이(Beth Day)는 흑인 남성이 백인 여성에 대해 갖고 있는 특별한 심리를 '천사증후군'이라 명명했다. 그에 따르면 앵글로색슨(Anglo-Saxon)이 유색인종에 대해 잠재적으로 우위에 있다는 생각은 시저의 군대가 브리테인 원정(Roman Occupation of Britain) 때 포로로 데려온 앵글로(Anglo) 사람에게서 비롯되었다고 한다.

(포로를 가리키며) 로마 교황 그레고리우스 1세가 물었다.

"너는 누구냐?"
"앵글로족입니다"
"앵글로가 아닌 앤젤이로군(Non Angli, sed Angeli)"
"그렇습니다. 그들은 천사처럼 하얗습니다."[11]

이 기묘한 혼동이 기원인지 아닌지는 제쳐두고라도 흰 피부에 금발을 한 천사들의 이미지가 이탈리아에서 생겨난 점은 흥미롭다.

이탈리아의 색채

오늘날 세계 대도시에서 찍은 사진을 보고 그곳이 어디인지를 알아맞

---

11) Beth Day, *Sexual Life Between Blacks and Whites: the roots of racism*, New York, 1972.

히는 일은 그다지 어렵지 않다. 보고 익힌 가두풍경이나 대표적인 건축물로 대부분의 수도를 맞힐 수 있을 것이다. 그러면 그 사진에서 사람만 끄집어내면 어떻게 될까. 나라 이름까지는 알 수 있을지라도 그곳이 어느 도시인지는 알 수 없을듯 하다. 하여간 정답률이 상당이 떨어지게 될 것임에 틀림없다. 거기에 사람 얼굴을 제거하고 의복만 남겨둘 경우 그것은 거의 추측 불가능한 재료가 되어버린다. 의식주라 간단히 말하곤 하지만 건축물이나 요리와 비교하건대 현대 도시의 옷차림은 획일화되어 있기 때문이다.

이 상황을 발 빠르게 파악하여 급성장한 패션업체로는 이탈리아 기업인 베네통(The Benetton Group)을 들 수 있다. 베네치아 근처 북이탈리아의 소도시 트레비소(Treviso)에서 4명의 베네통 형제가 시작한 니트회사는 창업 25년만에 명실 공히 이탈리아를 대표하는 대기업으로 성장하여 현재 세계 100여 개 국가에 점포수 6,300개, 매출총액 2,000억 엔이 넘는 성공신화를 일군 것으로 유명하다.

수많은 패션업체 중에서도 베네통을 돋보이게 하는 특징은 우선 제품의 다양성에 있다. 수십 가지에 이르는 색의 변주와 풍부한 아이템 그리고 젊은이를 대상으로 한 합리적인 가격으로 단조로웠던 형태의 니트업계에 신선한 바람을 불어넣었던 것이다. 하지만 성공의 진정한 열쇠는 그러한 상품을 세계 시장에 내보낼 때 불가결한 유통시스템의 혁신성에 있었다.

베네통은 본사와 판매점 사이에 대리인을 두어 그가 담당하는 지역의 시장개척과 판매점을 관리하도록 하고 있다. 모든 상품을 판매점이 매입하는 제도를 실시하고 있기 때문에 각각의 점포는 베네통의 상표사용 계약 외에 본사와의 연결고리가 없다. 그런 까닭에 이 대리인 제도가 본사와 세계 각국의 판매점을 잇는 커뮤니케이션 역할을 한다.

앞서 의복만으로는 그것을 어느 도시에서 입은 것인가를 아는 데 곤란하다고 썼는데, 그것은 모든 도시가 상품에 대해 같은 기호(嗜好)를 갖고 있다는 뜻은 아니다. 오히려 지역에 따라 호불호의 차이는 여전히 크므로 그것을 어떤 식으로 신제품에 반영시킬 것인가가 마케팅의 요체가 된다.

기호의 차이가 가장 두드러지는 부분은 어쩌면 색채일 것이다. 풍부한 아이템을 자랑하는 베네통이 염색만큼은 주문을 받아 생산에 반영하는 이유가 여기에 있다. 세계 각지의 기호에 대응한 색을 시장조사를 통해 파악하여 하청을 주지 않고 본사에서 염색하고 있는 것이다. 컴퓨터 네트워크로 유지되는 생산관리와 함께 새로운 마케팅기술로 평가받고 있는 이 시스템은 'UNITED COLORS OF BENETTON'이라는 상표에 가장 잘 표현되어 있다고 할 수 있다. 색채의 움직임을 실시간으로 앎으로써 세계 시장을 제패한다는 새로운 전략이다.

물의를 빚은 색

미합중국을 비꼰 이 말이 다른 인종이 공존할 수 있는 세계라는 메시지를 담고 있음은 80년대 중반부터 전개된 일련의 광고 캠페인에 의해 더욱 더 분명해졌다. '환경파괴 반대', '에이즈 박멸' 등은 지금으로서는 유행하는 기업메시지의 하나로 볼 수 있는 광고 군인데, 그 중에서도 특히 눈에 띠는 것은 반인종차별이다. 이 캠페인은 각국에서 커다란 논쟁을 불러 일으켰고 결과적으로는 베네통이라는 기업 이름을 강하게 어필하는 계기가 되었다. 각각의 광고에 대한 반응은 색과 마찬가지로 나라마다 다르다. 몇 가지 예를 들어보자.

베네통 광고(1991)

아무리 성에 대한 코드가 자유화된 사회라 하더라도 피부가 여전히 의식의 깊은 부분을
자극한다는 사실을 훌륭하게 증명한 광고 캠페인이다. 피부가 갖는 메시지의 이해와 그
운용에서 베네통에 필적할 만한 인물은 마이클 잭슨 아니면 스파이크 리 정도가 아닐까.

- 맨몸의 아기가 커다란 팔에 안겨 젖을 빨고 있다. 아기는 백인, 여성
  은 흑인이다(1989년). 이 광고는 특히 미국에서 논쟁을 일으켰다.
  노예제시대를 연상시키는 이미지라는 것이 주된 이유였다. 그런데
  네덜란드와 프랑스에서는 같은 광고에 상이 주어졌다.
- 신부와 수녀가 서로 흑백의 정장을 하고 키스를 나누고 있다. 광고
  는 당연히 바티칸을 중심으로 대논쟁을 불러 일으켜 이탈리아에서
  는 신성모독광고라 하여 금지되었다(1991년).
- 세 명의 어린이가 이쪽을 향해 혀를 내밀고 있다. 셋의 피부색은 각
  각 흑인종, 백인종, 황인종을 대표하고 있는데 혀의 색깔은 똑같다
  (1991년). 이 광고는 특히 이슬람 여러 나라에서 커다란 반감을 샀
  다. 혀를 내미는 행위가 이들 나라에서는 미풍양속을 해치는 것에

속한다는 사실을 떠올리면 아주 자연스런 반응이라 할 수 있다.

- 백인과 흑인 소녀가 어깨를 껴안고 있다. 문제는 분장인데 백인은
금발의 곱슬머리인데 비해 흑인 소녀는 좌우로 묶어 올린 머리카락
이 두 개의 뿔로 되어 있다. 백인 천사와 흑인 악마의 구도임에 분
명하다(1991). 이것은 유럽과 미국 모두에서 문제가 되었다. 이상의
광고는 하나같이 'UNITED COLORS OF BENETTON'의 상표 외에는
어떠한 카피도 들어있지 않다.

각국 공통의 테마를 설정하여 내세운 이들 광고는 모두 베네통계열사
사장 루치아노 베네통(Luciano Benetton)과 이탈리아의 사진가 올리비
에로 토스카니(Oliviero Toscani)가 만든 것이다. 스캔들을 일으키는 일
은 퍼블리시티(publicity)의 전술로서 그다지 새로운 것은 아니지만, 그
러나 하나의 기업이 이렇게까지 밀고 간 경우는 굉장히 드물지 않을까.

원래 이들 광고는 상품인 옷과는 아무런 관계도 없다. 루치아노 베네
통 자신은 명쾌하게 "사회에 논쟁과 대화를 촉발하게 하고 싶을 뿐"이라
고 했는데 적어도 그 목적은 충분히 달성되었다 해도 과언이 아니다. 토
스카니의 기본적인 메시지도 명쾌한 것으로 '멀티 컬러스(Multi-Colors),
이는 다시 말해 다른 피부색의 공존이라는 의미일 것이다. 이들 광고는
자연스런 피부색의 대비를 역사적으로 형성된 문맥 속에 둠으로써 정당
성을 획득하고 있다. 스캔들이란 문맥을 치환하는 것이다.

벌거벗은 신생아

베네통과 토스카니가 만든 최근 광고는 막 태어난 신생아 사진이었다.

신생아가 탯줄이 붙은 채 수술 장갑을 낀 손에 들려 있는 출산 직후의 장면을 이렇다 할 연출도 없이 찍은 사진인데 이것이 세계 63개국의 잡지와 광고판에 출현하자마자 다시금 논란의 대상이 되었다. 영국에서는 광고 이미지가 유산한 엄마들에게 고통을 안겨준다는 의견이 나왔고 광고기준심의회가 의문을 제기하여 광고는 전면적으로 철회되었다. 미국에서는 여성잡지를 중심으로 게재를 승낙하는 쪽과 거부하는 쪽으로 나뉘어 찬반 논란이 일었다.

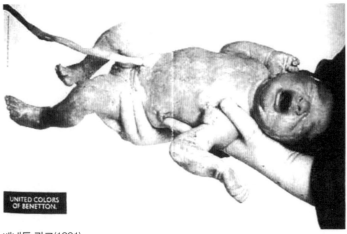

베네통 광고(1991)
이렇듯 광고 세계는 점점 정신분석적인 경향으로 흐른다.

섬광촬영장치(stroboscope)의 강한 빛에 드러난 몸에는 피와 지방이 들러붙어있는 데다 탯줄 속 유동물까지 선명하게 비치는 즉물적인 사진이다. 이 광고를 파리 지하철역에서 목격한 이들의 대부분은 어안이 벙벙한 표정을 지었다. 미국이나 유럽의 광고판은 크다. 막 태어난 신생아 사진이 3m×5m 크기로 게다가 아무런 설명도 없이 길가에 내걸렸을 때

화젯거리가 되지 않을 수 없다. 피부색, 빨간 피, 흰 지방이 생리적인 반응을 불러일으킨다. 만약 이것이 흑백사진이었다면 그 정도로 충격적이지는 않았을 것이라는 생각이 들었다.

여느 때와 마찬가지로 상표 외에는 아무런 언급도 없는 이 광고가 전달하려는 것은 무엇일까. 이 신생아는 여자 아이인데, 이 사실과 상표를 덧대어 여성복을 연상할 소비자는 우선 없다고 해도 좋을 것이다. 제작자의 의도는 물론 그런 데 있지 않다. 현대 도시의 출산은 병원이라는 비일상적 장소에서 관리되고 있으므로 그것을 일상적인 공공장소로 내던져보려는 시도일까. 우리는 일상적으로 '태어난 대로의 모습'이라든지 '인간 본연의' 같은 표현을 쓰는데 그것을 영상으로 표현하면 대부분 그로테스크한 것이 된다는 살바도르 달리(Salvador Dali) 풍의 유머일까.

이 광고가 등장한 1991년 가을이라는 시점을 생각해보는 것도 보람이 없는 일만은 아닐 것이다. 아파르트헤이트의 폐지로 상징되는 구 체제의 종언과 함께 새로운 민족주의의 대립이 싹터 유고슬라비아 내전은 재삼의 정전협정에도 아랑곳하지 않고 악화일로에 있다. 아드리아해(Adriatic Sea)를 건너 이탈리아로 밀려드는 대량이민이 그것을 방증한다. 한편 루마니아의 유혈혁명에서 걸프전쟁 사이에 전해진 보도영상의 '사실'에 대한 의혹은 상당할 정도로까지 일반화되었다. 그리고 공산주의의 사실상 해체와 걸프전 이후의 세계적인 경기 후퇴가 사회 전체에 미래에 대한 불안감을 안겨주고 있다는 사실도 빼놓을 수 없다. 즉 '불확실성'이라는 말을 사람들이 이전과 달리 가슴 속으로 강하게 의식하기 시작했을 때 이 사진이 등장한 것으로 볼 수 있지 않을까.

탯줄은 화면 귀퉁이에서 끊겨졌고 신체를 지지하는 것은 피 묻은 수술 장갑을 한 손뿐으로 그 외에는 어떠한 인위적 흔적도 찾아볼 수 없다. 갓 난아이가 두르고 있는 것은 막 태어난 '피부' 한 겹! 이 세계로부터 자신을 지켜줄 만한 것은 아무것도 없다. 행방을 알 수 없는 현대 세계로 내던져진 벌거숭이의 생명 하나가 여기에 있다.

피부는 메시지다

태어날 때부터 피부에는 색이 있고 그 피부에는 같은 색깔의 피가 묻어있다. 기업 광고라기보다는 오히려 현대미술의 표현에 가까운 이 캠페인은 당분간 계속될 모양이어서 다음으로는 이민을 전면적으로 긍정하는 것이 기획되고 있다고 하는데 어찌되었든 피부가 그 무엇보다도 강력한 미디어로 자리 잡은 것만큼은 틀림없는 사실이다.

베네통의 이미지 전략의 전개를 동시대의 대중문화 속에서 보면 마찬가지로 피부색이 중요한 변수로 되어 있는 한 뮤지션의 모습이 떠오른다.

마이클 잭슨(Michael Joseph Jackson)이라는 이름의 가수에 대해서는 해설을 할 필요가 없을 것이다. 앨범 〈Thriller〉(1982), 〈BAD〉(1987) 의 역사적인 판매 기록 수치를 열거할 필요도 없다. 현대의 음악 산업이 만들어낸 최강의 상품이자 아메리칸 스타 시스템(American Star System)이 낳은 모범적인 예술 상품임에 이론의 여지가 없을 것이다.

1991년 11월에 발매된 〈Dangerous〉에서 잭슨은 또 다른 얼굴을 보여주었다. 새로운 음악적 표현이라는 의미에서도 그렇고 문자 그대로 다른 얼굴이라는 의미에서도 팬을 놀라게 했다. 이미 전작 〈BAD〉가 발표된 때부터 이 가수의 변모 양상은 화제를 낳았다. 그것은 패션이나 메이크업이 어떻다기보다 그의 얼굴이 골상학적으로 변화하고 있었기 때문이다.

60년대부터 잭슨5의 그룹 이름으로 세계적인 명성을 획득한 후 독립해서도 잇달아 히트곡을 발표해온 이 가수는 본질적으로 텔레비전=비디오시대의 스타이고 그런 까닭에 그 주 이미지로 널리 알려진 얼굴 이미지의 극적인 변화에 시장은 경악했던 것이다.

우선 눈에 띠게 코의 형태가 달라졌다. 비공은 좁아진데다 높아졌다. 광대뼈는 약간 높아졌고 턱은 뾰족해졌다. 하지만 세계의 팬들이 무엇보다 놀란 것은 그 피부가 희어진 사실과 얼굴이 남성이라고도 여성이라고도 할 수 없을 만큼 더없이 중성적으로 바뀐 사실이었다. 1987년에 처음으로 이 가수를 본 사람은 그가 '흑인 가수'라는 사실조차 눈치 채지 못했을지 모른다. 혹은 "그는 흑인가수였다"라고 과거형으로 표현하는 쪽이 낫겠다는 생각이 들 정도로 새 얼굴은 더욱 흴 뿐 아니라 누구라고도 할 수 없는 불가사의한 모습으로 바뀌었다.

그 이미지 변화가 엔터테이너로서의 활동 변화와 발을 맞춰온 것도 사실이다. 달의 표면을 걷는 듯한 춤 문 워크(moonwalk), 지구의 위기를 구원하는 전사가 등장하는 특수효과(Special Effects) 우주전쟁영화 그리고 공기 청정 튜브 속에서 모로 누워 120살까지 산다는 소문 등, 이들 모두 비-인간화해가는 이미지에 맞춰 육체를 개조해왔다고 볼 수 있는 것들이다.

하지만 이 변화에 대해 당사자 쪽에서는 지금까지 어떠한 언급도 하지 않고 있다. 신곡 발표에 즈음하여 출판된 600쪽에 이르는 자서전에서도 이 부분에 대한 언급은 단지 수 쪽에 불과하다.[12]

---

12) J. Randy Taraborrelli, *Michael Jackson: The Magic and the Madness*, New York, 1991.

마이클 잭슨의 1979년(위)과 1991년(아래)의 모습

최근에는 안면 실리콘이 움직여 화제가 된 바 있으나 이 정도로 단기간에 골상학적인 변화를 이룬 얼굴은 드물다. 인종으로부터의 자유를 실천하는 가수는 실은 인종주의에 기여한 여러 골상학적 유형을 개인적으로 흉내낼(simulate)뿐이라는 사실을 느끼고는 있는 것일까.

이 책에 따르면 마이클 잭슨이 지금까지 코를 위해 받은 외과수술은 최소한 여섯 차례나 된다. 처음으로 받은 수술은 사고를 위한 치료였으나 1984년 미용외과의사에게 코 성형수술을 의뢰한 뒤부터는 점점 얼굴 전체 성형으로 관심이 확대된 양상이다. 담당의사도 일체의 언급을 회피하고 있어서 진상은 분명치 않다. 잭슨은 수술에 대해서는 밝히지 않으면서도 얼굴의 변화에 대해 다음과 같이 지적한다.

"얼굴을 제 마음대로 바꿀 수 있다는 것은 최상의 즐거움이다. 수술로 얼굴이 바뀌었을 때, 하여간 거울을 보지 않고서는 가만히 있을 수 없었다. 최고의 순간이었다."

자서전을 쓴 타라보렐리(J. Randy Taraborrelli)는 "왜 이렇게까지 성형을 하는 것일까"라는 질문에 대해 잭슨이 수술 받은 병원 간호사의 간결한 대답을 소개한다.

"당연히 백인(Caucasian)이 되고 싶어 그런 거겠죠"

피부색의 변화에 대해서는 색을 엷게 하는 하이드로퀴논(hydroquinone)을 썼을 것이라 추측한다. 또 같은 잭슨패밀리(Jackson family)의 일원인 라토야 잭슨(La Toya Yvonne Jackson)과 함께 '포르세라나(porcelana)'라는 크림을 사용하고 있다고 한다. 이름 그대로 피부색을 도자기처럼 희게 하는 약이다.

이 수수께끼 같은 육체적 변화에 대해서는 이미, 부친에 대한 혐오감에서 발로한 흑인종 콤플렉스라든가 잭슨패밀리로부터의 상징적 독립 등 다양한 추측이 나오고 있다. 그 중에서도 그럴듯하게 받아들여지는 것은 레코드 판매를 백인 시장에까지 확대하기 위한 이미지 전략이 아닐까 하는 견해다.

어쩌면 개인적인 동기가 비즈니스상의 전략과 연계되었다고 보는 것이 타당하겠으나 마이클 잭슨이라는 현대적 우상 중 우상의 인종적 변모가 역시 인종을 테마로 한 베네통 캠페인과 거의 같은 시기에 시작된 점은 흥미롭다. 신작 〈Dangerous〉의 히트곡은 '흑과 백Black or White'이다. 경쾌한 비트에 '색이 희든 검든 그런 건 아무래도 좋아'라는 내용의 가사는 그대로 베네통광고의 해설로 읽을 수 있다.

피부색이란 어떤 색인가

인간의 피부색에 경탄할만한 다양성을 제공하는 색소 중 가장 중요한 것이 멜라닌색소임은 잘 알려져 있다. 멜라닌색소는 피부뿐 아니라 머리카락이나 눈동자에도 들어있다. 멜라닌을 생성하는 멜라닌세포가 얼마만큼 안정적인 활동을 하느냐에 따라 인간의 색은 거의 일정하게 유지되고 이들 기관의 색을 신분증명서에 기재할 수 있게도 하는 것이다. 멜라닌세포의 수는 연령과 더불어 감소한다. 그런 까닭에 색 농도의 점진적인 저하는 노화의 징후로 여겨진다.

멜라닌 세포는 한 사람의 몸 속에 균일하게 분포하고 있는 것은 아니지만 그 수는 모든 인간에게 거의 일정하다. 따라서 타고난 피부색의 차이는 멜라닌 세포 수가 결정하는 것이 아니다. 검은색 피부에 포함되어 있는 멜라닌색소는 크기가 크고 분산되어 있는 데 비해 흰색 피부의 색소는 그 크기가 작고 게다가 색소들끼리 모여서 존재한다. 멜라닌세포의 색소 생성 능력의 차이가 피부색의 차이로 나타나는 것이다. 멜라닌색소는 자외선을 흡수하여 그 유해한 영향으로부터 피부를 보호한다. 자외선 투과량에서 흑인과 백인은 최대 다섯 배의 차가 난다고 전해지는데 이는 피부색의 차이가 자외선 양의 차이와 관계가 있음을 시사한다.

과도한 일광욕이 피부암의 원인이 된다는 경고는 여름 휴가철마다 반복되는데 반대의 경우는 그다지 화제에 오르지 않는다. 검은 색 피부는 비타민 D의 합성을 위해 흰 색 피부보다 훨씬 많은 자외선을 필요로 한다. 따라서 북유럽으로 이주한 흑인은 농도가 낮은 햇살 아래서 충분한 자외선을 투과시키지 못한 나머지 비타민 D의 합성부족으로 구루병(佝僂病)에 걸리기 쉽다.

피부색의 차이는 생물학적인 요구에 바탕을 둔 필연이라는 주장의 근거가 여기에 있다. 인류의 요람은 지금까지의 발굴조사 결과에 따르면 동아프리카 적도 부근으로 온대 지역으로 이동하기 전까지 긴 시간 동안 강한 태양광선 아래서 생활했던 것으로 전해진다. 따라서 최초의 인류는 피부가 검었을 것이다. 그러므로 북쪽이나 남쪽으로 이동함에 따라서 인류는 보다 적은 일사량에 적응해나가야만 했다. 즉 적은 자외선 양의 환경에서 필요한 비타민 D의 양을 유지하기 위해 점차로 멜라닌의 농도를 줄이는 식으로 변화해온 것이 아닐까고 추측할 수 있다.

스탠포드대학에서 유전학 연구팀을 이끄는 카발리 스포르차(Luigi Luca Cavalli-Sforza) 교수는 모든 민족의 유전자 데이터를 수집하여 40년에 걸친 컴퓨터 해석 결과, 최초의 인류 전체에 대한 유전자 계보를 그리는 데 성공했다.[13] 요약하면 15만 년에서 20만 년 전에 중앙아프리카와 에디오피아 사이의 특정 지역에서 출현한 현재의 인류는 약 10만 년 전에 아시아를 향해 이동을 시작하여 5만 년 전에 호주로 분화하였고 4만 년 전에 유럽, 만 5천 년 전에서 3만 년 전에 아시에서 아프리카로 이동했다.

혼혈은 8만 년 전부터 일정하게 이루어져 순수한 '인종'을 형성하는 데 만족할만한 긴 기간을 독립하여 생활한 그룹은 존재하지 않았다. 카발리 스포르차 팀은 인류를 아프리카, 코카서스, 북아시아, 남아시아, 아메리카원주민, 태평양제도민, 호주원주민 등 7개의 하부 그룹으로 나누었는데 물론 이 분류는 인종이나과 피부색과는 아무런 관계가 없다.[14]

---

13) L. L. Cavalli-Sforza, P. Menozzi, A. Piazza, *The History and Geography of Human Genes*, Princeton University Press, 1994.

14) 공동연구자인 알베르토 피아차(Alberto Piazza)는 다음과 같이 밝혔다. "피부색, 두발의 형식이나 얼굴생김새 등은 표면적인 차이를 드러내고 이들의 유형은 비교적 신뢰성이 높은 유전적 흔적에 대한 분석으로는 확인할 수 없다. 이들 유형의 기원은 주로 기후나 어쩌면

이 분류도에 따르면 서아시아, 이란, 북아프리카 사람은 모두 코카시언 (Caucasian)으로부터 유럽인과 함께 분화한 까닭에 이론적으로 마르세이유 사람은 알제리인과 빈 사람은 터키 사람과 가깝다고 말할 수 있다.

분류도에서 또 한 가지 중요한 사실은 그것이 언어적 분화와 정확한 대조를 이루고 있다고 카발리 스포르차는 지적한다. 끊임없는 이동으로 공간을 지배한 사람에게 언어에 의한 소통은 거의 유일한 무기였다. 언어라는 발명이 없었다면 아프리카에서 태어난 인류가 10만 년이라는 속도로 전 지구에 퍼지는 일은 불가능했으리라는 것이 그의 의견이다.

그러나 이러한 진화론적 사고를 하게 된 것도 비교적 최근의 일이다. 어떤 의미에서 피부색의 기원은 서구 과학에서 가장 강하게 유대=기독교적 세계관의 각인을 남긴 문제였다고 할 수 있을지도 모른다. 피부색은 천성적인 것이어서 자신의 의사대로 바꿀 수 있는 것이 아니다. 만약에 신이 인간을 자신과 닮은 모습으로 만들었다고 한다면 신은 희었을 것이다. 이 민족과의 관계를 단순한 색의 관계로 투영하여 흑/백, 선/악이라는 대립 개념으로 수렴해버리는 일은 굉장히 명쾌한 사고의 결과였을 것이다.

하지만 예외는 어디에나 있게 마련이다. 어떤 계기로 백인보다도 더 피부색이 흰 아이를 발견하게 되면 어떻게 규정할 것인가. 사람보다 희다는 것은 그만큼 신에 가깝다는 뜻이 되는가. 백피증=선천성색소결핍을 과학자들은 어떻게 다루어 왔는지 살펴보자.

다른 종류의 도태에서 비롯된 비교적 최근의 것이다. 통계학적 분석으로 우리는 인간을 몇몇 '그룹'으로 나눌 수 있었다. 우리는 이들 '그룹' 즉 오늘날의 인간과 해부학적으로 같은 신체를 지닌 인류가 전 지구상으로 확산해가는 과정에서 일어난 분화의 역사를 반영하고 있다고 생각한다. 그러나 이들 그룹이 어떤 차원에서든 인종이라 규정할 수 있다고는 생각지 않는다. 왜냐하면 그룹에는 각각의 차원에서 다른 특징이 있으나 하나의 특징을 다른 특징에 우선시킬만한 생물학적 이유가 존재하지 않기 때문이다. 더욱이 조사된 유전자 사이의 작은 차이가 어떤 사람들을 하나의 그룹에서 다른 그룹으로 옮겨버리는 일도 있는 것이다."(Sans distinction de race, op. cit. p.157)

백피증의 발견

백피증(Albinism)이 과학자의 기술(記述)에 등장한 것은 아프리카나 아메리카로의 탐험항해가 수없이 이루어지고 그에 대한 보고와 기록이 충분한 양에 다다른 18세기의 일이다. 다시 말해, 백피증의 기록을 더듬어 가다보면 그것이 백인에게는 타자의 발견이라는 '인식의 전환사'의 한 페이지를 장식한 것이었음을 깨닫게 된다. 이는 역사적이라기보다 통계적인 필연이 그렇게 만들었을 것이다. 백피증이 유전병임은 알려져 있으나 그 발생률에는 아주 커다란 편차가 있다.[15]

· 유럽계 아메리카인 1/39,000

· 아일랜드인 1/10,000

· 이보족(The Igbo) 1/1,100

· 호피족(The Hopi) 1/227

· 즈니족(The Zuni) 1/240

· 치루족(The Chiru) 1/143

예를 들면 중앙아메리카에서 관찰된 알비노 기록을 살펴본 박물학자 뷔퐁은 그것을 다음과 같이 유추한다.

"이 자연현상의 가장 기묘한 점은 항상 흑에서 백이라는 방향에서만

---

15) 신대륙의 백피증에 대해서는 주로 산블라스를 중심으로 한 의학·민족학적 조사의 다음 자료를 참고로 했다.
여기에서 인용된 발생률은 다음 자료를 따른 것임. Pascale Jeambran & Bernard Sergent, *Les enfants de la lune, l'albinisme chez les Amerindiens*, Paris. 1991. C.J. Witkop, *Abnormalities of pigmentation*, 1983.

변이가 일어나고 백에서 흑으로 변하는 일은 절대 없다는 사실이다. 또한 가지 눈길을 끄는 것은 동인도제도, 아프리카, 아메리카 등의 같은 위도 지역에서 이들 흰 사람들이 관찰되고 있다는 점이다. 이로써 흰 색이 기본적인 색이라는 사실 그리고 기후, 음식, 관습이 피부를 황색이나 흑색으로 바꾸고 나아가 어떤 조건 하에서는 기본색이 다시 나타나는 것이라 추측된다."[16]

백이 기본색이고 기후가 온난한 지역에서 나타나는 가장 뛰어난 것이라 주장하는 자민족중심주의(ethnocentrism)는 물론 뷔퐁 혼자만의 견해는 아니다. 린네는 알비노를 '호모 노크투르누스(Homo nocturnus)＝야행성인간'이라 명명하고 유인원과 함께 분류했다. 알비노가 인간과 원숭이를 잇는 중간 형태가 아닌가고 의심한 이는 볼테르(Voltaire)였다. 더욱이 『백과전서』에서는 여자와 오랑우탄과의 혼혈이 알비노가 아닐까 한다고까지 써놓았다. 신대륙에서 발견된 '인디언'을 인간이라 인정한지 3세기가 지난 후에도 여전히 알비노를 인간으로 인정하는 일은 곤란했던 것이다.

자신의 피부색이라는 것이 스스로를 인식하는 데 하나의 조건으로서 얼마나 집요하게 작용했는지를 여기서도 짐작할 수 있다. 백피증을 인간의 발달 단계에서 일어나는 변이라고 받아들이게 된 것은 19세기에 접어들면서였는데 그 유전적 구조에 대한 해명은 멘델(Gregor Johann Mendel) 실험을 기다려야 했다.

그런데 19세기가 되자 이번에는 '환상의 화이트 인디언'이라는 일종

---

16) Comte de Buffon, *De l'homme*, Paris, 1971, p.407.

의 속설이 퍼지게 된다. 아틀란티스(Atlantis) 대륙의 생존자로 시작하여 페니키아(Phoenicia)인의 후예라는 설, 바이킹의 은둔처라는 설 등 기묘한 아메리카 환상은 20세기 초까지 지속된다. 최후이자 최대의 센세이션을 일으킨 것이 1923~25년에 걸쳐 캐나다 엔지니어 R. O. 마쉬(R. O. Marsh)가 '발견한' 파나마의 인디언이었다.[17] 이듬해 『뉴욕타임즈』는 이를 '화이트 인디언 실재'라는 표제어를 붙여 대대적으로 보도했다.

마쉬가 바이킹의 생존자라 믿은 것은 파나마의 카리브해 쪽 산블라스(San Blas)라 불리는 지역에서 북 컬럼비아에 걸쳐 살고 있는 치루족 알비노였다. 이곳은 콜럼버스가 네 번째 항해 때 도착한 곳으로 산블라스라는 지명도 콜럼버스가 지은 것이다. 식민자 지배자들과의 사이에서 일어난 무력 충돌로 인해 해안에서 내륙 밀림지대로 도망갈 때까지 백인과의 접촉이 있었던 지역이다. 알비노 발생률은 신대륙에서도 굉장히 높았고 17세기에는 '플랑드르 지역 사람처럼 금발을 한 이들'이라 보고되었으며 이것이 뷔퐁을 비롯한 박물학자들에게도 전해졌다.

마쉬가 바이킹이라 멋대로 단정짓고 또 신문이 그것을 그대로 게재한 배경에는 18세기 이후 치루족의 알비노에 관한 보고가 너무 적었다는 사실이 있다. 이는 반드시 산블라스 지방을 방문한 사람들이 적었다는 뜻은 아니다. 열대의 강한 자외선에 대해 전혀 무방비한 알비노는 대부분 야간에 활동한다. 밤에 내륙의 밀림을 종횡할 탐험가는 우선 없다고 해도 될 것이다. 만날 기회가 그만큼 낮았던 셈이다.

---

17) R. O. Marsh, *White Indians of the Dariene*, New York, 1934. cite par Jeambran & Sergent, 1991. http://www.eugenicsarchive.org/html/eugenics/static/images/731.html에서 잡지 World's Work(1925년 3월호)에 실린 R.O. Marsh, *Blond Indians of the Darien jungle*의 원문과 텍스트 파일을 제공하고 있다.(역자주)

달의 아이들

알비노는 유럽에서 어떠한 문화적 영향도 갖지 못했으나 아프리카에서는 신비한 힘을 지녀 종종 사제가 되는 경우가 알려져 있다.

또 아즈텍 제국에서는 알비노가 희생에 바쳐졌다는 기록이 있다. 최근의 연구에 따르면 신대륙 원주민들이 알비노에 대해 일정 정도 공통된 이미지를 갖고 있었음을 지적하고 있는데, 그 문화적인 존재의식을 정확히 아프리카와 유럽의 중간쯤에 있는 것으로 보는듯 하다.[18]

착각일망정 마쉬가 목격한 알비노에 대한 보고가 계기가 되어 인류학자들의 조사가 시작된 이래 지금까지 얼마간 흥미 있는 결과가 발표되었다. 그것들을 종합하면 치루족 사회에서 알비노의 위치는 양의적인데 알비노의 영아 살해가 과거 여러 차례 이루어졌고 또 알비노와 정상인과의 결혼도 엄격하게 금지되었다. 다른 한편 알비노는 신비한 힘을 지녔다고 믿어 중요한 의식에 없어서는 안 될 존재였다. 그 의식이란 월식 신화에 얽힌 것으로 1947년 프레드 맥킴(Fred McKim)이라는 학자가 보고한 것을 요약하면 대강 다음과 같다.

"시브는 희었다. 시브가 다른 이들과 차이가 났던 것은 그가 신의 보호 아래 있었기 때문이다. … 시브와 달의 이야기를 보자. 종종 달은 용처럼 커다란 짐승에게 공격을 받았다. 그것이 달을 입에 넣고 갉아먹는 것이다. 밤이 되어 용이 달을 갉아먹기 시작하면 사람들은 집 안으로 틀어박혔지만 시브만은 달랐다. 아비가 시브에게 '활과 화살을 가지고 가라'

---

18) 아프리카의 백피증과 그 의례에 관해서는 Luc de Heusch, *Le sacrifice dans les religions africaines*, Paris, 1986.

고 하자 그는 혼자서 밖으로 나왔다. 용을 겨냥하여 활을 쏘았지만 힘이 부족하여 화살은 중도에 떨어지고 만다. 그러나 시브의 마음이 용을 떨어뜨려, 용이 달을 먹는 것을 막았다. 용의 아가리를 벌리자 달은 이윽고 커지기 시작했다. 색이 짙은 아이에게는 불가능한 일이다. 그러나 시브는 달랐다."[19]

'시브'가 치루족 말로 '희다'는 것을 의미하는 데서도 이 이야기의 주인 공이 알비노를 대표하고 있음을 알 수 있다고 맥킴은 지적한다. 용이 큰 개구리, 개, 재규어 등으로 바뀌는 이 신화에는 몇몇 변주가 있기는 하나 공통점은 피부색이 흰 소년이 달의 위기를 구한다는 내용이다. 피부색이 천체의 색과 연결되어 있음은 분명한 사실이다. 알비노와 천체 운행의 연결은 고대 멕시코 문명에서도 확인할 수 있는데 아즈텍에서는 일식 무렵에 알비노가 희생의 제물이 되었다고 전해진다.

지금까지의 살펴본 것에서 알 수 있는 것은 월식 때에는 알비노의 남녀가 실제로 작은 화살을 달을 향해 쏜다는 점, 그리고 그것에 실패하면 세계의 파멸로 이어진다고 생각한다는 사실이다. 알비노가 그 외의 다른 역할을 갖고 있었는지의 여부, 예컨대 정치적인 힘을 갖고 있었는지의 여부, 또 멕시코 신화와의 보다 깊은 연결에 대해서도 앞으로 진행될 연구에서 밝혀질 것이다.

신대륙에서의 백피증 발생률은 다른 어느 지역과 비교해보아도 높지만 그 발생장소는 대단히 한정되어 있고 수치상으로도 결코 많다고 볼

---

19) Mckim, *San Blas, an account of the cuna Indians of panama*, cité par Jeambran & Sergent, 1991.

수 없다. 파나마에서도 치루족은 높은 비율을 보이나 그 주변의 부족에게서는 낮게 나타나고 아마존 유역에서는 거의 찾아볼 수 없다. 북미에서는 남서부의 푸에블로 인디언(Pueblos) 사이에서만 볼 수 있고 에스키모를 포함한 다른 지역에서는 거의 존재하지 않는 것이나 다름없다.

이 극단적인 편차의 이유로 제기되고 있는 것은 아시아에서 베링해협을 건너 신대륙으로 이동할 무렵 백피증을 일으키는 유전자가 아주 특정한 그룹에 포함되어 있었던 게 아닐까 하는 가설이다. 최신 연구에서는 몇 몇 이동의 물결 중에서도 가장 최초의, 대략 기원전 4만년의 최종 빙하기에 신대륙으로 건너간 최초의 호모사피엔스사피엔스(Homo sapiens sapiens) 집단이 보균자였던 것이 아닐까고 추측한다.[20]

이 가설이 맞는다면 신대륙의 알비노는 가장 오래된 유전자 하나를 지니고 있는 인간이 되는 셈이다. 알비노 신화와 의식이 흥미로운 것은 태양빛 아래서 살 수 없는 흰 피부의 사람이 세계의 위기를 구한다는 데에 있다. 게다가 알비노라는 극도로 시력이 약한 아이가 활을 쏜다. 화살은 다다르지 못하지만 그 마음이 괴수를 쓰러뜨린다. 알비노의 피부는 빙하기라는 역사적 시간을 넘은 천체적 시간을 기억하고 있는 것일까.

탄자니아에서 보고된 예를 들면 350명의 알비노 중 12세에서 20세 사이에 반 수가 피부암에 걸렸고 30세까지 걸릴 확률은 85%에 이르렀다. 알비노의 입장에서는 자신이 태어난 이 태양계라는 세계의 구조 자체가 이미 생존이 곤란한 위기적 환경인 것이다.

피부색의 다양성은 다시 말해 인간이라는 종이 어떤 인과에선지 이 지구상에 태어나 태양계의 시스템 속에서 기적적으로 오랫동안 살아왔음

---

20) Jeambran & Sergent, op, cit. p.172.

을 보여준다. 동시에 그것은 인간의 이동능력, 보다 정확하게는 보행에 의한 확산능력과 새로운 지리환경에의 적응능력을 보여주는 가장 확실한 증거이기도 하다. 따라서 그 다양성은 또 하나의 다양성인 언어와 더불어 인류최대의 재산이다. 색소정치학이란 '자기 파산의 사상'에 다름 아니다.

달 아이의 피부는 인간이라는 기적의 역설적인 표현이다. 월면에 떨어지는 지구의 그림자를 쏘아 떨어뜨리는 능력이 달 아이에게 맡겨져 있다고 해도 억지는 아닐 것이다.

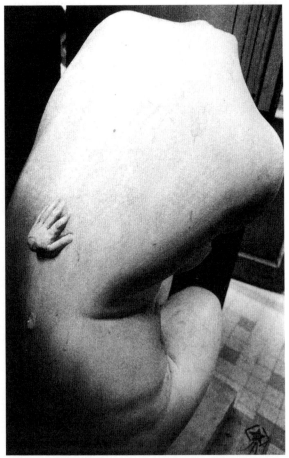

천사의 손, 파리(1986)

4장

포스트휴먼(Posthuman)

프랑스 남부, 코트다쥐르(Cote d'Azur)의 여름은 꽃으로 뒤덮인다. 툴롱(Toulon)에서 칸, 니스를 거쳐 이탈리아 국경 망통(Menton)까지의 여행은 향기에 대한 기억을 시험하는 좋은 기회가 될 것이다. 꽃 재배는 이 지방의 가장 중요한 산업의 하나로 수선화, 장미, 미모사(함수초, 含羞草, mimosa), 제비꽃, 카네이션 등이 이곳에서 출하된다. 또 절화(cut flower)와는 별도로 향수의 원료가 되는 꽃 재배가 성행하여 장미, 재스민, 오렌지 등은 어디서든 발견할 수 있다. 사이프러스(cypress, 측백나무의 변종), 월계수, 유칼리(eucaly) 등의 나무에서는 엑기스를 추출한다. 그 외에도 라벤더, 타라곤(tarragon), 타임(thyme, 백리향의 일종), 로즈마리 등의 향초류도 많다. 프랑스 향수 산업의 중심지라 불리는 이유가 여기에 있다.

그라스(Grasse)시는 칸 해안을 등지고 차로 15분 가량 이동한 내륙에 위치하고 있다. 방금 해안에서 본 푸른빛이 거짓말이었다는 듯이 이 주변은 멀리서 보면 희뿌연 바위덩이처럼 보인다. 그라스는 광장과 교회, 몇 개의 카페들이 있을 뿐인 도시인데 관광객의 모습이 끊이질 않는 것은 이곳이 세계적으로 유명한 향수의 고향이기 때문이다. 인구 4만2천 명 중 대략 삼분의 일이 어떤 형태로든 향수 산업과 관련을 맺고 있다고 한다.

　구 시가지의 중심에 있는 전망 좋은 교회에서 좁은 계단과 골목을 벗어나면 장미꽃이 만발한 공원이 나온다. '향수박물관'이라는 간판 몇 개가가 여기저기 걸려 있다. 하나 같이 오래된 별장 안에 향수산업과 관련된 자료를 전시해 놓은 박물관으로 우선 이들 박물관을 살펴본 뒤 향수나 향료를 선물로 사는 것이 정해진 관광코스인 모양이다. 게 중에 프라고나르관이라는 박물관이 있다.

프라고나르(Fragonard)가의 사람들

　프라고나르관은 18세기말부터 향수를 만들어 온 장인의 작업장으로 거대한 증류기, 엄청나게 많은 향수병이 진열되어 있는 아래층은 지금도 공장으로 쓰이고 있다. 조향사(調香師)의 실험실에는 엑기스를 담아둔 약병이 수백 개나 진열되어 있어 별장 건물 내부에는 방향이 자욱하다. 수십 종의 다른 향료가 뒤엉켜 두통을 일으킬 만큼 달짝지근하면서도 고통스러운 공기가 창문에서 흘러나온다.

　프라고나르라는 이름은 그라스 태생의 화가 장-오노레 프라고나르(Jean Honore Fragonard)에서 따온 것이다. 현 건물주는 그라스의 옛 프라고나르 집안과는 직접적인 혈연관계가 아니라고 하나 건물 내부의 계단에는 화가의 손길을 거친 것이라 일컬어지는 장식이 남아있다. 건물에서 마주보이는 길에는 '프라고나르길'이라는 이름이 붙어있다.

　화가의 부친인 프랑소와 프라고나르(François Fragonard)는 장갑 만드는 장인이었다. 그라스는 중세 때부터 무두질한 가죽 산지로 유명했는데 특히 장갑은 부드럽고 내구성이 강한 것으로 유럽 전역에 널리 알려졌다. 소금에 절인 양가죽이 내걸린 그라스 시내의 냄새는 지금과는 상당히 다른 것이었으리라. 16세기 이탈리아에서 향수를 먹인 장갑이 전해지면서(카트린 드 메디시스[Catherine de Médicis]에 의해 전해진 것이라 함) 이것이 대대적인 유행을 탔고 장갑 만드는 직인들은 더불어 향료 제조도 하게 되었다.[1]

파리의 수공업 길드의 역사를 보면 17세기 초에는 장갑 직인이라는 자격이 향수 직인과 나란히 병기되었고 이미 장갑/향수 직인이라는 말도 쓰이고 있었다. 향수는 무두질한 가죽의 냄새와 더불어 발전한 셈이다. 18세기에 이르면 무두질한 가죽과 향수가 분리하기 시작하여 1780년에는 그라스에 향수를 전문으로 하는 제조업자가 나타난다. 그 하나가 프라고나르관의 전신이었다.

장갑직인의 수호성인(17세기 프랑스)
장갑을 든 성인의 양편에는 향로가 피워져 있다.

---

1) Baillon Elisabeth, *Un métier dans la peau : le gant à Millau*, Maison de la peau et du gant de Millau, 1989. 웹사이트: http://www.elisabeth-baillon.com/

장-오노레와 오노레는 이름뿐 아니라 생년월일도 2개월밖에 차이가 나지 않아 어렸을 때부터 종종 혼동을 일으켰다고 한다. 장-오노레는 모친이 죽고 나서 6살 때 아버지를 따라 파리로 나와 버렸지만 오노레는 청춘을 그라스에서 보냈다. 그라스라는 환경의 영향을 보다 강하게 받은 이는 해부학자 쪽이었다고 할 수 있을 것이다. 어쨌든 그 후의 경력은 전혀 닮은 데가 없는 것이 되지만 이 두 사람은 18세기 후반이라는 격동의 시대를 산 두 그룹의 '손'으로, 일종의 불가사의한 관계를 맺고 있다.

두 명의 프라고나르

스무 살 때 로마 상(Prix de Rome)을 획득하여 루브르궁에 아틀리에를 부여받았으며 최후에는 루브르박물관의 최고책임자가 된 장-오노레 프라고나르는 계몽시대에서 가장 사랑받은 화가로 평가받고 있지만 미술사에서는 그 그림자가 오히려 옅다. 타고난 천재성과 혁신적인 시도를 가미한 프라고나르의 회화는 와토(Jean-Antoine Watteau)와 다비드(Jacques-Louis David) 사이에서 연주된 우아한 간주곡쯤으로 여겨지기 십상이다. 예를 들면 디드로의 초상(Portrait of Diderot) 등을 포함한 '판타지(fantaisie)'라 불리는 초상화 연작에서는 프라고나르가 19세기 후반이 되어서야 겨우 나타나는 추상 실험에 앞서 있었던 것이 아닌가 하는 평가를 받지만 그 시도도 다비드와 함께 시작한 신고전주의 시대에는 정당한 평가를 받지 못했다.

대부분의 전기 작가가 묘사하는 애칭 '프라고(Frago)'의 이미지는 항상 미소가 끊이지 않고 기품과 유모가 있는 좀 뚱뚱한 아저씨다. 당시의 부르주아의 행복을 표현한 모습이라 바꿔 말해도 된다. 색으로 치자면 밝은 황색일 것이다. 장-오노레의 작품 중에서도 잘 알려진『독서하는 소녀(A Young Girl Reading)』(1776)가 입은 옷의 노란색이다. 레몬의 껍질, 카나리아의 깃털, 사프란(saffron)의 색깔, 어떤 물건의 이음매로 쓰인 금으로 된 맞물림쇠의 번쩍임 그리고 미모사 꽃. 이들 황색 주변에 비로드(veludo)나 장미의 분홍, 레이스나 구름의 순백, 건강한 피부의 핑크 그리고는 가끔씩 코발트블루가 배치된다.

하지만 너무나 행복한 이 색의 세계는 전기 작가가 묘사한 프라고나르 자신의 성격을 반영한 것인지의 여부는 알 수가 없다. 1988년 파리에서 열린 본격적인 전람회 때 화가의 전작품에 대한 데이터가 정리되었는데 현재에도 프라고나르 연구의 기초를 이루는 것은 몇몇 공식 편지류와 그와 소통한 이들이 쓴 일기 그리고 화가가 죽은 뒤에 나온 비평이나 옥션 기록이다. 프라고나르는 철저하게 그리는 사람이었던 모양으로 써서 남긴 것은 거의 없다. 개개의 작품에 대한 성립년도도 추측으로 알고 있는 것에 지나지 않는다. 회화 이론은 고사하고 어떠한 메모조차 남기지 않았고 또 동시대인들이 했을 법한 프라고나르에 대한 언급도 매우 적다. 프라고나르가 글을 쓸 줄 몰랐던 것이 아닌가고 의문시하는 학자가 있을 정도여서 이 기초 자료가 되는 기록물의 부족이 프라고나르의 실상을 애매하게 하는 원인인지도 모른다.

한편 같은 해 같은 시가지에서 태어난 오노레 프라고나르가 있다. 역시 장갑-향수제조를 경영하는 집안이다. 오노레는 18세가 될 때까지 그라스에서 지낸 뒤 리옹에서 외과의 자격을 얻는데 이후 30세까지의 경력은 알려져 있지 않다. 1763년 리옹에 새로 개설된 왕립수의학교에 해부학교수로 초빙되어 특히 표본 제작에 발군의 재능을 발휘했고 더불어 해

부뿐 아니라 약학이나 약용식물학부에서도 책임자가 되었다.[2]

그 3년 뒤 이번에는 파리 근교의 아르포 수의학교(Ecole Nationale Vétérinaire d'Alfort)가 문을 열자 프리고나르는 설립자인 클로드 부르주라(Claude Bourgelat)에 의해 해부학부 학부장으로 부임한다. 그라스의 장갑 직공 아들인 점을 감안하면 그야말로 개천에서 용 난 격인 출세라 할 수 있을 것이다. 화가 프라고나르는 전년도에 대작 코레슈스와 카리로에 〈Corésus se sacrifie pour sauver Callirhoé(칼리로이를 구하기 위하여 자신을 희생시키는 코레소스)〉로 아카데미의 승인을 얻어 프랑스 미술계에 당당한 지위를 구축한다.

오노레 프라고나르는 새 학교의 제도 면에서 충실하게 심혈을 기울였을 뿐 아니라 전문분야인 해부학에서도 눈에 띠는 업적을 쌓는다. 특히 표본제작에 놀랄만한 열정을 쏟아 부어 유럽에서는 유일한 비교해부학 컬렉션 총 3천여 점을 만들어낸다. 그의 명성은 유럽 전역에 알려지는데 설립자인 부르주라는 이것을 탐탁찮게 받아들이고 있었다. 같은 학교에서 약용식물 재배와 연구를 하고 있던 오노레의 형 프랑수아 프라고나르가 특별한 이유도 없이 해임 당하면서 오노레와 부르주라의 대립은 극도로 첨예하게 된다. 마침내 1771년 부르주라가 당시 농업대신을 맡고 있던 베르탕에게 '오노레 프라고나르가 발광'한다고 호소하여 프라고나르는 아르포 수의학교에서 추방된다.

이후 20년간의 오노레 프라고나르의 행방은 묘연하다.

---

2) 장-오노레 프라고나르와 오노레 프라고나르의 생애 및 기초적인 데이터는 각각 다음의 책들을 참고로 했다. Pierre Rosenberg, *Fragonard*, Paris, 1987. P. Floreutin, *Du Cabinet du Roi au Musée*, Paris, 1963

행복의 정원

장-오노레 프라고나르의 작품은 크게 신화와 역사를 주제로 한 것과 일상생활을 그린 것으로 나눌 수 있는데 화가의 본령이 발휘된 것은 일반적으로 후자에 속하는 작품을 꼽는다. 정원 등 옥외 생활을 그린 것이나 실내의 자화상 등 여러 테마들이 보이는데 한마디로 말하면 그것들은 모두 '행복의 회화'다.

처음으로 로마에 체재하는 동안에는 일상생활 속에 자리한 행복한 공간을 보고자 했다. 〈행복한 어머니〉는 식사 준비가 끝난 서민의 밥상을 그린 것인데 아이들과 둘러앉은 어머니가 접시에서 피어오르는 김에 감싸여 있는 모습을 방구석에서 개와 고양이가 조용히 바라보고 있는 작품이다. 같은 시기의 〈세탁하는 여인〉이라 불리는 작품에서는 실내에서 흰 세탁물을 빨랫줄에 걸고 있는 정경과 증기가 일어나는 실내를 묘사했다. 어둠 속에 비치는 불꽃, 거기에 설치된 커다란 솥단지에서 피어오르는 증기, 자욱한 증기 속에서 빨래하는 두 여인의 옷자락 그리고 널어놓은 시트. 시트는 흘러내리는 크림처럼 보인다. 모두가 꿈틀대는 듯한 인상을 받는 까닭은 화가의 간결하고도 빠른 터치 때문일 것이다.

집 밖의 자연도 한결같이 부드럽다. 그것은 숭고함을 느끼게 하는 웅대한 자연이 아니다. 위험이 도사리고 있는 어두운 숲은 보이지 않을 정도로 멀리 물러나 있고 시선이 닿는 곳은 완전히 지배된 자연으로서의 정원이다. 계절은 초여름 맑은 하늘에 부드러운 구름이 떠 있고 진녹색 가지에 미풍이 하늘거린다. 그 밑에서 사람들은 그네에 몸을 싣고 노래 부른다. 그것이 귀족이든 양치기든 근심 걱정이 없다. 푸생(Nicolas Poussin)이 묘사한 것 같은 잠깐 사이의 행복 뒤에 감춰진 무상감조차 없다.

그것은 또한 안전한 세계다. 위험은 그 그림자조차 보이지 않는다. 갑자기 덤벼드는 불행의 징조도 없다. 프라고나르가 즐겨 그린 놀람의 정경은 〈도둑맞은 키스(The Stolen Kiss)〉나 〈규방의 물총〉등 안전한 세계 속에서의 행복한 놀람이다.

장-오노레 프라고나르 〈목욕하는 여자들〉(루브르박물관)
프라고나르의 정원에 핀 꽃에는 가시가 없다. 나무숲에도 물 속에도 하늘에도 대개 위험하다고 할 만 한 것이 없어 여자들은 안심하고 옷을 벗을 수 있다. 그 세계는 화가의 붓만큼이나 부드럽다.

따라서 프라고나르의 세계는 모든 부드러운 것들로 이루어져 있다. 첨

예한 것이나 딱딱한 것은 보이지 않는다. 물놀이를 즐기는 다섯 명의 여인들의 육체는 그곳을 덮을 만큼 우거진 관목과 하나가 되고 관목은 그 상공에 솟아난 구름으로 변화한다. 구름을 나르는 공기는 여자의 몸에서 벨벳을 가볍게 들어 올리는 미풍으로 바뀐다. 향기로운 대기가 전면에 넘쳐난다. 향수의 이미지에 가장 가까운 그림이 아닐까.

전기의 대표작이라 여겨지는 〈목욕하는 여자들(Les Baigneuses)〉에서는 이처럼 화면 전체에 나타난 모든 요소가 연결되어 시선은 끝없이 그 연쇄를 쫓아가다가 덤불 아래에 있는 두 육체를 찾아내게 된다. 그려져 있는 인간의 육체는 나무와 물 그리고 구름이 만들어낸 하나의 흐름 속에 존재하는 유동체일 뿐이다.

부드러운 내부로

프라고나르의 회화가 고통을 모르는 쾌락의 세계를 추구한 것이라면 그 시대의 가장 순수한 즐거움은 정원과 침실에 있었을 것이다. 반복적으로 그려진 이들 두 공간에는 그 당시 사람들의 오감의 즐거움이 농축되어 있는 것이 아닌가 생각된다.

프라고나르는 여성의 침실을 즐겨 그린 화가 중의 한 사람인데 실내 묘사는 거기에서 일어나는 드라마와 더불어 변화무쌍하여 화가가 수많은 침실을 관찰했을 것이라는 상상이 간다. 프라고나르 자신의 행동은 기록이 없어 알 수 없지만 아카데미로부터 승인을 얻어 그 지위를 확립한 비슷한 시기에 "프라고나르 씨는 최근 풍기문란한 곳에서 진탕 놀고만 있는듯 한데 대체 어떤 곳인지 궁금하다"라는 의견이 기록되어 있는 것으로 보아 그가 출입한 침실의 수는 상당한 것이었으리라.

〈멈춰선 채 어쩔 줄 모르는 짐마차(L'orage, dit aussi La charrette embourbée)〉, 장-오노레 프라고나르(루브르박물관, 1759)

마차 앞을 가로막은 양떼들이 생크림 덩어리 같다. 종형제에게는 양이 해부의 대상이었음에 틀림없겠으나 화가에게 양이란 부드러움 외에 아무것도 아니다. 화가 프라고나르는 부드러움의 예술가였다. 양들은 짐마차 앞에서 침묵하고 있지만 결코 제물이 되기 위해 거기에 있는 것이 아니다.

　　루브르 미술관 대회랑에 걸려있는 그의 후기 대표작 〈빗장(The Bolt (Le Verrou)〉(1777)을 살펴보자. 왼쪽 테이블 위의 사과, 화면 우측 하단의 바닥에 떨어져 있는 작은 꽃다발 그리고 빛이 가장 강하게 닿아 밝게 보이는(highlight) 빗장 등 과부족이 없는 상징들을 훌륭한 구도로 배치하여 더 이상의 설명이 필요 없게끔 상황을 묘사하고 있다. 이제 막 빗장을 건 청년의 검지에서 여자의 왼손(두 손은 두 사람의 의사표현이다), 남자의 입에 바싹 댄 오른손, 남자가 입은 셔츠의 주름과 팔꿈치, 여자의 흘러내리는 금색 옷자락을 거쳐 욕망의 대각선은 대번에 사과 쪽으로 향한다. 그 선과 교차하는 것은 침대를 뒤덮은 커튼의 주름, 쾌락의 전주곡에 발을 맞춘 네 개의 다리, 반짝거리는 침대 모서리와 꽃다발을 잇는 관능의 선이다.

화면의 절반 이상을 차지하고 있는 것은 포목이다. 두꺼운 질감의 커튼, 흐트러진 드레스 그리고 피부에 착 달라붙은 셔츠와 바지의 색감은 바닥에 흐르는 부드러운 벨벳, 베개, 식탁보의 그림자와 시간적인 대상을 이루고 있다. 즉 전자는 이제 막 움직이기 시작한 부분이고 후자는 이 장면이 끝난 다음에 움직일 부분이다. 두 사람의 움직임 때문에 진홍색 커튼이 연동하다 테이블 위로 늘어뜨려져 깔때기처럼 침대로 이어진다. 그 중앙에는 명주 시트 속에서 마치 고개를 쳐들기라도 하듯 침대 모서리가 툭 튀어나와 있다.

〈빗장〉, 장-오노레 프라고나르(루브르박물관)

부드러움의 화가에게 규방이란 인간의 내부에 다름 아니다. 화가는 해부칼을 대지 않고 인간의 내면을 들여다보게 한다. 게다가 살아있는 채로 말이다. 화면에 새겨진 무수한 주름은 곧 섹스의 내부 지형이다. 섹스를 내부의 요동으로 표현한 걸작 중의 하나라 해도 지나치지 않을 것이다.

수많은 침실회화 중에서도 가장 에로틱한 작품으로 알려진 〈빗장〉의 핵심은 이 포목들이다. 쾌락은 이들의 주름과 골 하나하나에 숨겨져 있다. 그림으로 쏟아지는 시선은 착종하는 골 사이를 미끄러지면서 서로 다른 포목의 다양한 촉각을 즐긴다. 모든 것이 부드럽고 유동하는 이 내부공간을 더듬으면서 우리는 또 하나의 내부=감정이라 불리는 세계의 지형도를 바라다보는 것이다. 그것은 시트 아래에 있지 않고 시트에 있다. 본질은 표면에 있다. 인생은 깊이를 요구하지 않는다. 그 역이다.[3]

이 방 안의 가장 딱딱한 물건은 빗장이지만 문 밖 세계에서 무슨 일이 일어나고 있는지 그림 속 두 사람은 물론 우리도 알지 못한다. 가령 혁명 전야의 사건이었다 하더라도, 행복의 종언을 알리는 어떠한 징후도, 이 작은 방 안에는 나타나지 않는다. 빗장이 걸린 순간 더 이상 촉각 이외에는 어떠한 시간 감각도 소용이 없다. 이 빗장이야말로 격동하는 현실에 눈을 감고 영원의 쾌락을 보증하기 위한 유일한 방법이었던 것이다.

이것이 루브르를 비롯한 세계의 미술관 회랑에 걸린 프라고나르의 세계다. 그리고 같은 시기 또 한 사람의 프라고나르는 다른 작품으로 회랑을 만들고 있었다.

아르포르의 프라고나르 박물관

아르포르의 수의학교는 지방으로의 이전 계획에 맞서기를 수차례 거듭한 덕분에 현재도 파리 근교 마른강(The Marne River) 변에 위치하고 있다. 18세기 이후의 건물도 몇몇 보존되어 있고 '디섹시옹'이라 각인된 건물 내부가 지금은 사무실로 쓰이는 등 흥미로운 점이 많다. 1878년 표

---

3) Paul Valéry, *Tel Quel*.

본 보존과 도서관을 위해 지어진 것이 1991년부터 보수 정비되어 프라고 나르 박물관으로 일반에 공개되고 있다. 해부학 박물관은, 역시 수년 전 보수공사를 마친 파리식물원의 고생물학박물관 안에 있는 것이 알려져 있으나 아르포르의 그것은 '프라고나르'라는 이름도 한 몫 하여 개관 이래로 초등학생의 견학에서 미술학교의 과외수업에 이르기까지 많은 방문자들이 줄을 잇는다고 한다. 실제로 이 해부학 박물관을 화가 프라고 나르미술관으로 잘못알고 찾아오는 이들도 적지 않다고 한다.

이 박물관은 프랑스에서도 가장 오래된 것 중의 하나로 꼽히지만 기원은 박물관 대부분이 그렇듯이 '국왕의 진열실'이다. 계단을 올라 오른쪽이 수의학교의 도서관, 왼쪽이 박물관으로 내부는 크게 세 곳으로 나뉘어져 있다. 우선 오노레 프라고나르를 비롯한 역대 해부학자들이 사용한 기구류가 있다. 전시는 생체의 기본구조에서 시작한다. 코끼리 새끼와 코뿔소 등 포유류의 훌륭한 골격 표본이 이어진다. 중심을 이루는 것은 말할 것도 없이 가축인데 그 중에서도 말에 관한 것은 수의학의 기본으로서 각별한 정성을 들여 놓았다.

다음 섹션에는 동물의 내장, 생식기, 호흡기의 표본이 진열되어 있다. 형태를 가지런히 한 다음 채색한 낙타의 위, 1905년 파리에서 저격된 스페인 국왕의 말의 폐가 담겨진 알코올 표본. 하여튼 전시된 표본은 양적으로 엄청나다. 건조되어 나무처럼 배열된 기관지는 섬세한 분재를 연상케 할 정도로 가지모양이 아름답다.

특히 말의 결석을 모아 논 컬렉션이 눈길을 끈다. 결석은 훌륭한 미적 오브제인 동시에 그것이 생체 안에서 생긴 광물이라는 점에서 어쩔 수 없이 연금술적 상상력을 작동하게 하는 물체가 아닐까 한다. 수의학교의 박물관이기는 하나 교육 목적만으로 이루어진 것은 아니다. 진귀한 것, 기묘한 것을 가능한 한 많이 수집했다는 박물학의 원천에 자리 잡고 있는 욕망이 농후하게 감돈다.

결석과 더불어 기형표본 또한 이 박물관이 자랑하는 것들 중 하나다. 기관의 결락에 따른 단형 기형과 두 생체가 결합하여 생겨난 복합 기형의 두 예를 알코올 표본으로 볼 수 있다. 특히 복합 기형은 두 생체가 결합하는 위치를 그리스문자에 빗대어 분류했는데 복부의 H(에타, 希: $\eta\tau\alpha$, 英: eta), 하체결합의 ϵ(엡실론, 希: $\acute{\epsilon}\psi\iota\lambda o\nu$, 英: epsilon), 두부결합의 Λ(람다, 希: $\lambda\acute{\alpha}\mu\delta\alpha$ / $\lambda\acute{\alpha}\mu\beta\delta\alpha$, 英: lambda) 등 각각의 예를 전시해 놓았다.

그 외에 근육조직이나 신경조직, 감각기관 등의 해부표본이 빼곡하게 진열되어 있고 학내의 교육시설에 머무르지 않고 그것 자체가 하나의 역사적인 기념물로 굉장히 독특한 박물관 역할을 하고 있는 셈이다. 프라고나르가 기초를 다진 이래 2세기에 걸친 끊임없는 연구 성과에 힘입어 어떤 표본을 보더라도 거기에는 최고의 지식과 기술이 깃들어 있음을 실감하게 된다. 이러한 표본의 회로를 헤매는 동안 우리는 어느샌가 해부라는 기술의 세계가 예술의 세계와 만나는 지점으로 빨려 들어가게 되는 것이다.

박피(ecorche) 조각

프라고나르의 대표작은 박물관의 마지막 방에 있다. '프라고나르의 박피표본'이라 불리는 이들 표본은 오노레 프라고나르의 '작품'으로 아르포르의 하이라이트를 장식한다. 현재 전시되어 있는 박피표본은 다음의 18가지다.

- 기수
- 아래턱을 들고 있는 남자
- 남성의 흉상
- 춤추는 태아
- 기수 자세를 한 태아
- 어린이의 동맥조직
- 어른의 동맥조직
- 어른의 팔, 발, 폐
- 영양(羚羊, antelope), 라마(llama), 두 마리의 원숭이
- 말의 신경조직, 말의 뇌수
- 수말의 생식기, 암말의 생식기
- 말의 탯줄

인체를 보존하는 기술은 르네상스 이후 해부 기술과 더불어 탐구되어 왔는데 17세기에 네덜란드의 의사가 밀랍을 주입하는 방법을 개발하여 마침내 실용화의 가능성을 열었다. 그 중 한 사람인 네덜란드 의사 루슈(Frederik Ruysch)가 세인트페테르부르크로 그를 초청한 표트르 1세(Pyotr I Alekseevich)에게 일종의 방부제 주입술을 전수했다. 그 비약(秘藥)이 이번에는 표트르의 주검을 처리하는 과정에서 프랑스인 의사에게 전해졌고 슈(Jean-Joseph Sue)가 이를 정리하여 18세기 중반에 『방부제에 의한 시체보존법(*Anthropotomie ou l'Art de disséquer*)』(1750)이라는 제목으로 출간하였다. 슈의 기술을 독자적으로 개량하여 동물뿐 아니라 인체 조직의 해부 보존을 시도한 이가 프라고나르였다. 그러나 이 연구 방

〈기수〉, 오노레 프라고나르(프라고나르박물관)
이 여성 기수가 화가의 애인이었다는 설도 있으나 확실한 증거는 없다. 그럼에도 그 에피소드를 바탕으로 영화가 만들어질 정도로 이 표본들이 감추고 있는 광기는 어마어마하다.

법은 프라고나르가 누설을 염려한 나머지 기록은 고사하고 학생들에게 조차 언급을 회피한 까닭에 여전히 알 수 없는 부분이 있다고 한다.

이들 표본의 특질은 방법적인 문제보다는 오히려 그 결과에 있다. 그도 그럴 것이 인체표본은 단순한 박피표본이 아닌 '박피조각'이라 불러야 할 정도로 세심하게 연출되어 있기 때문이다.

'아래턱을 들고 있는 남자'라 불리는 입상이 있다. 근육조직에서 청색과 적색으로 채색된 혈관조직에 이르기까지 훌륭하게 보존되어온 표본인데 그 모습이 이채롭다. 다리를 벌리고 서서 오른 손에 든 말의 아래턱을 마치 부메랑처럼 던지려 하고 있다. 약간 찌부러진 코에 악다문 이빨은 가지런하지 못하고 눈은 화난 사람처럼 부릅떴다. 그 곁에서는 세 명의 태아가 말라비틀어진 천사처럼 춤을 추고 있다.

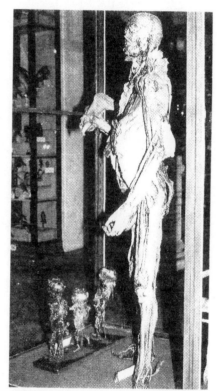

〈아래턱을 들고 있는 남자〉와 〈세 명의 춤추는 태아〉
오노레 프라고나르(프라고나르박물관)

한층 전율을 불러일으키는 것은 '기수'다. 질주하는 말 위에 걸터앉은 인물은 '아래턱'의 남자보다는 대칭적으로 반듯한 얼굴 생김새를 하고 있고 먼 곳을 응시하는 듯한 표정은 기수라는 이름에 걸맞다. 그런데 자세히 살펴보면 밀랍을 주입하여 성기가 우스꽝스러운 '아래턱'의 남자에 비해 '기수'는 아무래도 여자 같다. 이 여자는 누구일까. 프라고나르가 그린 모델과는 다른 종류의 인간일까. 어쨌든 18세기 후반의 여성임에는 틀림없다.

이 괴상한 표본들은 피부가 벗겨져 있어서 과학성을 띤다. 여기에서 피부는 본질을 숨기는 자루다. 인간의 피부는 성인을 기준으로 표피면적이 대략 2㎡, 총 중량 약 3kg, 인간의 신체 중 가장 넓고 무거운 기관이다. 그러나 오노레에게 그리고 베살리우스(Andreas Vesalius)[4] 이후의 인체과학자들에게 이 기관은 불결한 자루에 지나지 않았다. 본질은 내부에 있다. 안다는 것은 껍질을 벗겨가는 것을 의미했다. 만약 그렇지 않았다면 그것은 광기만이 할 수 있는 범죄적인 작품이 아닌가. 껍질을 벗겨서 내부에 빛을 닿게 한 점에서 프라고나르는 이들 작품을 왕의 그리고 나중에는 국가의 연구기관에서 제작할 수 있었던 것이다. 하여간 이것들을 프라고나르가 단순한 표본으로서가 아닌 '작품'으로 제작한 사실만큼은 의심할 나위가 없다. 연출의 괴상함, 특히 성적인 강조는 역시 사드 후작과 동시대인이라는 배경이 작용했던 것일까.

양손의 만남

화가와 해부학자가 딱 한 번 만나서 같은 장소에서 작업을 한 기록이 있다. 학교에서 추방되어 행방을 감춘 오노레 프라고나르가 다시금 모습을 드러낸 것은 1792년으로 프랑스혁명이 한창일 때였다. 국민공회 시대

---

4) 1514년 12월 31일 브뤼셀에서 태어났으며, 해부학자이자 의사다. 나아가 인체 해부 분야에서 가장 영향력 있는 『인체의 구조(De humani corporis fabrica)』의 저자다. 그는 근대 인체 해부의 창시자로 알려져 있기도 하다. 그의 이름은 출전에 따라 안드레아스 베살(Andreas Vesal) 혹은 안드레아스 판 베젤(Andreas van Wesel)이라고도 한다.(역자주)

에 다비드는 왕립아카데미를 대신하는 새로운 국립 예술평의위원회 설치를 서두르고 있었는데 환갑을 맞이한 프라고나르는 그 위원 중 한 사람에게 권유를 받았다. 그리고 1793년 11월 조각과 회화 콩쿠르를 위해 소집된 50명의 심사위원 속에 두 명의 프라고나르, 즉 화가와 해부학자의 이름이 오른 것이다. 같은 달에는 화가가 해부학자에게 파리의 샤랑통(Charenton)에 위치한 집을 매각한 기록도 남아 있어 두 사람이 공과 사에 걸쳐 교제했음을 상상할 수 있다.

두 사람 다 혁명에서 살아남았던 것이다. 오노레는 일반 대중들을 위한 교육 목적의 국립해부학 박물실 설치를 받아들였고 장-오노레는 미술관으로 다시 태어난 루브르의 커미셔너로 초빙되었다. 다비드는 두 프라고나르가 새로운 시대의 예술에 공헌하리라 믿었던 것이다.

프라고나르가 만든 춤추는 세 태아의 표본은 프라고나르가 그린 창공에서 춤추는 천사들을 연상시킨다. 날개를 잃고 피부가 벗겨져 지상으로 떨어진 천사들이 그 와중에서도 춤을 춘다. 프라고나르가 만든 행복의 피막을 벗긴 것은 프라고나르였던 것일까.

행복은 아름다운 피부에 깃든다. 하지만 그 행복을 깨부수는 증오 또한 피부로 깃든다. 그 사실을 장갑 장인의 집에서 태어난 두 명의 프라고나르가 밝혀냈다. 근대시민사회의 탄생에 따른 영광과 상처를 목격하면서 두 프라고나르는 정확히 장갑의 오른쪽과 왼쪽처럼 살았던 것이다.

오노레는 마지막까지 해부 표본을 만들다 1799년 4월 5일 간암으로 사망했다. 화가 프라고나르는 1806년 8월 22일 샹드마르스(Champ de Mars) 공원을 산책한 후 급사했다. 직전에 먹은 아이스크림이 원인이었다고 한다.

모피시대

사람의 피부를 덮는 가장 오래된 외피는 어쩌면 모피일 것이다. 모피는 지금도 다른 포목들과 더불어 인간에게는 초기적인 촉각환경의 하나다. 대부분의 신생아가 포목에 쌓여 지내는 시간은 산모의 피부와 접촉하는 시간만큼이나 길다.

이때 포목의 기능은 촉각적인 것만큼 후각적이다. 우리는 모친의 냄새가 배인 보자기 혹은 봉제인형이 효과적인 정신안정제(tranquilizer)임을 경험적으로 알고 있다.

어린 아이와 모친이 접촉하는 시간이 가장 긴 예의 하나로 알려져 있는 것은 에스키모의 육아다. 애실리 몬타구(Ashley Montagu)는 『촉각』에서 두 에스키모인의 육아에 대한 예를 소개했는데 그 하나는 1966년에서 67년에 걸쳐 북미대륙 최북단의 부시아 반도(Boothia Peninsula)에 사는 에스키모, 네칠리크 이누이트(Netsilik Inuit)의 생활을 조사한 드 보어(de Boer)의 다음과 같은 보고다.

"어린 아이가 태어나면 곧바로 산모 등에 업힌다. 〔중략〕 신생아는 순록의 가죽으로 만든 기저귀를 차는 것 말고는 벌거벗고 있어서 산모의 등과 아이의 배는 늘 밀착되어 있다. 대신 아이의 등은 북극권의 추위를 피해 모피로 뒤덮는다. 아이를 업은 네칠리크의 어머니는 등이 굽은 사람처럼 보인다. 이는 아이가 산모의 무게 중심 가까이에 있기 때문이다. 네칠리크의 신생아는 이 상태로 걸음을 뗄 때까지 산모의 등에서 보낸다."[5]

---

5) Ashley Montagu, *Touching: The Human Significance of the skin*, 1971, p.171. 다른 문화의 양육에서 발견되는 스킨십의 중요성을 지적하고 발육에서의 촉각의 역할을 명쾌하게 밝힌 감각론의 고전이라 해도 지나치지 않은 명저다.

어린 아이와 산모를 떼어놓는 것은 아무 것도 없다. 같은 보고서에서 드 보어는 네칠리크의 신생아는 우는 일이 거의 없다고 밝혔다. 산모가 자신의 피부를 통해 젖먹이의 욕구를 직접 알아내기 때문이다. 신생아의 몸은 산모의 등에 있는 동안에는 당연히 산모의 몸과 더불어 공간을 이동한다. 그 사이에 신생아는 어머니의 갖가지 움직임을 피부를 통해 느낄 뿐 아니라 공간상의 여러 위치에서 세계를 볼 수 있다.

몬타구는 이 논문들을 통해 유아기의 경험이 에스키모 성인들의 공간 파악 방법에 반영되는 것 같다고 추측한다. 어떤 풍경을 한 시점에서만이 아니라 여러 시점에서 동시에 파악하는 특유의 관점이나 기계 분해나 조립에서 드러나는 놀라운 재능의 비밀을 이 유아기의 경험에서 찾는다.[6]

피부와 모피 사이에서 발생하는 이 친밀한 요람은 어쩌면 에스키모에게서만 나타나는 특수한 현상이 아닐 것이다. 젖먹이를 업는 일은 동물 등의 외부의 위협에 항상 노출된 채 지내야 했던 초기의 인간들에게는 지극히 자연스런 행위였을 테고 또 어린 아이를 추위로부터 지켜내기 위해 모피와 피부 사이에 감싸는 방법은 빙하기를 견뎌낸 인류가 선택한 최상의 방법이었을 것이다.

남미대륙남단의 후에고(Fuego)섬에 살았던 오나(Ona)족은 19세기에 그들로서는 최후의 사진을 찍을 때에도 몸에 걸친 것은 과나코(Guanaco)의 모피뿐이었다. 네칠리크인들처럼 남극의 무시무시한 추위

---

6) 이 지적은 에스키모어에서 특히 발달한 지시사(指示詞)의 체계를 생각했을 때 흥미롭다. 그 체계는 대략 화자를 중심으로 한 공간의 종류, 점과 확대, 원근이라는 세 요소가 결합하여 성립하고 그 수는, 예컨대 유픽어(Yupik languages)에서 30종도 넘게 나타난다. 그 속에서 특징적인 것은 지시하는 대상을 점으로 파악할 것인지 확장으로 파악할 것인지에 따라 지시사가 달라진다는 점이다. 이는 바꿔 말해서 그들의 지시사 체계에서는 대상이 어떻게 보이는가가 중요한 요소임을 나타낸다. 宮岡伯人, 『エスキモー 極北の文化誌』, 岩波新書, 1987을 참조.

를 피하는 데에는 이 모피 한 장만한 것이 없었던 것이다.

따끔따끔한 느낌

이렇듯 오랫동안 인간의 몸을 감싸온 모피의 특징은 그것이 인간과 친밀한 관계에 있는 동물의 피부라는 점이다. 동물이 모피로 바뀐 뒤에도 원래 동물이 갖고 있던 성질을 얼마나 강하게 유지했는가는 마그달레니안기(Magdalenian period)의 동굴벽화를 비롯해 샤먼이 두른 여러 동물의 모피나 뿔에 나타나 있다.

일찍이 정복의 대상이었던 존재가 이제는 몸을 보호해주는 이 모피의 성질에서 어떤 힘이 발생한다. 동물의 모피를 두르고 있는 것이 의미하는 가장 단순한 사실은 그 사람이 그 모피의 본래 주인인 동물을 이겨 살아남았다는 점이다. 모피를 걸치고 있는 사람은 그 동물을 정복한 사람이고 따라서 그 동물이 강하면 강할수록 상대를 정복하기 위해 쏟은 힘이 증명되는 셈이다. 수렵한 짐승의 가죽이나 뿔을 트로피(trophy)라 부르듯 그것은 전리품인 것이다.

자허 마조흐(Leopold von Sacher-Masoch)의 대표작 〈모피를 입은 비너스(Venus im Pelz)〉만큼 모피의 본질을 꿰뚫어 보인 작품은 없다. 마조흐의 분신인 제베린(Severin von Kusiemski)은 작품 속에서 모피에 대해 과도하리만치의 기호를 다음과 같이 설명한다.

"……그렇지 않더라도 모피제품은 한결같이 신경질적인 인간에게는 자극적인 효과를 발휘하는 것입니다. 이는 자연의 보편적이기도 한 법칙에 들어맞는 효과인 것입니다. 묘하게 따끔따끔하게 찌르는듯한 느낌의 생리적인 매력이 있기 때문에 누구라도 이에 저항할 수 없습니다. 최근 과학이 전기와 열 사이에 일종의 친화력이 있음을 증명했잖아요. 인간의 생체에 미치는 모피의 효과 역시 비슷한 것입니다."[7]

그때 미망인 완다 비너스(Wanda von Dunajew)가 모피를 입고 있는 여자란 결국 남자에게 자극적인 충전기란 뜻인가고 제베린에게 묻는다.

"그렇기 때문에 모피가 권력과 아름다움을 드러내는 장신구가 된 상징적 의미도 설명을 필요로 하는 것입니다. 옛 전제군주나 근엄한 귀족들이 위계질서를 제정하고 모피를 자신들만의 독점물로 삼은 것도, 위대한 화가들이 미모의 여왕을 그릴 때 반드시 모피를 입힌 것도 다 그 때문입니다."

그러나 완다는 이러한 설명 외에 보다 결정적인 이유가 있음을 알아차린다. 제베린이 대답하듯이 그것은 잔학무도하기로 소문난 역사상의 전제군주나 대심판관이 하나같이 몸에 모피를 걸치고 있었기 때문이다. 권력과 폭력의 상징인 모피는 완다의 노예이고자 하는 제베린을 매료하는 것이다.

"동시에 그녀는 교태를 부리면서 호화스런 모피 망토를 둘렀다. 그러자 어둡게 번쩍거리는 표범모피가 황홀하게 유혹이라도 하듯 가슴과 팔 언저리에서 춤추는 것이었다."

---

7) 자허 마조흐, 種村季弘 翻訳, 『毛皮を着たヴィーナス』, 河出文庫.

마조흐가 소설에서 설정한 색다른 점은 제목에서 알 수 있듯이 원래 그리스라는 남쪽 나라의 미의 여신인 비너스가 제채기를 하면서 모피를 입는다는 데 있다. 남국의 정원에 세워져 있는 석조의 하나로 등장한 비너스가 살아있는 육체로 거듭나기 위해서는 모피를 입을 필요가 있었다.

고대의 신화세계가 마조흐의 19세기말에 모피를 두르고 나타난 것이다. 모피는 주인과 노예 사이의, 과거와 현재 사이의 그리고 마조흐의 상상과 현실 사이의, 두 세계를 잇는 결절점과 같은 것이다. 한 쪽 세계에서 다른 쪽 세계로 옮길 때 따끔따끔한 느낌이 일어난다. 변신의 징후와 같은 것일까.

위생박람회

모피는 이미 일부 지역을 빼고는 본래의 역할을 다했다. 마조흐가 앞의 소설을 완성했을 때 모피가 인간에게 부여한 감정교육도 종료했다고 봐도 괜찮지 않을까. 그도 그럴 것이 마조흐가 이 소설을 발표한 1870년대는 인간의 신체가 그 때까지 경험한 적이 없는 새로운 구조 속에서 관리를 받게 되었기 때문이다.

그것은 뮌헨에서 시작되었다. 1866년 막스 페텐코페르(Max Josef von Pettenkofer)가 뮌헨대학의 위생학 교수로 부임하여 위생학강좌를 개설한 것이다. 76년 브뤼셀에서 위생과 간호에 관한 박람회가 열렸을 때 페텐코페르는 루돌프 피르호(Rudolf Virchow), 로베르트 코흐 (Heinrich Hermann Robert Koch)와 더불어 박람회 실행위원이 되었다. 82년 코흐가 결핵균을 발견한 이듬해 독일에서 최초의 위생박람회가 열려 공전의 입장자수를 기록한다. 박람회의 성과는 그대로 베를린에 개설된 최초의 위생학박물관으로 이어졌고 코흐가 관장직을 맡았다.

페텐코페르는 물이나 대기의 질을 과학적으로 측정하는 실험위생학의 기초를 다졌다. 특히 뮌헨의 상하수도를 정비하여 장티푸스를 없앤 업적으로 유명하다. 이 사실은 위생학이 처음부터 도시계획과 더불어 발전했음을 보여준다. 1905년에는 프랑크푸르트에서 최초의 도시계획박람회가 열렸는데 그 타이틀은 '대중이 앓는 병과 그 퇴치법'이었다.

프랑크푸르트박람회를 조직한 사람은 작센지방에서 혈청과 양치질 물약(mouthwash) 제조공장 오돌(Odol)을 운영하는 칼 링크너(Karl August Lingner)라는 실업가였다. 이 링크너가 1911년 최초의 만국위생박람회(the First International Hygiene Exhibition)를 드레스덴에서 개최한다. 독일 위생박람회의 성과를 유럽차원으로 확대함과 동시에 자회사제품인 양치질 물약 '오돌'의 판매망을 늘리려 한 것이었다. 이 계획이 맞아떨어져 링크너의 제품은 유럽은 물론이고 러시아에서 미국에 이르기까지 '오돌'의 광고는 위생의 대명사처럼 일컬어지게 되었다.

전시장은 45개의 섹션으로 나뉘어 있었는데 전염병에 관한 지식을 비롯한 결핵이나 성병 예방법, 알코올 중독 퇴치법, 위생적인 주택 건축법까지 시민의 건강과 위생을 종합적으로 아우른 대규모 박람회였다. 박람회의 성공을 알리는 수치는 상상을 초월한다. 총 입장자수는 500만 명을 넘어섰고 링크너는 100만 마르크의 순이익이 뒤따랐다는 기록이 전해진다. 부국강병을 추진하는 국가에 그 기초인 '위생'이 얼마나 절박한 것이었는지 짐작할 수 있는 대목이다.

이 박람회를 통해 사람들은 자신들의 몸에 대해 알게 되었고 스스로의 건강을 지킬 의무가 있음을 그리고 자신들의 건강과 위생이 곧 사회의 건강과 위생임을 배웠다. 위생학은 인간의 자주적 관리를 이끌어냈던 것이다. 대기나 물 속에는 병원균이라는 눈에 보이지 않는 적이 있다. 이 적은 관리를 게을리 하면 대기나 물을 통해 신체에 침투하여 사회를 오염시킨다.

유사 이래 지속되어온 피부의 생활, 마조흐가 깊이 이해했던 모피의 감촉이 환기시키는 피부의 감정생활은 이 시점에서 종지부를 찍었다. 모피 아래에 기생하는 것은 감정이 아닌 세균임이 밝혀졌기 때문이다.

유리로 된 남자

제1차 세계대전과 그에 이은 대공황으로 링크너의 막대한 이익도 수포로 돌아가고 말았으나 위생박람회의 성과는 헛되지 않았다. 1919년에서 37년 사이에 '링크너박람회'를 모델로 한 크고 작은 박람회가 유럽 각지에서 1,200회 이상 개최되어 3,000만 명에 이르는 시민들에게 위생학과 건강법에 관한 교육을 시행하는 데 성공한 까닭이다.

1930년 드레스덴에서 다시금 만국위생박람회가 열린다. 이때의 테마를 보면 독일 위생학이 어디에 집중하고 있었는지를 확실히 알 수 있다.

* 대중의 건강유지
* 인간
* 피와 토지
* 가족 생명권으로서의 집
* 유전과 우생학
* 인종의 건강과 인구정책

드레스덴에는 박람회와 더불어 독일위생학박물관(Deutsches Hygiene-Museum Dresden)이 설립되어 위생학과 우생학을 위한 교육기관으로서 갖가지 선전활동을 벌이게 된다. 1937년 한 해 동안에만 위의 박물관은 다음과 같은 일곱 차례의 전시회를 조직하여 전국을 순회한다.

1. 생명
2. 생명과 건강
3. 국민과 인종
4. 암과의 투쟁
5. 피와 인종(2회)
6. 영원한 국민
7. 어머니와 자녀

독일 위생학박물관은 결국 나치의 인종 사상을 위한 교육기관으로 기능하고 있었음을 알 수 있다. 그 상징이 1930년 박람회에서 전시된 '유리로 된 남자'라 불리는 모형이었다. 드레스덴의 위생학박물관에서 제작된 이것은 내부의 조직이 보이도록 피부 부분을 투명한 수지(樹脂)로 처리한 등신대의 해부 모형이었다. '유리로 된 남자'는 박람회의 볼거리로 커다란 화제가 되었다. 이후 파리 만국박람회에 출품되었고 대서양을 건너 시카고박람회, 뉴욕박람회에 전시 되었다. 뉴욕에서 소개되었을 때에는 'X선 남자'라는 이름이 붙었다.[8]

---

8) Martin Roth, "L'Homme de verre" in Le corps en morceaux, Paris, 1992. 2002년 이후 인간의 유체 등을 수지화(樹脂化)하는 플라스티네이션(plastination) 기술로 만든 해부표본이 〈인체의 신비〉라는 타이틀로 순회전시되어 각국에서 커다란 논쟁을 일으키고 있다.

인체의 등신대 해부도이자 직립한 자세의 '유리로 된 남자'가 사람들에게 안긴 감동의 크기를 지금으로서는 알 길이 없다. 당시 신소재였던 수지로 만들었음에도 '유리'라 한 것은 유리가 갖는 투명성과 과학성을 의도적으로 차용했기 때문이리라.

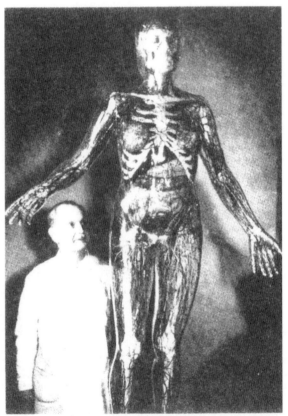

〈유리로 된 남자〉와 작자 프란츠 차케르트(Franz Tschackert)
(베를린 · 독일역사박물관)

얼굴은 똑바로 정면을 향하고 팔도 전방으로 열려있으며 손가락 역시 모두 벌어져 있다. 베살리우스가 제작한 해부도에서도 피부가 벗겨진 신체가 팔을 벌리고 손바닥을 앞으로 펴서 토스카나지방의 풍경 속에 서 있었는데 '유리로 된 남자'의 자세에는 역시 국가사회주의적인 프로파간다 아트(Propaganda Art)에서 볼 수 있는 희망의 메시지가 담겨져 있는듯 하다.

마치 독을 뺀 프라고나르 같은 느낌이지만 20년에 걸쳐 전개된 위생박람회라는 배경을 생각해보면 이는 인체의 모형일뿐 아니라 건강한 사회의 축소판이자 국가의 메커니즘을 투영하는 모형으로서의 역할을 담당하고 있었음을 쉽게 짐작 할 수 있다.

링크너 자신은 인체조직을 기능주의적으로 보고 있었던 것이 아닐까. 인체라는 기능은 사회의 부품이고 위생을 차치하더라도 경제적 효율 향상에 필수불가결한 요소였다. 이 '유리로 된 남자'의 모형에는 명쾌한 유기체로서의 국가 이미지가 겹쳐 있다. 인간을 경제의 기계로 보는 링크너의 사상은 30년대 말에 '유리로 된 엔진'이라는 기계모형을 만들어낸다. 그것은 문자 그대로 내연기관의 구조를 알 수 있도록 한 투명엔진이었다.

프리츠 랑(Fritz Lang)의 〈메트로폴리스(Metropolis)〉(1927)와 더불어 위생적 인조인간(android)이 군중을 끌어 모으고 있었던 것이다. '유리로 된 남자' 앞에 선 남자와 여자들이 이상적인 인종이라는 사고방식에 세뇌당하고 있었음을 잊어서는 안 된다. 투명한 피부, 주름 하나 상처 하나 없는 청결한 피부에 대한 집착은 에스테틱(esthetics)이라는 이름으로 불길한 색채를 띤 채 오늘날까지 계속되고 있다.

살점으로 만든 옷

제2차 세계대전이 일어나기 전 드레스덴에서 9개가 만들어진 것으로 추정되는 '유리로 된 남자'는 현재 3개만 남아있다고 한다. 그 모두가 미국에 있다는 사실도 암시적이다. '유리로 된 남자'를 통한 학습 다시 말해 위생과 건강에 대한 사상은 전쟁 후에도 공간을 미국으로 옮겨 지속되었기 때문이다.

우생학이라는 말을 그나마 노골적으로 입에 올리는 일은 없어졌지만 1920년대에 배양된 건강한 인체관은 집요하게 살아남아있다. 텔레비전에서든 잡지에서든 건강산업의 이미지를 일별하면 그것이 링크너의 양치질 선전과 기본적으로 다르지 않음을 알 수 있을 것이다.

이러한 인체관을 말이 아닌 물질로 해체하려는 움직임이 미국에서 시작된 것은 필연적이었으리라. 80년대로 접어들면 다양한 표현 분야에서 등장한 인체에 대한 해체작업 중 조각분야는 훨씬 두드러진 양상을 보인다. 그 작품들을 보면 80년대 이후 확실히 인체에 대한 관점에 변화가 일어나고 있음을 알 수 있다. 몇몇 작품을 통해 그것을 확인해보도록 하자. 여기에는 우리가 살펴본 촉각을 둘러싼 여러 요소가 감추어져 있다.[9]

80년대에 시작된 이 움직임의 특징 중 하나는 인간의 체액이 작품 속에 적극적으로 뒤섞인다는 사실이다. 예를 들면, 뉴욕의 조각가 키키 스미스(Kiki Smith)의 일련의 작품은 그리스도상을 오줌에 담근 사진이나 혈액을 사용한 작품으로 격렬한 논란을 일으킨 안드레 세라노(Andreas Serrano)를 연상시킨다.

스미스 또한 땀이나 침, 혈액을 병에 넣은 작품으로 등장했는데 유리로 만든 정자가 젤 상태의 액체 속에 부유하는 작품 〈정액(a floor piece of swarming crystal sperm)〉(1989-90)이나 철제의 〈소화기관(Digestive System)〉(1988)에서는 그 형상보다도 유리나 철과 같은 재료 쪽이 중요하다. 이 물질들은 기억을 갖지 않음으로써 비물질적인 세계에 내던져진 우리의 신체적 상황을 고발한다.

---

9) 키키 스미스, 야나 스테르박에 관해서는 다음의 전람회 자료를 참고로 했다. *GENERIQUE 1: DESORDRES*, Galerie nationale du Jeu de Paume, Paris, 1992.

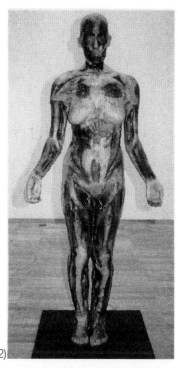

〈동정녀 마리아〉, 키키 스미스(1992)

살점과 지방의 질감이 조각이라기보다 표본에 가깝다. 약간 벌린 팔의 위치와 살짝 구부린 다리가 조각상의 제목과 더불어 종교적인 분위기를 부여하고 있다. 살아있는 사람이 피부가 벗겨진 채 서 있을 수는 없다. 그러나 자세에서 보건대 그녀는 무엇인가를 맞이하려 하고 있고 거기에서 우리는 이 작품 안에 감춰진 종교예술로서의 현재적 의미를 끌어낼 수 있을 것이다.

그것을 충격적인 형태로 제시한 작품이 최근작 〈동정녀 마리아(Virgin Mary)〉(1992)일 것이다. 이 작품에서 성모는 피부가 벗겨진 채 근육과 지방 덩어리로 서 있다. 양팔을 살짝 벌린 자세는 무엇을 맞이한다는 의미일까. 서양 회화의 역사에서 성모의 이미지를, 항상 흰 피부로 인식해 온 이들에게 이 작품은 충격적이다. 그 중에서도 가장 충격적인 것은 마리아의 피부가 전부 벗겨져 있음에도 시체로는 보이지 않는다는 점이다. '유리로 된 남자'와는 대조적이다. 살아있는 강인함을 기리고 있는 것이다. 다시 말해 이 마리아상이 더 더욱 부정하는 것은 불사(不死)인 것이다.

그러나 '유리로 된 남자'에 대해 가장 강렬한 대치를 이루는 것을 꼽으라면 야나 스테르박(Jana Sterbak)[10]의 작품일 것이다. 작품명은 〈바니타스(Vanitas)〉(1987)인데 거기에는 '거식증에서 비롯된 알비노를 위해 살점으로 만든 드레스(Flesh Dress for an Albino Anorectic)'라는 부제가 붙어있다. 고기를 섭취하지 못해 일어나는 피부의 색소결핍증을 위해 만들어진 고기로 된 옷이라는 의미의 이 옷은 정말 쇠고기로 만들어진 것이다. 87년에 만들어진 이 작품은 시간의 흐름과 더불어 바싹 말라버려 지금은 갈색의 가벼운 드레스처럼 보인다. 그러나 잘 들여다보면 마른 고기들 사이로 누빈 땀이 지나고 있음을 알 수 있다.

고기의 질감은 그렇다 쳐도 그것을 알비노에게 바치는 대목이 흥미롭다. 인종주의에 반대하는 이들이 쓰는 문구 중에 '피부의 색은 달라도 속살 색(피의 색)은 하나'라는 것이 있다. '모피의 비너스'에서 '유리로 된 남자'로 변모한 신체에 대한 통쾌한 카운터펀치가 아닐까.

야나 스테르박은 1955년 프라하 태생으로 68년에 캐나다로 건너와 지금은 몬트리올에서 작업을 계속하고 있다. 89년 작 〈미등록 상표의 사내(Generic Man)〉라는 타이틀의 사진작품이 있다. 뒷목에 바코드를 문신한 사내의 뒷모습이다. 상품관리에 쓰이는 바코드를 피부에 각인한 순간 그것은 죽음을 의미하는 문신으로 바뀐다. 그녀의 탐구 역시 '유리로 된 남자'를 재고하기 위한 선을 긋고 있는듯 하다.

---

10) 웹사이트: http://www.janasterbak.com

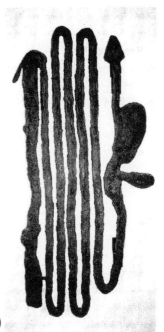

〈소화기관〉, 키키 스미스(1988)
녹슨 철제 소화기관.

라텍스(latex)의 기관

스테르박과 키키 스미스는 같은 나인데 여기에 뉴욕 태생의 동년배 여성 조각가 앤지 아나키스(Angie Anakis)를 더하면 새로 태어나고 있는 신체 이미지가 확연하게 드러나리라 생각한다.

아나키스의 경우는 그녀가 사용하는 재료 자체에 특징이 있다. 스테인리스, 우레탄, 라텍스, 석고 등이 그것이다. 하나같이 병원에서 쓰이는 물질이다. 작품 제목은 해당 재료의 명칭일 따름인데 그 형상은 모두 인체의 기관을 환기시키는 것들뿐이다.

고무로 된 신경다발이 돌출된 척수, 라텍스로 만든 신장, 실리콘으로 된 폐, 우레탄 재질의 태반……. 짐작할 수 있을지 모르지만 인체의 모형을 만들고자 한 것이 아니다. 즉 모형이 아니다. 그것 자체가 신체인 것이다. 신체가 소멸해버린 후의 신체. 혹은 도래하게 될 인체해부.

이 세 명의 작가가 모색하는 신체는 70년대적인 '신체의 재발견'에서는 훨씬 동떨어져 있다. '인간 본연'의 신체를 회복하려는 시도와도 차원이 다르다. 그리고 이 경우에 한해 그녀들이 여성인 점은 중요한 사실이다.

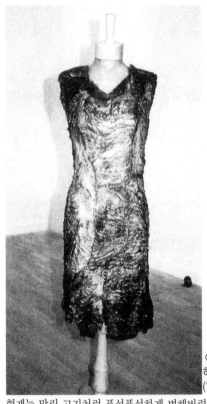

⟨바니타스-거식증에서 비롯된 알비노를 위해 살점으로 만든 드레스⟩, 야나 스테르박 (1987)

현재는 말린 고기처럼 푸석푸석하게 변해버렸지만 완성 당시에는 작가 자신이 생살의 드레스를 입어 보였다. 거식증이 ⟨어머니=먹이는 존재=살아갈 것을 명령하는 존재⟩의 권력에 대한 저항이라면 이 옷은 실로 가시가 변화한 것인지도 모른다.

1930년 드레스덴에 세워진 모형이 유리로 된 '남자'였기 때문이다. 인체해부도는 몇몇의 예외적인 경우 말고는 항상 남자였다는 사실을 생각할 때, 다시 말해 시각에 의해 확립된 시스템 속에서 인체가 항상 남자의 몸이었음을 생각할 때 '마리아'나 '드레스'는 특별한 의미를 띠는 것이다.

〈고무와 실리콘〉, 앤지 아나키스(1992)
인공장기 시대의 인간상은 이런 모습일까.

마조흐는 따끔따끔한 느낌을 전기에 비유했다. 모피로 유리봉을 문지르면 분명히 정전기가 발생한다. 하지만 전기도 라텍스라는 절연체 앞에서는 맥을 못 출 것이다. 여성이 아닌 여성적인 촉각의 새로운 모험은 이렇듯 이미 시작되고 있다.

열반, 다렘박물관(Museum Dahlem), 베를린(1989)

5장
만지는 것과 말하는 것

환자는 벌거벗고 미리 적셔둔 시트를 깐 매트리스 위로 눕는다. 이 시 트는 물기가 있어 차갑기는 하지만 잘 짜 두어야 한다. 환자의 손발과 몸 통 또한 젖은 시트로 감싼다. 차가운 시트로 인한 충격을 줄이기 위해 두 명 내지 세 명의 간호인이 손놀림을 빨리 할 필요가 있다.

다음은 얼굴을 제외하고 습포로 감싸인 전신을 마른 시트나 수건 등으 로 덮는다. 이리하여 환자는 마치 이집트의 미라처럼 곤포(梱包) 상태가 된다. 전신이 시트로 고정되어 있기 때문에 환자가 할 수 있는 일은 두 가지 밖에 없다. 머리를 움직여 주위를 보는 것과 말하는 것.

필요에 따라 간호인은 환자의 신체를 시트 윗부분을 통해 마찰한다. 간호인들과는 별개로 한 쪽으로 관찰자가 들어와 환자가 하는 말이나 반 응을 기록한다. 관찰자는 간호인 및 환자로부터 떨어져 있으되 늘 환자 가 볼 수 있는 위치에 있어야 한다. 관찰자는 환자에게 말을 걸어서도 움 직여서도 안 된다. 예정된 45분이 지나면 관찰자가 팩(pack)의 종료를 알림으로써 시트를 벗겨낸다.

이상은 몽파베 특별의료센터(Centre Hospitalier de Montfavet)의 정신 과전문의 티에리 알베르네(Thierry Albernhe)가 요약한 '팩' 혹은 습포요법이라 불리는 정신병치료의 순서다.[1] 알베르네가 소개하는 바에 따르면 정신병 환자를 위한 습포요법은 17세기에서 18세기에 걸쳐 출현한 것이다. 분명한 형태로 기록이 남아있는 것은 루이 16세의 시의(侍醫)였던 피에르 폼므(Pierre Pomme, 1735-1812)가 도입한 것으로 알려지는 탕욕, 증기요법인데 당시에는 아직 수욕요법(水浴療法)의 일부로 여겨지고 있었다.

19세기에 접어들면 수욕요법과 대등하게 독자적인 습포요법이 적극적으로 시도된다. 냉수를 머금은 스펀지로 마찰을 하거나 미리 데워둔 시트로 감싸는 등 여러 방법이 있었다. 하나같이 환자의 몸을 시트로 감싼 것이 공통점이다. 1950년에 나온 수치료법(水治療法)에 관한 논문에는 다음과 같은 예가 보고되었다.

보고자	치료방법	대상으로 삼은 증상
당트(dent)	44도로 데운 습포를 세 시간씩	우울증
샤스랑(Chaslin)	물에 갠 겨자를 바른 습포	신경쇠약
트레넬(trenel)	차가운 습포	--
톰생(Thomsen)	포대와 온도의 조합	흥분상태
슈트라세르(strasser)	몸통, 가슴, 복부 별로 건포 포대	--

증상이나 치료방법이 다양하여 확립된 요법은 아닌듯 하나 시트로 싸는 이와 같은 시도들에는 어딘지 바로크적인 색채의 여운을 느끼게 한다. 20세기 초에는 이러한 정신병에서의 촉각, 특히 시트의 기능에 대한 연구에서 클레랑보(Gaëtan Gatian de Clérambault)와 같은 독특한 정신과 의

---

1) Thierry Albernhe, *L'enveloppement humide thérapeutique*, Paris, 1992. 현재까지 엔벨로프 및 팩과 관련된 서적 중에 유일하게 정리된 책이다. 알베르네가 쓴 개론 외에 임상 예와 토론, 10개의 현장 보고, 참고문헌이 붙어있다.

사도 등장하지만 역시 효과적인 치료법으로 현대에 되살리기 위해서는
전통적인 습포가 아닌 '팩'이라는 새로운 정신의학적 해석이 필요했다.

팩과 엔벨로프

팩이라는 용어를 맨 처음 언급한 것으로 알려진 정신분석의사 마이클
우드베리(Michael A. Woodbury)는 1966년에 다음과 같은 글을 발표했다.

"팩은 말 그대로 환자를 습포로 덮고 그것을 간호인이 계속 지켜보는
것으로 특별한 기구가 필요 없는 굉장히 간단한 방법이다. 이 요법의 목
적은 투약이나 격리와 같은 방법을 쓰지 않고 자기파괴적이거나 폭력적
인 성질을 가진 환자의 신체 셰마(Schema)를 자극하는 데 있다."[2]

여기서 말하는 셰마란 물론 특정한 도식이 아닌 우리가 자기 자신에 대
해 갖고 있는 신체 이미지를 가리키는 것이다. 자기 파괴적인 충동이 자
신의 신체 셰마의 분열 내지는 세분화에서 일어난다고 가정했을 때 그 신
체 셰마를 회복함으로써 행동을 정상적인 상태로 돌릴 수 있을 것이다.

우드베리가 보고한 치료 결과는 대단히 양호한 것으로 8년간의 팩 시
술로 정신병의 격렬한 발작을 87%나 호전시켰다. 우드베리는 그 경험을
토대로 다음의 세 가지 셰마를 끌어냈다.

3차원적 셰마: 정상적인 각성상태에서 확인할 수 있는 것
퇴행적 중간 셰마: 수면상태, 정신병에서 나타나는 것
내장적 셰마: 가장 내재적인 셰마로 외부의 것을 자신의 신체 내부의

---

2) *l'Information Psychiatrique No. 10*, 1966. Cité par Albernhe, 1992.

것으로 느끼는데 특히 입에서 파악할 수 있다.

신체 셰마 전체는 이를 조직하기 위해 움직이는 몇 개의 '중심' 활동에 의존한다. 우드베리가 생각하는 이들 중심은 혀, 눈, 손이다. 예컨대 분열증환자의 발작에서는 3차원적 셰마에서 내장적 셰마로의 이행이 일어나는 것으로 알려져 있는데 팩은 이들의 다른 레벨의 셰마를 자극함과 동시에 각 셰마의 경계를 명확히 하여 몇몇의 '중심' 활동을 정상화함으로써 스스로 지니고 있는 본래의 조직을 회복시킨다.

앞의 알베르네 등은 심리학자 프랑스와 돌또(Francoise Dolto)의 '신체의 무의식 이미지'나 디디에 앙지외(Didier Anzieu)의 '피부자아' 등의 이론을 원용하면서 우드베리의 '팩'을 발전시켜 '엔벨로프(envelope)'라는 프랑스식 팩을 개발한 셈이다.

알베르네 등의 '엔벨로프' 개념에서는 환자의 분열된 신체 셰마를 습포가 '연결시켜준다'. 엔벨로프란 제각각으로 나뉜 부분을 다시금 하나로 묶어내는, 문자 그대로 '묶음'을 의미한다.

특히 이것은 70년대에 발표된 앙지외의 '자아피부' 이론과 대단히 비슷한 사고방식이다.[3] 피부가 갖고 있는 거리두기, 지키기, 내포 등의 여러 기능과 피부에 부여된 상징적 의미에 주목하여 피부와 자아를 일종의 구조화된 접점(interface)으로 파악하는 앙지외의 이론은 우드베리의 셰마 이론을 대체하는 것으로, '팩'에 새로운 탐색 방향을 열어준 것이라 생각해도 될 것이다.

---

3) Didier Anzieu, *Le moi-peau*, Paris, 1985.

촉각과 언어

"팩 안에서 환자는 언어의 상징적 기능을 회복하고 종종 자신의 치유에 필요한 정신적 재료를 요구한다."

우드베리가 팩 요법을 모색하던 시기는 정확하게 존 릴리(John Cunningham Lilly)가 격리탱크(Isolation tank)에 대한 연구를 하던 때와 맞물린다. 외부세계에서 내부세계로, 시각에서 촉각으로라는 전환 속에서 한 쪽은 습포, 다른 한 쪽은 물을 채운 탱크라는 장치를 개발하고 있었다는 사실이 흥미롭다.

원래 뇌파연구용 장치로 외부에서의 자극을 차단하기 위해 고안된 격리탱크인데 안으로 들어가 본 결과 태내회귀적인 체험을 할 수 있다는 사실을 알고 정신요법을 위한 탱크라는 부산물이 생겨났다.[4] 일정한 온도로 조정된 물 속에서 부유하는 상태에서는 역시 18세기 이후의 수료법(水療法)과 맥이 닿는 데가 있다.

그러나 탱크와 엔벨로프가 결정적으로 다른 점은 전자가 문자 그대로 격리상태를 제공하는 것에 대해 후자는 접촉상태를 낳는다는 것이다. 격리탱크의 경험자는 종종 자신의 신체가 사라지고 의식이 분리되는 듯한 감각을 보고한다. 이에 대해 알베르네는 한 차례의 팩 프로그램을 환자의 체온변화로 정리할 수 있다고 밝힌다.

---

4) "소리와 빛은 컴컴한 방음실을 이용하여 차단할 수 있다. 신체의 움직임은 수평면, 중력면, 등전위면(等電位面, equal potential surface)의 이완(relaxation)으로 멈출 수 있다. 더욱이 물의 부력을 이용함으로써 피부의 자극이나 온도차에 따른 자극을 제어할 수 있다. 이러한 발상에서 릴리는 체내의 열 발생을 처리하는 적정온도를 유지한 물 속에서 신체를 지지하는 탱크를 떠올리게 된다. 그리고 그는 격리탱크를 만들어 그 속에서 몇 시간이고 어둡고 조용한 물 속에 잠기기를 반복한다. 이 실험으로 뇌는 자율적인 진동 장치를 원래부터 갖고 있음을 증명한다. 또 이러한 증명 말고도 그는 물과 어두움이라는 탱크 내부의 환경이 그때까지 경험하지 못한 깊은 이완과 휴식을 제공해준다는 사실을 알았다."
伊藤俊治, 『機械美術論』, 岩波書店, 1991, 150쪽, 「감각의 탱크」참조.

1. 환자의 평상시 체온.
2. 탈의. 몸의 표피 온도는 일시적으로 내려간다.
3. 차가운 습포와의 접촉. 몸과 시트의 온도차는 20℃ 정도이고 피부는 가벼운 충격을 받는다.
4. 피부와 시트의 온도가 균형을 이룬다. 보통 몇 분간 계속되는 이 시점에서 환자들 중에는 자신의 신체적 경계를 느끼는 것이 곤란하다고 말하는 이도 있다. 피부와 시트가 일체화 된듯한 상태.
5. 발한을 동반한 온도 상승. 피부 전체가 느끼는 이 상승으로 신체 셰마 전체가 드러나는 것으로 여긴다. 간호인이 환자에게 하는 여러 마사지가 가장 효과를 발휘한다. 특히 '재통합의 움직임'이라 불리는 발끝에서 머리끝으로의 느린 손놀림이 이루어진다.
6. 체온의 저하. 한 차례의 팩은 이로써 종료한다.

여기에서도 알 수 있듯이 온도는 '팩'에서 본질적인 매개변수(parameter)다. 환자의 신체 셰마는 탈의, 습포, 발한이라는 온도 변화에 의해 단계적으로 다른 자극을 받는다. 말할 나위도 없이 신체의 표피를 뒤덮는 수분의 온도는 격리탱크의 물과는 다르게 일정하지 않고 환자의 체온과 간호인의 마사지에 따라 변동하며 땀과 함께 여러 상징적 기능을 얻는 것이다.

이렇게 보면 '팩'은 그 단순함에도 불구하고 대단히 유기적인 장치임을 알 수 있다. 이는 단일한 치료가 아니라 마사지를 비롯한 다른 기술이 개재한다. 즉 시트는 전체 셰마를 마련할 뿐 아니라 접촉을 끌어들이기 위한 장을 제공하는 것이다.

접촉하는 것은 기계가 아닌 인간의 손이다. 알베르네도 밝히듯이 팩은 젖은 시트를 접점으로 한 쌍방향(interactive)의 공간을 만든다. 그 점에서 외부와의 교신을 끊고 의식의 자율적인 운동을 촉진한다는 격리탱크의 공간과는 다르다.

더욱이 이 공간상의 특징은 말하는 것 외에는 모든 자유를 빼앗긴 신체가 중심에 있다는 사실이다. 그는 손가락 하나 움직일 수 없으나 모든 것을 말 할 수 있다. 따라서 환자와 간호인 사이의 상호작용은 환자의 말과 간호인의 마사지로 성립한다.

팩과 엔벨로프의 가장 흥미로운 점이 거기에 있다. 다시 말해 이 부동성은 환자의 언어기능에 대해 간호인의 감각을 민감하게 하여 말과 피부 감각과의 상호작용을 어떤 의미에서 순화한다. 일상공간에서는 보이지 않던 촉각과 언어의 관계가 느닷없이 드러나는 경우도 있을 것이다. 알베르네는 한참 치료를 진행하던 간호인이 감동에 겨운 나머지 치료실을 빠져나간 예를 언급했는데 이를 통해서도 팩이라는 경험이 환자에게만이 아니라 간호인에게도 적극적인 소통의 장임을 짐작케 한다.

움직일 수 없는 신체가 발산하는 언어. 보디랭귀지의 영도(零度) 안에서 분열된 세계의 재결정이 진행된다.

우리는 여기까지 현실의 가시와 피부의 정치화, 그 귀결로서의 신체 셰마의 변용이라는 주로 외부세계와 감각의 관계를 살펴봤는데 천천히 엔벨로프의 내부로 들어가야 할 시점에 이른 것 같다. 이 책 후반부에서는 그 내부에서 진행되고 있는 것을 문제의 대상으로 삼는다. 거기에서는 피부의 내부에 비치는 빛이나 피부 안쪽을 톡톡 두드리는 소리가 중요시 된다. 그리고 시트에 감싸였을 때의 부동성이나 탱크 속에 누웠을 때의 맹목성이 결코 예외적인 것이 아니라 오히려 보다 커다란 촉각세계 안에 자리한 하나의 상태임이 밝혀질 것이다.

가봉의 적도 숲에서(Equatorial Forests)(1990)

6장
꿈의 피부

정글의 옷

촉각을 생각할 때 막연함을 느끼는 것은 그것이 다른 감각과 달리 몸
전체를 둘러싼 피부라는 감각기관을 상대로 해야 하기 때문일 것이다.
더욱이 이 기관은 예컨대 눈과는 달리 외부로 항상 열려 있는 상태다. 피
부를 고찰 대상으로 삼을 경우 그것이 덮고 있는 영역을 분절하는 것의
어려움에 더해 '표면인 까닭에 도달할 수 없다'는 기묘한 괴리를 느끼고
마는 것이다.

그러나 피복생활에 익숙해 있는 우리의 피부가 본래의 촉각을 충분히
견지하고 있는지에 대해서는 의문을 갖지 않을 수 없다. 불용기관의 능
력은 일반적으로 후퇴한다. 살아있는 시간의 대부분을 옷을 입고 지내는
우리 피부의 감도가 얼마만큼 둔화되어 있을지 적잖이 걱정된다. 그로
인해 나체주의(nudism)라는 사고방식도 등장하는 것이리라.

이에 관해서는 피그미(Pygmy)족과 정글에서 함께 지낸 어느 미국인
여성 인류학자의 재미있는 보고를 참고할만하다. 아프리카 적도지방의
열대림을 생활권으로 하는 피그미족은 허리춤에 헝겊을 두를 뿐 전라에

가까운 상태로 생활하는데 젊은 여성인 인류학자는 그럴 수 없었다. 어느 날 그녀의 장딴지 위를 개미가 기어가는데도 전혀 눈치를 못 채는 것을 보고 주위에 있던 피그미 사람들이 기겁을 한다. 그때야 비로소 그녀는 맨몸으로 생활하는 피그미 사람들의 피부가 얼마나 민감한지를 알았다고 한다.

정글의 주민

아프리카 중부 콩고분지를 중심으로 빅토리아호 서쪽에서 가봉과 카메룬이 위치한 대서양 연안까지 펼쳐지는 광대한 열대림이 '피그미'라 불리는 사람들의 생활 터전이다. 부시맨(The Bushmen)과 더불어 석기시대와 다름없는 수렵채집 생활을 유지하고 있는 인류 최고(最古)의 민족이라는 것이 통설인데 실제 기록에 등장한 것은 이집트 고대왕조 시대고 그 이전의 상태는 아직까지 추측에 기댈 따름이다.

페피 2세(Pepi II)가 중앙아프리카에서 귀환한 가신에게 '신의 춤을 추는 소인'이라는 보고를 받은 것이 오늘날 남아 있는 최초의 기록이라 일컬어지는데 '피그미'라는 명칭이 쓰이게 된 것은 고대 그리스시대에 이르면서다. 호메로스(Homeros)가 『일리아드(Iliad)』에서 그리스와 트로이의 전쟁을 Pugmaios라 하여 학의 거시기에 비유한 것이 처음으로 이것이 라틴어 Pygmaeus로 바뀌었다. '팔꿈치에서 중지 길이의 신장'이라는 의미다. 오늘날에는 그들의 평균신장이 1.44m로 알려져 있지만 이는 다른 집단(group)에 속하는 사람들의 '평균'이다. 따라서 '피그미'라는 말은 신장만을 기준으로 삼아 언어적 차이 등의 다른 특징을 무시한 서구인이 만든 호칭이다. 현재는 밤부티(bambuti) 등 그 지역에서의 고유명사가 쓰이고 있다.

300만㎢에 이르는 콩고분지의 광범위한 지역에 서로 다른 종족의 피그미들이 대략 14만 명 정도가 살고 있는 것으로 전해지는데 그 실태가 제대로 알려지지 않은 것에 더해 환경파괴로 인한 생활체계의 급격한 변화를 격고 있다.[1] 보르네오나 아마존과 마찬가지로 우리는 정글뿐만 아니라 귀중한 문화마저도 잃어가고 있는 것이다.

그 중에서도 생활과 문화의 형편이 가장 잘 알려진 피그미는 음부티(Mbuti)라 불리는 그룹인데 그에 앞서 '피그미'에 관한 오해를 정리해 두고자 한다. '피그미'는 로마시대 이후 전설상의 창조물로서만 존재하다가 이것이 다시금 실재하는 사람들로서 서구세계에 알려진 것은 1870년 식물학자 게오르그 슈바인푸르트(Georg Schweinfurt)가 이투리(Ituri) 지역을 탐험하면서였다. 그때 같은 지역에서 '발견'된 이들이 아카(Aka)라 불리는 집단이었는데 이후 스탠리(Henry Morton Stanley)를 비롯한 탐험가와 선교사들이 다른 '피그미'부족들도 발견하게 된다.

'정글의 주민'에 관한 최초의 인류학적 보고는 1929년부터 1년 동안 이루어진 독일인 파울 세베스타(Paul Schebesta)의 밤부티족 조사인데 이 조사가 이루어진 직후에 이투리 지역의 '피그미'는 영화작가 마틴 존슨 부부(Mr. and Mrs. Martin Johnson)에 의한 대중적인 다큐멘터리 영화의 제재가 되었다. 이는 '문명을 모르는 어린 아이와 같은 야만인'으로서, 흡사 17세기의 '고귀한 야만인' 같은 재신화화가 이루어졌던 것이다. 두 사

---

1) 1946년에 〈오구에-콩고 조사(la Mission Ogoué-Congo)〉의 일환으로 이 지역을 답사한 노엘 발리프(Noel Ballif)는 최근의 조사까지를 포함하여 어디까지나 추정치라 일러둔 뒤 대서양 연안에서 호수 사이에 거주하는 총수를 대략 20만 명 내지는 그것을 상회한다고 했다. Noel Ballif, *LES PYGMÉES DE LA GRANDE FORÊT*, Paris, 1992, p. 211.

람이 만든 영화는 대성공을 거두어 사람들이 '피그미'에 대한 이미지를 갖는 데 적잖은 계기를 마련했다.

거기에서 생겨난 가장 단순하면서도 커다란 오해는 '피그미'는 유인 원 이래의 정글의 주민이라는 사고일 것이다. '피그미'가 언제부터 정글을 생활권으로 삼았는가에 대해서는 여러 가지 설이 있으나 현재로서는 그들이 아프리카대륙에 퍼진 수렵채집인의 마지막 집단이고 다른 사람들이 방목, 농업으로 이행하려 할 때 도리어 정글로 되돌아왔을 것이라 추측하고 있다. 빅토리아호 동쪽 세렌게티(Serengeti) 고원을 중심으로 한 아프리카 대지구대가 최초의 인류가 정글에서 초원으로 나와 직립보행을 익힌 땅이라고 한다면 그들이 숲으로 귀환한 것은 고래가 바다로 돌아간 것이나 다름없는 행동이라 할 수 있을 것이다. 그러나 그때 숲으로 돌아간 이들이 현재와 같은 체형의 '피그미'였는지의 여부는 알 길이 없다.[2]

열대림의 내부

예부터 작았는지도 모르고 정글에서 사는 동안에 그렇게 되었는지도 알 수 없다. 하지만 낮 시간에 한층 어두운 열대 밀림을 다녀본 적이 있는 사람이라면 누구나 '피그미'의 체형이 유리하다는 것을 인정할 수밖에

---

2) 피그미의 혈액형 및 유전자형에 대한 조사는 카발리 스포르차 등이 수행한 바 있다. 그 결과, 아프리카인에게 특징적이라 여겨지는 대립유전자의 빈도가 일반적으로 다른 아프리카인보다 피그미에게 높다는 것이 밝혀졌다. 이를 바탕으로 스포르차는 "피그미 사람들은 아프리카 사람들과 닮아있으나 어떤 의미에서는 그들이 아프리카인 이상으로 아프리카적이다"고 언급한 다음 피그미를 '원아프리카'인이라 여길만한 가능성을 지적했다. 또 공동연구자인 지거는 피그미와 말레이시아 세망(Semang)족이 각각의 유전자 속에 특수한 효소를 공유하고 있음을 들어 그들이 열대림이라는 환경에 적합한 유전적 특징을 띠고 있다고 했다. 스포르차 등의 연구 결과는 H. 기욤에 의해 정리되었다. H. Guillaume & G. Delobeau, *LES PYGMÉES*, Tour du Monde, Paris, 1977.

없을 것이다. 수많은 가지가 겹쳐있고 넝쿨이 우거진 데다 거대한 뿌리가 진로를 가로막는 열대림 속에서 1㎞를 나아가는 것과 탁 트인 초원에서 1㎞를 걷는 것의 체력 소모는 전혀 다르다. 정글을 지나는 일은 사우나탕에서 달리는 일과 같은 것이다. 효율 면에서 그들의 작은 체구가 환경에 적합한 것은 말할 나위도 없다.

콩고분지의 정글은 가봉까지 이어져 있는데 대서양 해안에 가까운 이 정글을 바콜라(Bakola) 출신의 남자를 따라 둘러본 적이 있다. 정글에 사는 코끼리를 보는 것이 목적이었다. 150㎝가 될까 말까한 키였을 것이다. 잠시 산길을 걷다가 멈추어 서서 수풀 앞으로 난 정글을 향해 기도를 드린다. 그리고 새벽녘 어둠 속 같은 정글로 천천히 그러나 착실한 발놀림으로 들어간다. 길은 없다. 아니 우리에게는 길이 아닌 것처럼 보이지만 코끼리가 지나다니는 짐승의 길을 쫓는 것이리라. 한 치 앞이 보이지 않아 벌채용 칼로 휘젓고 나아가는 것조차 버겁다.

종종 멈춰 서서 손으로 이쪽을 제지한다. 가지에 붙은 작은 진흙덩이를 이리저리 살펴본다. 만져보라 하여 손가락을 갖다 댔더니 축축하게 젖어있다. 코끼리가 묻히고 지나간 것이다. 이곳을 통과하고서 그다지 시간이 흐르지 않았다. 조심해야 한다. 정글에 들어선 이후부터 시종일관 말이 없으나 그의 표정은 그런 말을 하고 있는 듯한 느낌이다.

나무그림자 사이로 보이는 하늘이 흰 빛을 띨 무렵에는 온 몸이 땀으로 범벅이 된다. 휴식을 취하는 사이 사내의 얼굴을 보아도 땀 한 방울 흘리지 않는다. 작은 개울을 건너면서 진흙 속에 큰 사발을 눌러 놓은 듯한 발자국이 있는 것을 가리킨다. 커다란 발자국 곁으로 작은 발자국이 찍혀 있다. 새끼를 데리고 있다는 증거다. 무언의 시선이 신중한 것임을 알겠다. 새끼가 딸린 어미코끼리가 위험하다는 것은 말하지 않아도 상상이 간다.

2시간 정도가 흘러 발걸음이 무거워질 무렵 몇 번인가의 정지 신호가 이어진다. 이번 것은 길다. 5분, 10분, 움직여서는 안 된다. 둘레를 살펴보지만 우거져 있어 수 미터 앞이 보이지 않는다. 정글의 아침을 고요가 지배한다. 새의 울음소리가 들리는 것 말고는 나무의 줄기는 물론 잎사귀 하나 움직이지 않는다. 마침내 사내는 전방을 향해 조용히 팔을 들었다. 저기에 있다. 그 팔을 이쪽으로 흔들며 되돌아가라는 신호를 보낸다. 정말 거기에 있는가고 되물을 여유가 없다.

잠시 후 사내의 신호로 뒤쪽의 숲을 올려다봤더니 높다란 나무 끝이 심하게 흔들리면서 맞은 편 쪽으로 천천히 기우는 것이 보였다. 아무것도 보이지 않고 아무 소리도 들리지 않았는데 어떻게 안 것일까.

정글과 초원 사이

아프리카의 어떤 공화국이나 왕국보다 오랫동안 정글에서 살아온 그들에게 길어야 반 세기의 역사밖에 갖지 않은 현재의 국경은 의미가 없으나 지리적으로는 카메룬의 콜라(kola), 현 대통령 바카(baka)의 출신지인 가봉의 봉고(bongo), 중앙아프리카의 아카(aka), 음벤젤레(mbenzele), 콩고 북부의 에페(efe), 콩고 남부의 크와(cwa), 르완다의 트와(twa) 등의 그룹이 알려져 있다. '피그미'에 관한 문헌을 비교하다 보면 종종 지도에 기재된 이들의 명칭이 잘못된 경우가 있는데 이는 당사자 스스로가 부르는 명칭과 다른 이들이 부르는 명칭이 혼동을 일으킨 까닭이다.

콩고 북동부만 놓고 보면 서쪽에 아수아(asua, 그들은 이웃인 망게베투[mangebetu]족에게 아카[aka]라 불린다), 에폐(efe) 남쪽에 수아(sua) 중앙부에 크와(cwa)와 콩고(kongo)가 있다. 이 중앙부의 두 그룹은 그들과 교섭을 하는 농경민, 촌락민에게 음부티(mbuti)라 불린다. 또 명칭에는 단수형과 복수형이 있어서 예컨대 모수아(mo·sua=단) 바슈아(ba·shua=복), 몸부티(mo·mbuti=단) 밤부티(ba·mbuti=복)와 같은 방식으로 구분하여 쓴다. 이 밤부티(bambuti)는 이상의 콩고 북동부에 사는 다섯 개의 그룹에 대한 총칭으로 쓰이기도 한다. 이 책 또한 음부티는 앞서 밝힌 의미로, 밤부티는 총칭으로 사용하고자 한다.

이러한 복수 명칭의 존재는 다시 말해 콩고 북동부가 '피그미'와 그 외의 사람들로 민족적 모자이크를 이루고 살고 있음을 의미할 뿐만 아니라 '피그미'가 정착농경민과 깊은 상호의존 관계에 있음을 나타내는 것이다. 이 사실은 앞서 언급한 오해와 관계가 있는 또 하나의 오해('피그미는 정글에서 자급자족 생활을 영위하는 유목민[nomad]이다) 때문에 놓치기 십상이다. 여기에는 음부티가 정글에서의 공급만으로 완전한 자급자족 경제를 영위할 수 있다고 보고한 1950년대 말의 콜린 턴불(Colin Turnbull)이 수행한 유명한 인류학적 조사의 영향이 크다.[3]

그러나 최근의 조사 결과는 오히려 정글에서의 수렵채집경제와 외부와의 교환경제의 균형이야말로 '피그미'의 특수성의 기반이라는 생각 쪽으로 기울고 있다. 그들은 정글 속을 떠돌아다니는 신비스런 노마드가 아니다. 잘 알려진 바대로 그들은 나무의 줄기나 잎으로 만든 돔형식의 텐트를 집으로 삼아 종족에 따라 차이는 있지만 다섯에서 열 정도의 가

---

3) C. Turnbull, *The Forest People*, London. 1961.

구가 하나의 그룹을 형성한다.

이 그룹이 한 해 동안 5회에서 7회 정도 캠프 지역을 바꾸면서 정글을 이동하는데 그 이동 범위가 명확하게 정해져 있어 닥치는 대로 옮기는 것은 아니다. 이동경로를 정하는 것은 계절과 식료의 보급 그리고 그룹의 규범이기도 하지만 그 범위를 결정짓는 것은 그들이 물자를 교환하는 상대인 정착농경민의 마을이다.

삼림은 분명히 자비로운 공간이기는 하지만 그 생산물의 대부분은 나무 위에 축적되어 손만 뻗으면 획득할 수 있는 것은 아니다. 식용 가능한 식물은 오히려 사바나(savanna) 쪽이 풍부하다. 열대림이 품어 기를 수 있는 동물의 수는 사바나에 비해 훨씬 한정되어 있다. 단백질뿐 아니라 탄수화물도 적다. 자급자족하는 것은 정글이어서 그것이 품어 안을 수 있는 인간의 수는 예를 들어 칼라하리 사막(Kalahari Desert)의 건조한 초원 쪽이 훨씬 많다.

음부티
끈 혹은 담쟁이넝쿨 혹은 뱀 혹은 길 혹은……

콩고 북동부의 이투리 삼림지역에서 장기간에 걸쳐 조사를 수행한 하버드대학 연구팀은 '피그미'든 아니든 어떠한 인간도 농경생산물 없이는 정글에서의 생존이 불가능하다는 결론을 내렸다. 그에 따르면 정글에서 '피그미'가 생활하기 시작한 것은 농업이 도래한 이후의 일이고 그 이전에는 숲과 초원의 경계를 생활권으로 삼았다. 그리고 농업과 방목이 이 '경계지역'을 점거하기 시작할 무렵에 '피그미'들은 정글로 들어갈 수밖에 없었던 것이라 추측한다.[4]

정글의 옷

중요한 것은 이러한 상호의존이 최근의 현상이 아니라 서구인들이 찾아오기 훨씬 전부터, 적어도 수세기 동안 지속되어 온 것이라는 사실이다. 이는 주변의 모든 부족이 '피그미'와의 오랜 관계를 구승으로 전하고 있을 뿐아니라 '피그미'의 문화가 주변에 끼친 영향에서도 추측할 수 있다.

서구인들이 찾아와 직물을 전하기 이전 콩고 북동부에서는 나무껍질로 만든 것을 사용하고 있었다. 무룸바(murumba)라 불리는 이 베는 섬유를 짠 것이 아닌 나무껍질을 물에 담갔다가 두드려서 무두질한 것이다. 따라서 무룸바 한 장의 크기는 나무줄기의 크기에 따라 결정된다. 폴리네시아에서 타파(tapa)라 불리는 것과 닮은 방법으로 만들어지는 이 베는 콩고분지 전역의 삼림지대에서 쓰였다.

베에는 식물성 먹으로 그린 문양이 있는데 그 문양에서 밤부티의 여러 그룹이 주변에 미친 영향을 엿볼 수 있다. 더욱 재미있는 사실은 이 문양들을 그리는 사람이 항상 여성이라는 점이고 턴불의 뒤를 이어 이투

---

4) John Reader, *Man on earth*, New York, 1988.

리 삼림지대에서 조사를 수행한 톰슨(R. Farris Thompson)은 그녀들이 각각의 무롬바에 대단한 자부심을 갖고 있다고 보고했다.[5] 왜냐하면 그 것은 여자들 말고는 그릴 수 없기 때문이라는 것이다. 현재 우리가 볼 수 있는 것은 세베스타의 탐험 이래 약 1세기 동안 수집된 것에 지나지 않으 나 그 문양의 독자성과 다양성은 블랙 아프리카(Black Africa)의 예술 중 에서도 경탄할 만한 것의 하나라 해도 과언이 아니다.

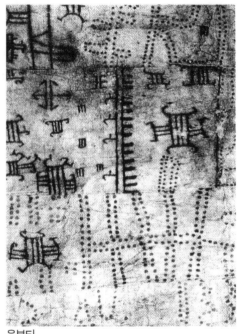

음부티
다섯 장의 무롬바를 이어서 꿰맨 것이다. 1929년
세베스타가 수집한 것 중의 하나다(빈 민족학박물관).

---

5) 여기에서는 다양한 무롬바 종류와 그 패턴 연구에 대해 풍부한 도판과 더불어 자세한 해설 을 시도한 톰슨의 저서를 참고하고 있다. R. Farris Thompson & S. Bahuchet, *PYGMÉES?*, Paris, 1991.

서로 다른 무룸바를 비교하기 위해 이루어져야 할 체계적인 연구는 앞으로의 과제이나 대개 문양은 점과 선 그리고 추상화된 기호 같은 것들로 구성되어 있다. 선은 보통 끝이 예리한 봉으로 그려져 있는데 격자나 평행선 등의 기하학적인 법칙성이 있는 것들과 무작위적인 점의 집합 등 다양하다.

그 중에서도 복잡하고 불가사의한 것은 앞서 언급한 음부티가 제작한 것으로 그 선과 기호의 연결은 단순히 모양이라기보다는 지도에 가깝다. 그도 그럴 것이 기호의 대부분은 그들이 사는 정글 속의 요소, 즉 식물이나 곤충 동물을 상징하고 있기 때문이다. 이들 기호의 일부분은 앞의 톰슨이 해독을 시도한 바 있다.

그것을 보면 이들 문양이 그들의 세계를 구성하는 것의 일람표로 되어 있는 듯한 인상을 받는다. '피그미' 그룹은 각각의 토템을 지니고 있어 구성원은 그 토템인 동물을 먹을 수 없게끔 되어있다. 우선 눈에 띠는 것은 악어가죽, 표범의 반점이나 오카피(okapi)의 줄 문양 등 토템이 되는 동물의 상징이다. 또 하나는 사냥 도구나 정글에서 움직일 때의 표시가 될 만한 것들인데 그것들이 정글의 지도를 그린 것은 아닌가 상상하게 된다. 음부티라는 수렵민 세계에 지도가 있다면 그것은 사냥을 위한 지도일 수밖에 없다.

활과 그물

'피그미'의 수렵은 그룹의 성인 남성이 담당한다. 다만 코끼리처럼 큰 짐승에 대해서는 다른 몇몇 그룹이 협력한다. 이때 수렵을 지휘하는 '리더'가 없는 것이 특징인데 구성원의 수는 한정되어 있지 않고 수직적인 계통도 존재하지 않는다. 어떠한 사냥이라도 참가자의 수평적이고 완만한 연결로 이루어진다.

'피그미'의 소규모 그룹의 본질은 이 사냥 그룹이라 할 수 있을 것이다. 지휘를 필요로 하지 않고 최대의 효율을 올릴 수 있는 최적 규모의 그룹이다. 그들의 유명한 다성음악(polyphony), 코러스도 이 그룹의 특징에서 나온 것임에 틀림없다.[6]

메헤
음부티와 인접한 정착민이 만든 것이다. 보이지 않는 길 혹은 정글의 신경조직을 뜻하는 것일까. 역시 1934년 세베스타가 수집한 것 중의 하나다(프라하인류학박물관).

---

6) '오구에-콩고 조사'에 동행한 질베르 루제(Gilbert Rouget)는 그들의 음악을 녹음했다. 초기 녹음의 하나는 1947년, 이어서 56년에 33회전 레코드 형태로 만들어졌는데 그 케이스에 루제는 다음과 같이 밝힌다. "……그들의 음악은 순전히 보컬로만 이루어져 있는데 거기에야말로 음악적 천재성이 있다. 미술사에서 가장 멋진 시대 중 하나인 후석기시대의 동굴화가 수렵과 밀접한 관계가 있었듯이 피그미 음악도 그들의 수렵생활이라 생각해보는 것은 유의미한 일이다. (중략) 하나같이 존재 그 자체의 중심에 서 있고 살아가는 것에 대한 불안과 슬픔의 가장 심원한 몸짓을 공유하고 있기 때문이다."(Gilbert Rouget, *Mission Ogoué-Congo 1946, Musiques Pigmées et Negres d'Afrique Equatoriale Française*, B.A.M., Paris, 1947)

여기에서 흥미로운 점은 같은 열대림인데도 그룹에 따라 수렵 방법에 차이가 보인다는 사실이다. 그로 인해 턴불은 밤부티 그룹을 언어가 아닌 그들의 수렵 형태를 기준으로 분류했다. 즉 그물로 포획하는 사람들과 활을 사용하여 사냥하는 사람들이 그것인데 후자에 해당하는 그룹은 에페뿐이고 나머지 그룹은 모두 그물과 활을 병용한다. 같은 환경에 사는데 왜 이러한 차이가 발생하는 것일까.

말 할 나위도 없이 그물이 활보다 포획 가능성이 크다. 이 차이는 최초에 '피그미'와 만난 세베스타가 지적한 이후 많은 관심을 이끌어낸 문화인류학상의 숙제인데 현재까지 해답에 가깝다고 여겨지는 것은 경제학적, 생태학적 관점의 설명이다.

남쪽의 음부티가 그물을 사용하는 것은 보다 많은 고기를 획득하여 잉여분을 농산물과의 교환에 회전시켜야 하기 때문이다. 이에 대해 북쪽의 에페에서는 필요한 식료 중 교환으로 얻어야 할 농산물의 비율이 낮다. 따라서 그물을 사용하면서까지 포획을 늘릴 필요가 없다는 설명이 하나다. 이는 음부티가 수렵으로 얻은 결과물의 상당 부분은 교환에 쓴다는 조사에 의해 지지를 받는다.

또 하나는, 이투리 북쪽과 남쪽은 각각 정글이 생산하는 능력에 차이가 있다는 주장에 근거한 것이다. 토양이 기름지고 강수량이 많은 북쪽에 비해 남쪽의 숲은 빈약하다. 거기에서 숲이 품을 수 있는 동물의 수에 차이가 발생한다. 음부티는 상대적으로 적은 동물을 잡기 위해 필연적으로 그물을 사용할 수밖에 없다는 것이다. 이는 아마존의 열대림에서의 조사 결과에서 같은 위도의 대서양 반대편에서의 생태학적 환경 차이에

주목한 밀턴(K. Milton)의 지적이다.[7]

그물 쪽의 포획능력이 크다는 것은 분명하지만 그만큼 소모되는 노고도 크다. 사냥이라 하더라도 초원과 숲은 조건이 전혀 다르다. 장애물 투성이의 밀림 속에서 커다란 그물을 여러 명이 들고 달리며 어디로 움직일지 예상하기 힘든 동물을 잡으려는 것이다. 초원처럼 앞이 확 트인 곳이라면 손으로 신호를 보낼 수도 있지만 숲 속에서는 수 없이 많은 가지와 넝쿨 사이에서 재빠른 소통을 해야만 한다.

감각의 기보법(記譜法)

그것을 가능하게 하는 영역은 항상 더불어 사는 사람들끼리만 느낄 수 있는 피부감각일 것이다. 간격을 최소한으로 좁힌 사회에서나 가능한 감각이라 해도 좋다. 피그미 그룹에는 기능적인 분화가 없다. 전 구성원이 생활에 필요한 기술을 마스터해야 하기 때문이다. 지식에 의한 격차 뿐 아니라 물리적인 차이도 작다. 그들의 집 벽은 나뭇잎이고 캠프 지역에서 맞이한 밤에는 가지와 잎사귀를 통한 대화와 웃음소리가 들릴 것이다.

무룸바는 정글의 피부다. 실제 그 문양에는 그들이 신체에 그려넣는 문신과 공통된 패턴이 많다. 예컨대 그들이 쓰는 그물은 담쟁이덩굴의 섬유를 짜서 만든 것이지만 무룸바의 베 문양에도 그들이 새기는 문신에도 그러한 상징적 기호들이 등장한다.

나무를 오를 때 사용하는 끈과 동물이나 물고기를 잡기 위한 그물은 생존에 필요한 기본적인 도구다. 예를 들면 여자들은 끈을 묶어 다양한

---

7) K. Milton, "Ecological for subsistence strategies among the Mbuti Pygmies", in *Human Ecology* 13, 1985.

형상을 만들고 어떤 의미를 부여한다. 나뭇잎도 거기에 구멍을 뚫거나 찢어서 정글에 있는 길의, 특히 두 갈래로 갈라지는 장소에 둠으로써 역시 어떤 의미를 전하는 매체가 된다. 피부-무룸바-끈-나뭇잎은 연속된 소통의 '장'인 것이다.

이 외에도 어쩌면 다양한 방법이 있을 테지만 어쨌든 인간의 신체는 이렇게 숲과 연결되어 있다. 이 소통의 그물코 속에 나타나는 연결고리로 그들의 집, 씨족의 토템인 동물들, 동물의 발자국, 벌집(꿀은 중요한 식료다), 거미집, 버섯, 나아가서는 별 등이 등장한다. 각각의 동물에는 서로 다른 의미가 있다. 예컨대 표범은 중앙아프리카 전역에서 왕이나 다름없는 상징이고 또 뱀은 끈이나 그물과 연결되는 선적인 성질을 띠고 있다.

물론 묘사되어 있는 것이 눈에 보이는 것뿐만은 아닐 것이다. 더할 나위 없이 자유스런 선의 리듬은 그들의 다성음악과 관계가 있음에 틀림없다. 그 발성법과 호흡법, 그것을 살려내는 신체의 움직임이 선이 되고 면이 된다. 숲의 정령에게 바치는 노래의 파동을 그려 넣는다. 그것은 그들의 생활이 그렇듯이 고도로 세련된 감각의 기보법이자 진정으로 자유스런 피부감각을 낳을 수 있는 가장 섬세한 세계의 약도다.

이러한 세계에 산다면 어떤 느낌이 들까. 거미줄의 작은 떨림을 느끼듯 정글의 보이지 않는 곳에서 일어나고 있는 것을 느낄 수 있는 것은 아닐까. 그 감각에는 우리가 여섯 번째에 두고 가버린 감각의 종잡을 수 없음이나 애매함은 없을 터이다. 왜냐하면 생존이 어려운 정글에서 생과 사를 나누는 것은 그 감각이기 때문이다.

산모는 스스로 그린 무룸바로 갓난아기를 감싼다고 한다. 필요한 지식과 감각이 쓰인 지도, 익혀야할 리듬이 새겨진 악보에 감겨 새로운 생은 숲의 정령의 축복을 받는 것이리라.

꿈의 모래알갱이

누군가에게 쫓기는 사내와 일상에서 벗어나고 싶어 하는 여자. 지극히 영화 같은 만남이 있은 뒤 두 사람의 여행은 시작된다. 여자는 카스테레오에서 흘러나오는 불가사의한 음악에 귀를 기울인다. 남자가 좋아하는 그 가락은 피그미들이 즐겨 부르는 숲의 노래다.

장님의 꿈

눈이 먼 어머니를 위해 영상을 수집하는 사내, 그것을 돕는 여자 그리고 눈을 감은 책 세계를 보는 실험에 반생을 건 노과학자. 무엇인가를 잃어버린 사람들이 지상의 끝까지 꿈을 쫓아 나선다. '세상의 끝까지'는 유럽에서 아시아, 아메리카를 지나 호주의 사막까지, 인공위성의 추락으로 소통불능에 빠진 지구 위를 여행하는 이야기다. 제목 그대로 빔 벤더스(Ernst Wilhelm Wenders) 감독의 궁극의 로드 무비(road movie)가 될 것이다. 하지만 이 영화의 중심은 어지러운 공간적 이동이 반복되는 전반이 아닌 인간들이 꼼짝도 하지 않은 채 시간적 이동에 몰두하는 후반에 있다.

때는 21세기 벽두 장소는 호주의 사막. 이야기의 중심이 되는 것은 사막 한 가운데 대피소에서 잔느 모로(Jeanne Moreau)가 연기하는 대목에서 장님인 아내의 뇌에 영상을 직접 들여보내는 실험이다. 영상을 신호화하여 시각 중추를 직접 자극한다는 아이디어 자체가 그다지 엉뚱한 발상은 아니다. 실험이 성공하여 장님 어머니가 본 적이 없는 손녀딸의 얼굴을 '보는' 장면에도 그다지 감동이 없다. 시대설정이 너무 가까워서 만이 아니라 이미 이러한 장치를 사용해서라도 입력하기에 충분한 가치의 영상을 세계에 내보내는 것 자체가 곤란하기 때문인지도 모른다. 적어도 감독 스스로 그렇게 느끼고 있는 것 같다.

따라서 이야기가 재미있어지는 부분은 뇌의 전기신호를 영상화한다는 뒤집힌 프로세스가 실험의 부산물로 등장하면서부터다. 사람의 뇌 속에 있는 영상을 자유자재로 끌어낼 수 있다면 사람들은 우선 꿈부터 보고 싶어 할 것이다. 사막에 표착한 사람들이 앞 다투어 자신의 꿈을 영상화하고 이윽고 꿈 수집에 몰두한다. 먹고 자는 일은 물론 현실을 망각하고 기억과 무의식의 이미지에 빠져든다. 일본어판 〈꿈의 끝까지라도(夢の涯てまでも) 독어: (*Bis Ans Ende Der Welt*), 영어: (*Until the End of the World*)〉라는 타이틀에서도 알 수 있듯이 이 영화의 중심은 꿈의 영상화에 있다.

꿈의 영상화는 영화뿐 아니라 어쩌면 영상을 만드는 일에 종사하는 사람이라면 그야말로 누구라도 실현하고 싶은 '꿈'의 하나임에 틀림없다. 그리고 벤더스의 영화는 그의 꿈이 앞서 간만큼 영화적으로는 소화되지 않은 부분이 많아 상업적으로 실패하고 말았다. 하지만 그러한 '꿈'을 실현하는 구체적인 장소로 호주를 선택한 사실은 역시 흥미롭다.

꿈을 영상화하다

벤더스 팀은 영상화된 꿈을 보이기 위해 하이비전영상을 디지털 처리하는 방법을 썼다. 이것이 영화에서는 우선 장님 어머니를 둔 아들이 특수 장치를 머리에 장착하고 자신의 시각 경험을 전기신호로 수집하는 데서부터 시작된다. 인간이 비디오리코더 그 자체가 되는 것인데 시각경험의 총체를 정확하게 그러면서도 효율성 있게 기록하기 위해서는 정신을 집중하여 자세히 보아야 한다. 본다는 행위가 대단히 밀도 높은 작업으로 바뀌게 됨으로써 짧은 시간에도 금방 지쳐버린다. 고다르(Jean-Luc Godard)의 메시지를 상기하게 되지만 영화에서는 일본의 약초로 피로해진 눈을 풀어주는 에피소드까지 등장한다.

그리하여 세계 각지에서 수집한 아들의 시각경험을 사막에서 기다리고 있는 어머니의 뇌에 입력한다는 내용인데, 그때 직접 신호를 보내는 것이 아니라 축적된 신호를 영상으로 재구성하여 보내야 한다. 이 경험의 반복이 또 정신의 집중을 요구하여 자기중심적인 과학자와 아들 사이에 대립이 일어나기도 하는데 어찌됐든 재생된 영상은 어머니의 뇌로 보내져 그녀는 정겨운 얼굴과 낯선 얼굴을 보게 된다.

이러한 장면들을 위해 디지털 영상을 쓴 것은 이야기의 설정으로 보아 자연스러운 일인데 역시 벤더스 스스로가 자신의 실험을 극중극으로 보고 있다는 인상이 강하다. 예를 들어 요하네스 얀 베르메르(Johannes Jan Vermeer)의 회화를 인용하거나 점묘를 시도하는 등 상당히 회화사적인 장면을 등장시킴으로써 광학적인 유희에 몰두하는 모습을 볼 수 있다.

"모든 영상은 우선 고성능 비디오테이프로 변환시킨 후 디지털 편집을 했다. 화상에 따라서는 100번 이상의 다른 합성 처리를 반복했다. 나는 페인트 박스(paint box), 매트 박스(Matte Box), 컬러 콜렉터(color collector)

를 비롯한 가능한 한 모든 방법을 동원하여 화상을 처리했다 〔중략〕 수차
례의 시행착오를 거듭한 후 하이비전 스크린으로 놀랄만한 화상을 볼 수
있게 되었다. 그것은 선명한 색채를 구현했을 뿐 아니라 믿기지 않을 정
도의 광도와 고품질의 화상이었다. 우리가 처음 소재로 사용한 것과 같은
이미지였는데도 거기에 나타난 것은 이미 독자적이면서 특이한 성질을
띤 화상이었다. 하이테크 자재들로 채워진 편집실에 있으면서 우리는 실
제로 화상들이 찾아온 것이 아닌가 하는 기분이 들 정도였다."[8]

　　찾아온 상대들은 우선 인상파 화가들 그리고 점묘화, 큐비즘과 미
래파 화가들이었다고 한다. 영화를 한 번만 봐도 거기에 터너(Joseph
Mallord William Turner)나 모네(Claude Monet), 르느와르(Pierre-Auguste
Renoir), 쇠라(Georges Seurat)의 얼굴이 겹치는 것을 느낄 수 있다. 갖가
지 화상처리를 통해 자연스레 이들 화가가 부상하게 된 점 혹은 본의 아
니게 과거 화가들의 실험을 의사체험하게 된 점은 전자영상의 잠재적인
창조적 가능성을 시사하고 있는듯 하여 흥미롭다. 또 그렇게 복잡한 처
리 과정을 거친 화상이라도 터너라든가 쇠라의 그림이 갖고 있는 에센스
라 할 만한 것들이 어딘가에 남아 한번밖에 보지 않았는데도 그것을 느
낄 수 있다는 것 자체가 재미있다. 거꾸로 새로운 미디어를 동원했음에
도 그들이 어떤 식으로든 서양 회화의 강간 속박을 받고 있음을 드러내
고 있는 지도 모른다.
　　하지만 그러한 이미지가 우리들이 꾸는 꿈과 닮아있기는 한 것일까.
닮았다면 어떤 점에서 닮았다고 벤더스는 생각한 것일까.

---

8) "Electric Paintings" 하이비전 정지화상 사진집에서 발췌, Tokyo, 1991.

꿈의 화소—빔 벤더스의 경우

앞의 같은 문장에서 벤더스는 다음과 같이 말한다.

"우리는, 잠들어 있는 인간의 뇌 활동은 실로 불가사의하고 거기에는 어떠한 법칙도 없으며 잠든 이의 의사와는 별도로 자율적이라 생각했다. 그리고 절반은 잡동사니 상자 속에 이미지가 멋대로 뒤섞여있는 상태고, 나머지 절반은 시각적인 예지능력 혹은 시로 이루어져 있다고 생각했다. 그리하여 우리는 전자매개도 같은 방식으로 해방시켜 보려한 것이다. 하나의 화상을 구성하는 수백만 화소를 자유롭게 하면 어떻게 될 것인가, 더러는 화가가 붓이나 초크 등의 그림 도구를 사용하는 것과 같이 자연스럽게 그것을 조절하면 어떻게 바뀌는가 하는 실험이었다."

잠든 사람의 뇌가 갖고 있는 상태를 상정하고 거기에 전자 매개의 상태를 접목하는 것이 그들의 기본적인 아이디어였다는 의미다. 무의식이라는 말을 애써 피하면서까지 꿈을 꾸는 인간의 상태는, 이미지의 무질서한 집적과 예지능력이라는 두 요소로 이루어져 있다고 생각한 데에 영상작가 벤더스의 특질이 있다. 이미지가 흩어져 있는 잡동사니 상자에 알 수 없는 힘이 작용하여 어떤 형태가 나타난다. 쓰레기장에서 주워온 폐품으로 기상천외한 기계를 만든 팅겔리(Jean Tinguely)를 떠올려도 좋을지 모르겠다. 꿈이 형상화되는 때의 그 힘을 벤더스는 시 혹은 시각적인 예지능력이라 불렀다.

이러한 상태에 전자매체를 접목하려면 어떻게 해야 하는가. 데생이라면 자동기술이라는 방법도 있을 수 있다. 앙리 미쇼(Henri Michaux)가

종이와 펜이라는 가장 단순한 장치를 이용하여 극한까지 밀고 나간 방법이다. 하지만 지금으로서는 전자 영상의 툴이 그러한 자동기술을 가능케할 만한 간결함으로부터는 거리가 멀다. 벤더스는 같은 글에서 '브러시'나 '팔레트'와 같은 명칭을 사용하는데 메스칼린(mescaline) 체험을 바탕으로 미쇼가 묘사한 인간 내부의 극미한 진동을 남김없이 전달할 수 있을 만큼 그 기계들이 세련되기까지는 더 많은 시간이 필요할 것이다.

그때 벤더스를 비롯한 영화 제작자들이 주목한 것은 화상을 구성하는 최소단위인 화소를 이리저리 움직여 보는 것이었다. 영상을 화소 차원으로 분해함으로써, 즉 작업의 정밀도를 올림으로써 창조적 자유를 증대시킨다. 그 정밀한 작업을 가능하게 한 것이 디지털 편집과 하이비전이라는 기술이었다는 말이다.

이로써 편집실에 출연한 화가들이 베르메르, 모네, 쇠라였던 것도 납득이 가는 부분이다. 베르메르의 빛의 입자가 모이거나 확산하는 화면, 색소 조합의 차이로 아침과 저녁을 묘사한 모네의 풍경, 나아가 색채 과학을 점묘의 방법으로 추구한 쇠라, 이들 화가의 작품상의 공통점은 하나 같이 '입자'로 구성되어 있다는 점일 것이다.

그러므로 벤더스는 화소 단위 처리라는 작업을 통해 거기에서 부각되는 필름 편집과는 다른 종류의 자율성이 우리가 꾸는 꿈의 자율성과 유사하다고 생각했을 것이다.

필름도 은의 입자나 색소로 이루어져 있으나 입자 단위에 대한 조절이 실질적으로 불가능한 이상 이러한 생각은 화소단위의 조작이 가능한 디지털 처리에서 나오는 것이다. 그리하여 꿈의 자유로움, 속도와 그 유동성을 화소 단위의 처리로 표현할 수 있었던 것이다. 더 나아가 꿈도 화소로 이루어져 있다고 말하고 싶었는지 모른다.

수피화(호주 포트 키츠, Port Keats)(1959, 50×32.4㎝)

새, 날아다니는 여우, 박쥐, 무지개뱀 등의 드리밍이 뒤섞인 토템 지도. 1930년대에서 50
년대에 걸쳐 포트 키츠(Port Keats) 애버리진의 의례를 조사한 스테이너(W. E. Stainer)는
그들의 의식(儀式)에 대해 다음과 같이 밝혔다. "무린파타(Murrinh-Patha) 의식에 참가한
사람들은 어떤 패턴을 구성한다. 이 공간 패턴에는 몇 가지 기하학적인 도형, 예를 들면
원, 호, 타원, 점, 직선, 곡선 등이 포함된다. 각각의 의식은 이들 기본 도형의 다른 조합으
로 이루어진다. 의식(儀式)을 잠시 멈추었을 때 조합된 것들은 간결한 아름다움을 제공
하다가도 움직임이 활발해지면 그것은 약동하는 생명력을 선사한다. 어느 쪽의 경우라
도 그것은 동적인 대칭과 비대칭을 동반한다." 대칭과 비대칭의 긴장을 낳는 아름다움을
이 그림이 잘 드러내고 있다.

드리밍─호주원주민의 신화세계

꿈의 영상화를 시도할 실험 장소를 호주 중부의 사막지대로 설정한

것은 〈길의 왕(Im Lauf der Zeit)〉(1975), 〈사물의 상태(Der Stand der

Dinge)〉(1981), 〈파리 텍사스(Paris, Texas)〉(1984)에서 알 수 있듯이 '주변' 혹은 '주변성'을 탐구하며 영화를 제작해온 벤더스의 직감뿐 아니라 애버리진(Aborigine)이라 불리는 호주원주민의 세계에 매료된 탓도 있을 것이다. 드리밍(The Dreaming) 혹은 드림타임(Dreamtime)이라 불리는 호주원주민의 특이한 신화세계에, 같은 독일인이자 벤더스와 동시대 영화감독인 베르너 헤르초크(Werner Herzog)가 〈녹색 개미가 꿈꾸는 곳(Wo die grünen Ameisen träumen)〉(1984)이라는 불가사의한 타이틀의 작품에서 접근을 시도한 바 있다. 벤더스가 꿈을 사유하기에 이보다 더 나은 장소는 없다.

대략 4만 년 전부터 호주대륙에 살기 시작한 이 사람들은 '피그미'의 경우처럼 많은 그룹으로 나뉘어 있어서 자신들을 '애버리진'이라 총칭하는 일은 없다. 수렵과 채집을 바탕으로 한 경제와 의례를 함께하는 최소단위의 그룹이 어떤 일정한 방식으로 그들에게 '주어진' 지역에 살고 있고, 그룹은 그 지역을 계절의 흐름에 맞춰 유목한다. '피그미'의 경우와 마찬가지로 그것은 방랑이 아닌 자원 확보와 의례에의 참가에 바탕을 둔 규칙적인 이동이다. 사회적 구성은 혈족을 중심으로 이루어져 있고 그로부터 권리와 의무가 파생하는데 이는 나중에 다룰 그들의 예술과도 상관관계를 맺고 있다.

눈 덮인 고원에서 해안 지대, 열대우림, 스텝(steppe), 사막 등 그들이 거주하는 자연환경과 다름없이 언어를 비롯한 그 문화에는 다양성이 존재한다. 또 대륙 중부의 서부 사막지대처럼 수천 평방 마일에 걸친 광대한 공간에서 같은 언어를 공유하는 경우도 있다.

음악과 춤을 포함하여 애버리진의 예술은 그들의 신화세계의 일부로서 다양한 의례와 깊은 관계가 있다. 그것이 드리밍 혹은 드림타임이라 영역(英譯)된 신화세계인데 이는 우리가 수면 중에 경험하는 이미지와 다르다. 드리밍은 우선 그들의 선조다. 물론 유전적인 의미의 그런 것과는 거리가 멀다. 상어, 꿀 개미(Honeypot Ant), 캥거루, 에뮤(emu) 등 엄청나게 많은 수의 드리밍이 그들의 선조인 것이다. 그것은 과거에 있었던 위대한 무엇이 아니라 인간과 더불어 현재 살아 있어서 태어나기도 하고 때로는 죽기도 하는 존재다.

수피화(호주 아넘랜드[Arnhem Land])(1949, 66×38㎝)
나무껍질에 황토로 그린 인물인데 성적인 흥분상태에 빠진 사람을 묘사한 것으로 추정하고 있다. 애버리진의 몸 이미지에는 이처럼 성적인 상징들이 빈번하게 등장한다. 가시 나무의 가시가 전신을 자극하고 있는 것처럼도 보인다. 가시는 안구로 뻗어있고 발기한 남근에서도 가시가 돋아나 있다. 몸통과 머리 부분을 그린 방식을 'X선 스타일'이라 부르는데 일종의 투시화법인 이것은 사람뿐 아니라 캥거루나 물고기 등의 동물을 묘사하는 경우에도 애버리진 예술에서는 자주 확인할 수 있는 표현이다. 그것이 여기에서는 사람의 신체가 아닌 신경 혹은 감각 그 자체를 묘사한듯한 인상을 준다.

같은 드리밍을 공유하는 사람들에게 그 특정의 드리밍은 토템으로서의 역할을 담당하고 사람들을 같은 선조 아래로 모이게 한다. 이러한 특정 드리밍은 그 그룹의 정체성이 되고 또 그들과 특정 지역과의 결합을 보증한다. 일반적인 토템과 마찬가지로 그릇된 드리밍을 요구하는 행위는 법을 어기는 것이 된다. 예컨대 허가 없이 특정의 드리밍을 표현하는 행위는 용납되지 않는다.

따라서 그것은 '드림'이라는 말이 의미하는 것처럼 꿈을 꾸는 행위가 아닐뿐더러 꿈의 산물도 아닌 것인데 그럼에도 '드림'이 그에 가장 가까운 표현이다. 제대로 된 번역어를 못 찾았다기보다 오히려 그 세계를 설명하는 데에 왜 우리들의 문화가 '꿈'이라는 유추밖에 하지 못하는가가 문제일 것이다. 어찌 되었든 우선 드리밍을 표현한 얼마간의 구체적인 작품을 보고나서 왜 그런가를 생각해보고자 한다.

꿈의 회로도

애버리진의 문화가 결코 동질의 것이 아니라는 사실은 이미 밝혔는데 그 예술 또한 큰 다양성을 잉태하고 있다. 잘 알려진 추룽가(tjurunga)라 불리는 돌을 비롯하여 바위에 남아 있는 벽화, 나무껍질에 그려진 그림(Bark painting), 조각, 부메랑이나 창, 방패에 새겨진 장식까지 미합중국과 거의 같은 면적에 거주하는 이 사람들의 경탄을 자아내게 하는 풍부한 표현력은 아직 빙산의 일각만이 알려져 있을 따름이다. 더욱이 그것은 미술관에 박제된 과거의 유산이 아닌 광야에서 매일 생산되고 있다.

〈주머니 쥐 드리밍(Dreaming of Opossum)〉, Tim Leura Japaljarri.
호주 파푸냐(Papunya)(1980, 캔버스에 아크릴, 213×701㎝)

이 대작은 붙어 있는 해설에 따르면 중앙에 흐르는 선은 드리밍이 여행을 하는 곡선이고, 동심원은 여행 도중의 휴식 장소며 그 위에 배치된 원호는 바람막이다. 중앙 위쪽의 테두리는 노인의 드리밍이고 아래쪽에는 세 개의 야영지가 보인다. 이 부분은 작품의 왼쪽 절반으로 오른쪽 절반은 죽음의 정령, 태양과 달의 드리밍이 묘사되어 있다.

   그 세계를 처음이자 포괄적으로 소개한 것은 1988년부터 90년에 걸쳐 뉴욕, 시카고, 멜버른을 순회한 전람회 〈드리밍스(Dreamings)〉였다.[9] 여기서는 거기에 소개된 예술 중에서 오늘날 가장 참신한 표현을 제시하고 있는 중앙오스트레일리아의 아크릴회화를 다루고자 한다.

   대륙의 중앙에 있는 울루루(Uluru) 북쪽으로 펼쳐진 건초지대는 고순도의 거대 결정체를 떠올리게 하는 창공과 끝없이 이어진 적갈색 토양의 강렬한 색의 대비로 보는 이를 매혹시킨다. 서부사막지대

---

9) 아크릴회화의 방법이나 제작형태에 관해서는 전람회화집에 수록된 "Dreamings in Acrylic" by C. Anderson & F. Dussart에 자세하게 소개되어 있다. *Dreamings, the art of Aboriginal Austrailia*, edited by Peter Sutton, New York, 1988.

라 불리는 이 공간에는 북쪽에 왈피리(Warlpiri), 북서쪽에 왈마드자리 (Walmadjarri), 중앙과 서쪽에 쿠카트자(Kukatja), 핀투피(Pintupi), 남쪽에 루리트자(Luritja), 동쪽에 아란다(Aranda) 등의 그룹이 살고 있는 데 앞서 밝혔다시피 이곳은 동일 언어를 공유하는 가장 거대한 지역이다.(권말지도 참조)

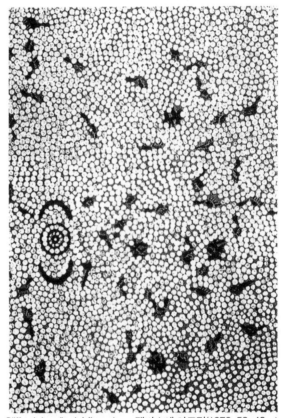

⟨Aralukaja⟩, Clifford Japaljarri, Mbunghara 캔버스에 아크릴(1976, 50×40㎝) 호주의 서부 사막지대의 드리밍상(像)이 종종 지도로 유추되는 까닭은 그것들이 모두 부감(俯瞰)법으로 묘사되어 있기 때문인지도 모른다. 아크릴 회화라고는 하나 역시 대지에서 전개되는 의례 패턴을 본떠 지면에 화포를 깔고 그 위에 점묘를 더했다. 보기에 따라서는 가벼운 물결에 흔들리는 수면의 부초처럼도 느껴지기도 한다.

언어뿐 아니라 생활이나 문화도 공유하는 부분이 큰 것은 서부사막지대의 험한 자연조건이 거의 일정한 데서 비롯되었을 것으로 추측된다. 하지만 벤더스의 영화 속 등장인물들을 포함하여 대부분의 외부인들에게 불모의 땅처럼 보이는 사막에도 많은 식물과 동물을 양육하는 에코시스템은 존재하고 있고 그 시스템에 누구보다 정통하고 그 속에서 강인한 삶을 이어가고 있는 이들이 앞의 그룹들이다.

애버리진의 회화로서 대중적인 것은 가령 나무껍질에 그려진 캥거루나 악어, 물고기 등의 모티브인데 서부사막지대에서 그려지는 그림은 그처럼 구체적인 형상을 거의 담지 않은 순수하게 기하학적인 패턴이 특징을 이룬다. 기본이 되는 것은 격자상에 배치된 동심원과 그것들을 잇는 선분이다. 이 패턴을 여러 방향과 각도에서 반복하여 완성시키는 일종의 회로도가 거기에 사는 사람과 토지와 드리밍을 연결짓는다. 격자 패턴은 동굴 벽화에서도 발견할 수 있는 이 지역 애버리진의 세계를 표현하는 관계도인데 거기에서 드리밍에 관한 다양한 신화가 탄생한다.

토지 소유 등의 여러 권리의 상속은 세습에 따르고 부친을 통해 받는 것을 키르다(Kirda), 모친의 그것은 쿠르둥구를루(Kurdungurlu)라 부른다. 양자는 공동체 생활 속에서 드리밍에의 의무를 다함과 동시에 각종 의례에 맞춰 상호보완적인 역할을 담당한다. 양자의 역할은 어떤 특정한 상(像)을 묘사할 때에도 적용되고 드리밍의 모티브는 그것을 가장 잘 알고 있는 키르다가 결정하고 감독한다.

꿈의 화소―호주원주민의 경우

1970년대 초기에 이 지역 애버리진의 세계에 일종의 '뉴미디어 혁명'이 일어난다. 파푸냐(Papunya)라는 작은 마을에 회화를 가르치러온 백인교사가 아크릴 그림도구와 캔버스의 사용방법을 배우게 한 것이다. 마을에는 사막 동쪽에서 온 몇몇 다른 그룹이 섞여 있었는데 그 아이들을 상대로 아크릴 그림도구로 바위의 벽화를 모사하는 교실을 열었는데 그것이 어른들에게로 번져갔다. 그때까지 신체나 의례을 위한 도구나 지면 그리고 벽에 그린 것들과 기본적으로 비슷한 모티브를 아크릴 그림도구를 이용하여 캔버스 위에 그린 것이다.

호주 서부의 〈깁슨 사막(Gibson Desert)〉

지표조사위성이 상공 830km에서 찍은 위성사진. 불모의 땅이라 생각하기 십상인 사막의 지표도 식생의 종류와 밀도에 따라 분명한 패턴을 이루고 있음을 알 수 있다. 어두운 부분은 관목이 불탄 자리이고 흰 부분은 사막이다.

1971년부터 2년에 걸쳐 마을은 일종의 그림열기에 사로잡히게 되어 그 해에만 600장 정도의 그림이 완성되어 나중에 앨리스 스프링스(Alice Springs)에 있는 아트센터로 옮겨졌다. 이때 그림에 쓰인 방법은 동심원과 그것을 잇는 경로라는 패턴이 남기는 하지만, 현저한 특징은 도팅(dotting)이라 불리는 일종의 점묘법으로 나무 축 끝에 안료를 묻혀 표면에 색색의 점을 찍어나가는 방법이다. 점으로 묘사하는 방법은 오래전부터 쓰이고 있었는데 아크릴 그림도구를 전혀 사용한 적이 없는 사람들이 채 1년도 되지 않는 짧은 기간에 도팅 기법으로 누구도 본적이 없는 색채를 탄생시킨 것은 경탄할 만하다.

아크릴 회화에서도 제작스타일은 비슷하여 가장 중요한 특징인 드리밍을 결정하고 그 모티브를 지도하는 권리는 키르다에게 있다. 다른 의례에서와 마찬가지로 종종 쿠르둥구를루가 그것을 보완한다. 보통 키르다가 그림을 그리고 다른 그룹의 여러 구성원이 바탕을 채워가는 방식을 취한다.

점을 묘사하는 데에도 몇 가지 패턴이 있는데 왈피리 사람들에 따르면 쭉 뻗은 점의 나열을 보행 패턴, 휘어 있는 점의 행렬은 부메랑의 비행, 방사상의 점은 동물을 찾을 때 굴에서 굴로 옮겨가는 움직임에 대응한다고 한다. 이 사실은 그들의 점묘가 시각적인 효과보다는 신체감각에 바탕을 두고 있음을 시사한다. 잊지 말아야 할 점은 드리밍의 상(像)에 대한 그들의 평가 기준이 아름다운가의 여부에 있지 않고 '힘'이 있는가 없는가에 있다는 사실이다.

70년대 초반에 아크릴 회화를 그리게 한 미술교사의 한 사람인 제프 바든(Geoff Bardon)은 핀투피 사람들이 드리밍상(像)을 대하는 태도는 시각적이지 않고 촉각적이었다고 한다. 그리고 그는 백인과 접촉하기 이전의 애버리진들이 어쩌면 그들의 예술을 시각이 아닌 촉각으로 완성했음에 틀림없다고 생각한다.

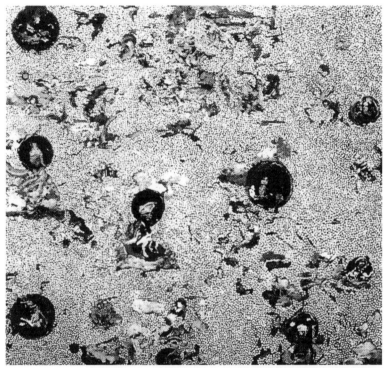

〈Little Big Horn〉, Tim Johnson(1989, 캔버스에 아크릴, 179×250㎝)

점묘란 꿈의 기법이다. 서부 사막지대의 점묘법 말고도 넓게는 아시아의 불교예술에도 영향을 받은 존슨에게 지리적 격차는 존재하지 않는다. 작품 제목은 아메리카 원주민의 토지를 시사하고 있으나 '호주'나 '아시아'도 더불어 수면을 꽉 채운 부초처럼 유동하는 점묘 속에 용해되어 있다. 꿈 속에서의 이동감각을 떠올리면 쉽게 이해할 수 있을지도 모른다. 존슨의 회화는, 그 기법을 회독(會讀)한 자만이 부릴 수 있는 염력상태를 모색하는 것이라 볼 수 있다.

속건성 때문에 얼마든지 겹칠할 수 있는 아크릴 그림 도구와 평면성이 뛰어난 캔버스가 애버리진들에게 미친 영향은 보다 세밀한 패턴을 가능케 한 복잡한 작업과 보다 폭넓은 색의 선택이었다고 할 수 있다. 그렇게 구현된 도트를 드리밍의 상(像)을 구성하는 화소라고 치면 그것이 디지털 하이비전이 벤더스에게 미친 영향과 유사한 관계에 있는 것이 아닌가 하는 추측을 하게 된다.

아크릴회화로 드리밍상(像)은 확실히 촉각적인 것에서 망막적인 것으로 변모했는데(그리고 거기에는 동시대의 세계 미술을 지향한 표현 영역이 있음을 놓치지 말아야 한다) 드리밍의 세계가 갖고 있는 유동성 또한 확대되었다. 예를 들어 미니멀 아트를 추구해온 백인이면서 드리밍의 세계에 매료되어 서부사막 지대에서 애버리진과 더불어 아크릴 회화의 공동제작을 꾸리고 있는 팀 존슨(Tim Johnson)은 도팅과 전자화상의 화소 사이에 어떤 유사성을 인정한다. 존슨은 그 지역 키르다의 허가를 얻어 도팅 기술을 자신의 작품에 응용하고 있는데 그 이유 중 하나는 도팅으로 화면의 가능성과 유동성이 확대되어 서로 관계가 없는 다른 차원의 대상을 한 화면에 집어 넣을 수 있기 때문이라고 한다.[10] 드리밍과 화소 꿈과 시각의 관계를 이해하는 열쇠는 가능성과 유동성에 있는 것이 아닐까 한다.

변신의 땅으로

어쩌면 우리가 드리밍이라는 세계를 이해하는 데 가장 좋은 개념은 '꿈'보다는 '변신'일 것이다. 갖가지 드리밍 토템에서 알 수 있듯이 캥거루 드리밍은 캥거루임과 동시에 인간이고 에뮤 드리밍은 에뮤임과 동시에 인간이며 동물뿐 아니라 식물, 바람, 비, 구름 등의 드리밍도 마찬가지로

---

10) Tim Johnson interviewed by N. Zurbrugg in *Art News*, Sydney, 1990.

겹존재다. 애버리진의 선조에게는 인간과 동물, 식물, 광물과의 사이에 벽이 없는 것이다.

이러한 세계의 본질을 변신이라는 개념으로 기술한 이가 엘리아스 카네티(Elias Canetti)였다. 『군중과 권력(Mass und macht)』의 중심개념 중 하나인 '변신'에 커다란 영향을 미친 것이 역시 서부사막 지대에 사는 아란다족의 의례와 신화임은 잘 알려진 사실이다. 카네티는 애버리진 선조의 본질을 다음과 같이 정리했다.

"이들의 선조가 변신의 산물 외에 어떤 존재도 아닌 것은 명백한 사실이다. 몇번이고 캥거루처럼 보이기도 하고 느끼기도 하는 일에 성공한 사람들은 캥거루 토템이 되었다. 이러한 변신은 여러 차례 연습되고 이용되어 왔는데 일종의 재산 같은 성격을 띠었고, 신화의 드라마틱한 표현에 의해 대대로 전해져 온 것이다. 〔중략〕 변신의 커다란 즐거움, 시간이 지남에 따라 획득된 독특한 중후함, 새로운 세대에게 전해지는 귀중함은 변신이 실천되는 의례의 신성함 속에 표현되었다. 〔중략〕 중요한 전승으로서 또 토템으로서 어떤 사람들과 캥거루들 사이에 존재하는 관계를 나타내는 변신은, 그들의 숫자와도 관련을 맺고 있었다. 캥거루의 수는 항상 사람 수보다 많았고 또 캥거루는 사람들과 연결되어 있었기 때문에 사람들은 캥거루의 증식을 바랬다."[11]

갖가지 드리밍상은, 변신이 실제로 이루어지는 세계를 묘사하는 것이다. 변신이란 그들의 '기본재산'이자 '신성한 도구'이며 '어떤 특정한 말을

---

11) カネッティ 前掲書, 150쪽 〈변신〉 참조.

구성하는 언어의 보고'인 것이다. 그 예술이 촉각적이었다고 추측하는 것은 변신이 피부감각에서 비롯되기 때문이다. 드리밍이란 자유롭게 변신할 수 있는 선조 혹은 변신능력 그 자체인 것은 아닐까.

인간은 비이기도 하고 물의 흐름이기도 하며 멀리 있는 언덕이면서 떠다니는 구름이기도 한 동시에 부리나케 달려가는 캥거루요 식용 유충이다. 그것은 마치 인간의 피부가 고스란히 토지 전체에 겹쳐있는 것이나 다름없는 상태다. 전체가 한 장의 피부로 연결되어 있어서 그 속의 어떤 점이 각성하거나 흥분하는 세계. 드리밍상(像)의 화소는 인간의 피부에 있는 '통점'이나 '온점(溫點)'처럼 변신하는 존재의 피부감각을 구성하는 인자인지도 모른다. 화소의 양은 카네티가 지적하듯이 어쩌면 증식과 밀접한 관계가 있을 것이다.

어쨌든 그러한 변신 능력을 잃어버린 지 오래인 우리에게 마지막으로 남아 있는 영역, 변신의 최종 자유구역은 꿈이다. 드리밍=꿈이라는 유추가 쓰일 수밖에 없었던 것은 우연이 아니리라. 그리고 우리의 최종적인 변신 시도인 그 꿈의 영역조차 다양한 분석 도구를 통한 관리 하에 놓여 있는 것이 현재 우리가 처한 상황이다. 아마도 르 클레지오(Jean-Marie Gustave Le Clézio)가 『멕시코의 꿈(Le Rêve mexicain ou la pensée interrompue)』(1988)에서 그린 바 있듯이 꿈의 영역이 지배되고 변신이 금지되었을 때 아마도 우리는 다시 절멸하게 될 것이다.

따라서 우리가 다시 한 번 변신능력을 회복할 수 있기를 바라는 일은 상상할 수 없을 만큼 험난한 것이겠지만 드리밍이 적어도 20세기 말인 오늘날에도 머나먼 사막 한 가운데서 건강하게 살아 있음을 하나의 기적으로 받아들여 감사해야 한다고 생각한다.

드림머신

죽음의 해협 지브롤터(Gibraltar)

르 몽드(Le Monde) 지 일면에 실린 위의 표제어를 읽다가 시대적 혼동을 경험한 이들이 적지 않을 터이다. 지브롤터 하면 뭐니 뭐니 해도 잠수함과 레이더의 숨 막히는 싸움이 펼쳐진 2차 대전 당시의 전장이다. 지난 반세기 동안 지중해의 지정학적 가치는 축소되었고 새로운 긴장의 시대가 시작되었다 하더라도 지브롤터가 일면 기사를 장식할만한 상세(狀勢)는 아니다.

그러나 기사 내용은 전쟁 회고록과는 거리가 멀었다.

'수천 명의 아프리카 사람들이 죽음을 무릅쓰고 밀항하다.'

맑은 날에는 지브롤터의 바위산 위에서도 아프리카 대륙이 한 눈에 들어온다. 모로코 탕헤르(Tangier) 근처에서 밀항자를 태운 배가 어둠을 헤치고 유럽을 향한다는 것이다. 기사에 따르면 밀항에 드는 비용은 일인당 15만 엔 정도라고 한다. 해협을 왕복하는 일반 연락선의 요금을 생각하면 터무니없는 금액이다.

밀입국 희망자를 태운 배는 심야 탕헤르 해안을 숨죽이듯 벗어난다. 한 번에 건너는 인원수는 열 명 전후다. 3개월에 한 번이라도 마약 밀수 등의 수입보다는 월등하게 높은 수입이 보장된다고 봐야한다. 3시간 정도면 지브롤터나 스페인의 알헤시라스(Algeciras) 해안에 도착한다는 계산인데 해협의 파도가 의외로 거칠다. 그로 인해 전복사고가 줄을 잇는 상황이다. 심야라는 시간적 조건에 더해 희생자 수는 최근 수년 동안에만 이미 400명을 웃도는 상황이다. 이에 대해 스페인, 모로코, 영국의 각

정부는 해협에 대한 경계를 강화하고 있으나 죽음을 무릅쓴 밀항자들의 행렬은 끝이 없다고 한다.

탕헤르의 이방인들

지브롤터 해협을 바라보는 탕헤르는 유럽 쪽에서 보면 이국정서에의 현관이지만 밀항자들에게는 아프리카의 막다른 골목인 셈이다. 오리엔탈리즘과 식민지시대의 향수가 퇴적층을 이루고 밀항자의 못 다 이룬 꿈과 여행자의 욕망이 뒤엉켜 있는 판에 시로코(sirocco)라 불리는 강한 바람에 휩쓸리고 있다.

유럽에서 가장 가까운 식민지로, 또 두 바다를 끼고 있는 도시로서 탕헤르는 세계사적으로 15세기에서 17세기에 걸쳐 포르투갈, 스페인, 영국이 패권을 경합한 역사를 충실히 반영해왔다. 1956년에 모로코가 독립한 때에도 15만 명의 인구 중 약 3분의 1이 외국인이었다는 것을 보면 이름 그대로 국제도시였음에 틀림없다.

1867년 마크 트웨인(Mark Twain)은 탕헤르에서 천국을 발견했노라고 친구에게 편지를 보냈다. 메디나(Medina)의 유동하는 색을 유심히 관찰한 들라크루아(Eugene Delacroix)나 마티스를 비롯한 이 지역만의 독특한 빛의 질감에 매료된 미술인과 거트루드 스타인(Gertrude Stein), 폴 모랑(Paul Morand), 사무엘 베케트(Samuel Beckett), 트루먼 카포트(Truman Garcia Capote), 테네시 윌리엄스(Tennessee Williams), 장 주네(Jean Genet), 파솔리니(Pier Paolo Pasolini), 세실 비튼(Cecil Walter Hardy Beaton) 등의 무수한 작가 및 예술가들이 적게는 한 번 많게는 여러 차례 다녀갔다. 이들의 상상력의 계보를 보면 탕헤르가 뉴욕이나 파리와 다른 현대문화의 생경한 공간이었

음을 알 수 있다. 각별한 아름다움이 있는 것도 아닌 그저 평범한 항구도

시일 따름인 이곳의 무엇이 그들을 끌어당긴 것일까.

탕헤르에 오랫동안 살고 있는 폴 바울즈(Paul Frederic Bowles)는 최근

'제눈(Jenounes)'이라 불리는 정령에 대해 다음과 같은 기묘한 말을 했다.

"문제는 탕헤르의 어디에서 제눈을 만나는가에 있다. 경찰들과의 비

공식적인 대화에서는 이 생물을 시내 반경 20㎞ 이내에서 발견하는 일

은 불가능하다는 것이었다. 그도 그럴 것이 제눈은 철을 싫어하는 까닭

에 자동차가 있는 곳에는 나타나지 않을 것이라는 점이다. 탕헤르도 최

근에는 차량이 늘어나고 있고 석공들 중에는 제눈을 경계하느라 건물 벽

에 철심을 박는 자들까지 나타나는 형편이라고 한다. 따라서 누가 뭐라

하든 시내에서 제눈을 발견하는 일은 불가능하다. 하지만 시골 출신의

가정부들은 하수관에 숨어서 살고 있을 제눈을 염려하여 뜨거운 물을 쓰

려고 하지 않는다. 이는 충분히 이해할 수 있는 부분이다. 그들이 살았던

시골에서는 제눈이 어디에든 살고 있고 이들은 언제든지 동물뿐 아니라

인간으로 변신할 수 있다는 믿음을 갖고 있기 때문이다. 이러한 제눈의

힘을 두려워 하는 까닭에 이곳 사람들은 외부인을 수상한 눈으로 보는

것 같다."[12]

그런데 앞서 나온 마크 트웨인은 친구에게 편지를 쓴 다음날 한시라

도 빨리 지옥에서 벗어나야겠다고 썼다. 어떤 이는 그곳의 정령 제눈의

인도를 받고 또 어떤 이는 그곳에서 쫓겨나는 수모를 겪은 것으로 이해

---

12) *Tanger: vues choisies*, textes de Paul Bowles Photograohies de J. Gasteli, Paris, 1922.

할 수 있을까. 하여간 정령의 인도를 받은 최초의 인물이 폴 바울즈 자신이고 사막에서 얻은 영감으로 소설 『쉘터링 스카이(The Sheltering Sky)』(1949)를 완성할 수 있었을 것이다.

브리온 기신

보울즈 이후 60년대 하위문화의 어떤 부분을 더듬어 가다보면 음악이나 문학 등의 다른 선이 탕헤르에서 연결고리를 맺는다. 특히 알렌 긴즈버그(Irwin Allen Ginsberg), 윌리엄 버러즈(william burroughs) 등의 비트 세대(Beat generation) 작가들 그리고 그들에게 직접적인 영향을 받은 록 뮤지션들 사이에서 탕헤르라는 이름은 일종의 주술처럼 번져갔다.

이러한 탕헤르에서의 이방인 문화사를 엮는다면 그것은 곧 20세기 후반의 시와 록, 약물 문화(Drug subcultures)의 목록을 만드는 격이 될 것이다. 그리고 그 중 한 장은 시각예술에서 시와 음악의 영역을 경쾌하게 횡단한 한 명의 특이한 예술가 브리온 기신(Brion Gysin)을 위해 할애해야 할 것이다.

영국 태생으로 스위스인 아버지와 캐나다인 어머니를 둔 그는 미국으로 귀화한 직후 프랑스로 건너갔다. 파리에서 생애를 마칠 때까지 끊임없는 여행 속에 산 이 작가의 삶을 무엇이라 규정할 수 있을까. 폴 바울즈에게 이끌려 탕헤르에 머무른 유목민으로서, 탕헤르의 악단 '자주카(Jajouka 혹은 Zahjouka)'에 매혹되어 그 음악을 들을 목적으로 '천일야(The 1001 Nights)'라는 레스토랑을 연 술탄(Sultan)으로서, 윌리엄 버러즈와 비트호텔(Beat Hotel)을 꾸린 작가로서, 스티브 레이시(Steve Lacy) 등과 프리 재즈(free jazz)를 위한 실험을 전개한 음악가로서, 〈꿈 기계

(Dreamachine)〉, 〈마지막 박물관(The Last Museum)〉(1985)이라 이름붙인 작품들을 통해 사유예술에 대해 '아니'라고 부르짖은 작가로서 브리온 기신은 항상 복수형으로 회자되어 왔다.

탕헤르에서의 생활이 기신의 예술에 미친 영향은 긴즈버그나 버러즈의 그것보다 훨씬 본질적인 것이었다. 그가 바울즈에 이끌려 탕헤르에 들어간 것이 1950년이다. 그 후 20년 이상을 모로코에서 보내게 되는데 그 동안 기신은 아랍의 캘리그라피(Calligraphy)를 익히고 해시시(hashish)의 대마초 연기와 자주카 음악에 뒤덮여 동성애적 감성을 따라가는 한편 아랍의 문학과 음악세계에 몸을 맡겼다.

10년 후 파리에 나타난 기신은 사막에서 얻은 상상력을 온몸으로 드러낸다. 윌리엄 버러즈라는 정신적 혈연이나 다름없는 영혼과의 만남은 마치 탕헤르에서 저장한 아랍문화의 연료탱크에 불꽃을 떨어뜨리기라도 한 것처럼 기신을 단번에 내적인 혁명으로 치닫게 했다.

그 중 뭐니 뭐니 해도 버러즈와 비트호텔에서 개시한 '커트 업(Cut-up technique)'을 들 수 있다. 영상의 단편을 전후의 맥락을 무시하고 닥치는 대로 조합해 만드는 사진이나 영화에서 출발한 '커트 업'은 인쇄물에서 잘라낸 문장을 역시 같은 방식으로 시에 응용하여 버러즈와의 공저 『제 3의 마음(The Third Mind)』(1978)로 발전시킨다.

60년에 발표된 〈I Am That I Am〉은 '나', '그것', '나'라는 세 단어의 조합이 길게 반복 되는 장시로 맨 먼저 BBC에 방송되어 커다란 충격을 주었다. 지금은 현대의 고전이라고까지 일컬어지는 이 시에는 같은 선율을 반복함으로써 도취에 이르는 자주카로 대표되는 음악의 영향을 느낄 수 있다.

눈을 감고 보는 최초의 예술작품

"1958년 12월 21일. 오늘 나는 마르세이유행 버스 속에서 색채의 초월적 경험에 엄습 당했다. 그때 버스는 가로수가 늘어선 긴 대로를 달리고 있었고 나는 석양 쪽으로 얼굴을 돌린 채 눈을 감고 있었다. 눈꺼풀에 강렬한 색의 홍수가 들이닥친 것은 그때였다. 그것은 외부 공간을 뚫고 온 다차원의 만화경 같은 것이었다. 나는 시간의 바깥으로 빨려나갔다. 그곳은 무량수의 세계였다. 하지만 그 상황은 가로수 길이 끝나자마자 멈추고 말았다. 도대체 무엇을 본 것인지 무슨 일이 있었던 것인지 뒤통수를 맞은 것 같았다."[13]

그가 이 때 겪은 체험의 의미를 이해한 것은 그로부터 2년 뒤의 일인데 그레이 월터(William Grey Walter) 박사가 쓴 『살아있는 뇌(The Living Brain)』(1953)를 읽고 있을 때였다. 책을 건넨 이는 버러즈였다고 한다. 기신은 이 책을 통해 스트로보스코프 효과(Stroboscopic effect)를 알게 되었다. 때마침 월터의 책을 읽은 이안 소머빌(Ian Sommerville)이 명멸(flicker) 기능이 있는 기계를 고안하여 기신에게 그 개요를 적어 보냈다. 마르세이유에서의 경험을 잊을 수 없었던 기신은 소머빌의 아이디어를 즉각 시도해 보았다. 결과는 놀라웠다.

이런 과정에서 1960년 〈드림머신〉이라 불리는 작품이 탄생한다. 기계는 높이 1미터, 직경 30센티미터 정도의 종이 원통으로 주위에 구멍을

---

13) 기신의 생애와 예술에 대한 간결한 소개로는 갤러리 프랑스 발행의 카탈로그에 깔끔하게 정리되어 있다. 또 탕헤르에서 비트호텔에 이르는 예술 전반에 관해서는 그와 관계된 다른 예술가들의 증언이나 기신과 버러즈의 강연 및 에세이 등을 포함한, 1975년 제네바에서 열린 심포지엄 기록에 상세하게 나와 있다.

뚫은 것이다. 이 원통을 분당 78번 회전하는 턴테이블에 올리고 그 속에 100와트짜리 백열등을 넣는다. 조금 큰 등롱을 떠올리면 이해가 빠를 것이다. 기계 앞에 앉으면 구멍으로 새어나오는 빛 때문에 자연스레 눈을 감게 된다.

그것은 갑작스레 찾아온다. 얼굴을 빛 쪽으로 향하고 조금 있으면 빛의 깜박거림이 파도로 바뀐다. 연속되는 빛의 명멸이 어떤 리듬을 탄 파도처럼 느껴지는 것이다. 소머빌과 기신은 원통의 구멍과 턴테이블의 회전을 명멸이 있는 하나의 싸이클이 되도록 다시 말해 어떤 뇌파와 일치하도록 계산했다. 일종의 환각장치인 셈이다. 통에 얼굴을 가져다 대거나 빛이 닿는 각도를 바꾸면 눈꺼풀 안쪽으로 거의 무한에 가까운 다양한 패턴이 나타난다.

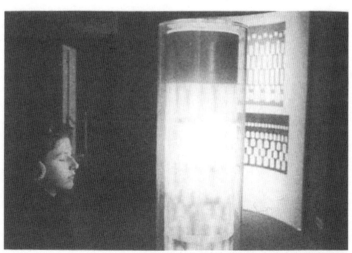

〈드림머신〉 '기신 회고전'에 마련된 장치(1993)

눈을 감고 있어 거리감이 사라진 세계에서 솟아오르는 비물질의 조
각이다. '눈을 감고 보는 최초의 예술작품'이라는 부제에서도 알 수 있
듯이 기신은 공간 속에 존재하는 작품이 아닌 그것을 '보는' 사람 자신
의 내부에 출현하여 자신의 내부 세계를 탐색하게 하기 위한 장치로 고
안한 것이다.

기신은 〈어떻게 자신의 기계를 만들 것인가〉라는 에세이에서 다음과
같이 말한다.

"이것은 회화를 비롯한 예술작품의 전면적 방기이자 자신의 뇌 속에
자리 잡은 세계와 직접 대치하는 것이다. 관객은 외부로부터의 자극으
로 인해 끊임없이 변용하는, 스스로의 거대한 정신적 저수지에 뛰어들
면 된다."[14]

드림머신은 누구나 만들 수 있는 비사유(非私有)적인 예술로 소리 소
문 없이 그러나 널리 퍼져나갔다. 그것은 라이트 쇼나 록음악을 이끌어
가는 한편 6년 후 샌프란시스코에서 열린 환각 페스티발(trip festival)
로 성장하여 사이키델릭 문화(Psychedelic culture)의 발단이 되었다.
또 로리 앤더슨(Laurie Anderson), 데릭 저먼(Michael Derek Elworthy

---

14) 기신은 1975년 르메르(Gérard- Georges Lemaire)와의 인터뷰에서 이렇게 답변했다. "르메
르: (드림머신의)연구로 옵 아트(Optical Art)로 방향을 바꾼 것입니까. 기신: 아니오. 우리
는 거기에서 어떤 경계를 넘어버렸습니다. 첫째 드림머신은 키네틱 아트(Kinetic Art)의 종
언을 고한 것이었습니다. 그것은 세계 최초의 눈을 감고 보는 예술작품이었지요. (중략)
그것은 자기 자신을 보다 잘 알고 색채로 이루어진 언어를 발견하기 위한 장치였습니다.
그 때문에 버로즈가 『부드러운 기계(The Soft Machine)』(1961, 버로즈의 소설- 역자)에서
빨강과 파랑, 녹색 등에 대한 천착을 한 것입니다."(Le colloque de Tanger, op. cit. p.308).
이와 더불어 회전 속도계(stroboscope) 등의 장치에 관해서는 伊藤俊治의 앞의 책 『機械
美術論』을 참조.

Jarman), 제임스 터렐(James Turrell) 등 미디어아트와 비디오아트 작가들에게 무한한 상상력의 원천으로서 빛을 발하고 있다.

생각건대 오늘날 우리가 직면하고 있는 예술의 비물질화의 가장 세련된 형태가 〈드림머신〉이었다고 할 수 있지 않을까. 이 사막의 환시자가 본질적으로 눈에 보이지 않는 것을 동경하고 있었음은 기신 당사자 뿐 아니라 그의 수많은 친구들이 증언한 바 있다.

"그는 굴뚝에서 연기가 빠져나가듯 이 세상을 떠났다."

기신 본인이 즐겨 쓴 표현처럼 그는 86년 파리에서 새로운 여행에 나섰다. 그의 신체는 한 줌의 재가 되어 바울즈를 비롯한 친구들에 의해 탕헤르의 수면 위로 뿌려졌다.

우리도 슬슬 눈을 감을 때가 된 것 같다.

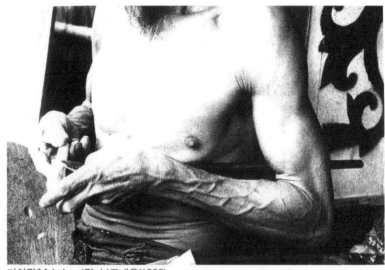

마하캄(Mahakam)강, 보르네오(1990)

손가락의 교차

막스 에른스트(Max Ernst)의 1923년 작품에 〈최초의 언어(At the First Clear Word)〉라는 타이틀의 기묘한 그림이 있다. 다갈색 벽에 두 개의 크고 작은 사각의 창이 나 있고 손 하나가 큰 창 쪽에서 이쪽으로 나와 있다. 엄지손가락의 위치로 보아 오른손이고 또 곱게 뻗은 마디와 옅은 색칠을 한 손톱에서 여성임을 짐작케 한다.

이 손에는 빨간 공이 하나 있는데 그 집고 있는 방식이 실로 묘하다. 검지와 중지를 교차하여 공을 집고 있는 것이다. 실제로 해보면 알 수 있듯이 이 정도 크기의 공을 이런 식으로 집는 일은 쉽지 않다. 검지가 상당히 길지 않으면 손가락과 손가락 끝에 필요한 만큼의 간격을 벌릴 수 없는 것이다. 그야말로 뱀어 같은 손가락이 아니고서는 도저히 할 수 없는 재주다.

공에는 실이 달려 있고 벽에 박힌 두 개의 못에 걸려 있는데 실의 다른 한 쪽 끝은 벽을 기어오르는 녹색의 곤충 같은 것의 꼬리로 이어져 있다. 벽의 이쪽과 저쪽에 식물이 한그루씩 있는데 가지는 없고 우듬지에 덩어리처럼 잎이 붙어 있다. 정확히 그 부분이 벽보다 높다. 줄기에는 빨간 공을 닮은듯한 것이 과일처럼 달려 있다.

〈최초의 언어〉, 막스 에른스트(1923)

이 그림이 에른스트의 그림 중에서도 비교적 지명도가 낮은 것은 폴 엘뤼아르(Paul Eluard)의 집 벽에 직접 그려 놓은 까닭이다. 게다가 엘뤼아르가 이사한 뒤 새로운 집주인이 그 그림 위에 벽지를 발라버린 탓에 오랜 동안 그것이 존재하는지조차 알려지지 않았다고 한다. 에른스트가 생을 마감할 무렵 비로소 재발견된 것이다.

그 외에도 벽에는 몇 개의 그림이 더 있는데 〈최초의 언어〉와 쌍벽을 이루는 것으로 지금은 〈박물지〉(1923)라는 제목의 작품이 있다. 새끼를 등에 업은 개미핥기가 벽의 난간 위를 엉금엉금 기어가고 있고 꼬리에 빨간 공을 늘어뜨린 곤충 역시 비슷한 식물의 줄기를 기어오르려 한다. 주위에는 식충식물과 금속 파이프로 만들어진 나무 같은 것들이 공원도 아니고 과수원도 아닌 풍경을 이루고 있다.

두 작품 모두 보통 크기의 방 벽을 덮을 만한 사이즈다. 이런 풍경에 둘러싸여 있던 집 주인은 대체 어떤 기분이 들었을까. 엘뤼아르의 가족들도 이 벽화를 그다지 마음에 들어 하지 않았던 모양으로 새로운 집 주인이 벽지로 덮어버린 것은 어찌 보면 당연한 일이었는지도 모른다. 오히려 벽화가 해체되지 않은 것을 다행으로 여겨야 할 것이다.

촉각의 실험장치

막스 에른스트의 예술적 진수는 1920년에 나왔다. 1921년에는 엘뤼아르와 앙드레 브르통(André Breton)이 〈회화의 피안(絵画の彼岸)〉이라는 제목으로 그때까지의 콜라주 작품을 파리에 소개하는 한편 에른스트는 '쾰른(Köln)의 다다이즘'을 단념하고 파리를 활동의 장으로 삼았다. 1921년 〈셀레베스 섬의 코끼리(The Elephant Celebes)〉, 1922년 〈오이디푸스 왕(Oedipus Rex)〉, 살바도르 달리(Salvador Dali)가 초현실주의의 출발점이라 부른 〈피에타/밤의 혁명(Pietà or Revolution by Night)〉(1923) 등 주요 작품들이 줄을 이었다. 그 이듬해 브르통이 〈초현실주의 선언(Le Manifeste du Surréalisme)〉을 발표하였다. 엘뤼아르의 집 벽에 그려진 그림들은 초현실주의 운동이 폭발하기 전 그의 상상력이 응축된 작품들이라 볼 수 있다.

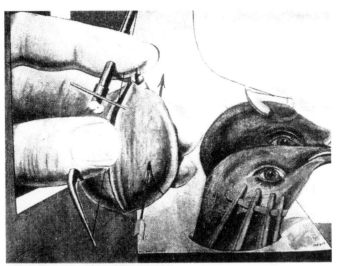

〈오이디푸스 왕〉, 막스 에른스트(1922)

프로이트 꿈 이론의 영향이 짙게 배어나오는 작품〈오이디푸스 왕〉에
서는 벽에 열린 창, 뻗어 나온 손가락, 호두, 실 등으로〈최초의 언어〉와
공통되는 요소를 발견할 수 있다. 에른스트의 작품이 과학이론을 모사한
것이 아님은 두 말할 나위가 없으나 다다이즘에서 초현실주의로 이행하
는 과정에서 심리학의 여러 이론이 중요한 역할을 한 것은 사실이다.

엘뤼아르의 집 벽에 그려진 그림에서 금방 떠올릴 수 있는 것도 역시
심리학적 실험, 그것도 공간감각의 실험이다. 예를 들면 아리스토텔레스
의『자연학 소론집(Pavra Naruralia)』에는 이 그림과 비슷한 실험이 기술
되어 있다. 검지와 중지를 교차시켜 작은 공을 집으면 공이 이중으로 느
껴진다. 또 공 대신에 봉을 집어 문질러 보아도 비슷한 감각을 경험할 수
있다. 거꾸로 두 개의 봉 사이에 손가락을 넣어 문지르면 이번에는 봉이
한 개로 느껴진다.

그렇게 보면 벽 이쪽과 저쪽에 있는 식물은 이 실험에서의 두 개의 봉

에 해당할 것이고 그 줄기에 달린 작은 공은 실험 결과 얻을 수 있는 촉각 감각을 나타내고 있는 것처럼 보인다. 어쨌든 이 실험 내용을 에른스트는 알고 있었을 것이다.

이 실험에 대해서는 에른스트 마흐(Ernst Waldfried Joseph Wenzel Mach)가 『감각의 분석(*Die Analyse der Empfindungen und das Verhältnis des Physischen zum Psychischen*)』(1885)에서 다룬 바 있다. 막스 에른스트가 본 대학 문학부 학생이었을 무렵에 발표된 이 저서는 이미 판을 거듭하여 6판에 이르고 있었다. 아직 화가가 되기 전이었던 에른스트는 이 독일어 원서를 읽었을지도 모른다.

마흐가 이 실험을 인용한 것은, 공간 파악에서는 시각이나 촉각 등 여러 감각이 연합하여 작용한다는 문맥에서였다. 예컨대 자신의 머리를 한바퀴 돌렸을 때 그 자신은 그것을 볼 뿐 아니라 머리를 돌린 것을 느낀다.

"이는 촉각 영역에 시각 영역과 굉장히 유사한 사정이 있음을 방증한다. 객체를 파악하면 촉각은 어떤 신경 발흥과 연동한다. 객체를 볼 경우에는 촉각 감각이 광 감각으로 뒤바뀐다. 피부 감각은 객체와 접촉하지 않더라도 항상 열려있어서 피부 감각에 주의를 기울이기만 하면 그것은 대체하는 신경 발흥과 연동하여 시각적인 경로에서 획득된 표상과 합치하듯 움직이는 신체의 표상까지 파악할 수 있게 한다."[1]

따라서 공이 이중으로 느껴지거나 반대로 봉이 한 개로 느껴지는 것은 마흐에 따르면 단일한 것의 이중시 혹은 이중의 것의 단일시에 해당한

---

1) エルンスト・マッハ, 須藤・廣松訳, 『感覚の分析』法政大学出版局, 1971, 第七章「空間感覚の立入った研究」一一八頁, 一三九頁.

다. 시각 공간, 촉각 공간, 청각 공간 등 다른 공간 감각체계는 각자가 아무리 다른 기능을 담당한다 하더라도 실은 연합하여 운동과 연결되어 있다는 것이 마흐의 견해다.

동시에 이 점에서 마흐는 17세기말에 영국의 철학자 몰리누(William Molyneux)가 제기한 개안자의 인식문제를 둘러싼 논의를 비판한다.

몰리누의 문제계

몰리누가 친구 로크(John Locke)에게 적어 보낸 편지에서의 사고실험, 다시 말해 로크가 그의 『지성론』에서 밝힌 몰리누의 문제(The Molyneux Problem)란 다음과 같은 내용이다.

선천성 맹인이 같은 재질의 금속으로 만든 입방체와 공을 감각으로 식별할 수 있다고 하자. 지금 그 맹인이 갑자기 개안한다고 해서 테이블 위에 놓인 입방체와 공을 만지는 일 없이 방금 획득한 시각만으로 식별할 수 있을까.

몰리누 자신의 대답은 '식별할 수 없다'이다. 왜냐하면 그 맹인은 촉각적 경험은 있으나 그 경험이 시각에서 어떻게 작용할지에 대해서는 모르기 때문이다. 마찬가지로 로크도 부정적으로 대답한다. 또 버클리(George Berkeley)는 이 문제를 거리나 크기 등의 보다 넓은 시야에서 고찰한 후 『시각 신론(An Essay towards a New Theory of Vision)』(1709)에서 역시 부정적인 견해를 나타낸다.[2]

---

2) G・バークリ, 下條・植村・一ノ瀨訳, 『視覚新論』, 勁草書房, 1990. 이 책에는 〈시각론 변명〉에 더해 몰리누 문제계의 포괄적인 고찰(도리이 슈코, 鳥居修晃; 인지심리학자- 역자)와 현대의 시각이론과의 연관선상에서 버클리의 철학을 주도면밀하게 검토한 해설(시모조 신스케, 下條信輔; 인지심리학자- 역자)이 딸렸는데 맹인을 둘러싼 인식론의 전개에서 유익한 시사점이 풍부하다.

몰리누는 문제를 사고실험으로 제기한 것이지만 그로부터 35년 후에 이들 견해를 뒷받침할 만한 수술결과가 보고되었다. 영국의 안과의사 체셀덴(William Cheselden)은 백내장 소년의 개안수술에 성공하여 그것을 1728년『철학초고』에 발표했다. 그에 따르면 당시 13세의 소년이 최초로 눈을 떴을 때 그는 공간에 관한 판단을 할 수 있는 상태가 아닌 "보이는 것 모두가 눈에 접촉되는 듯 했다."

이 보고가 볼테르(Voltaire)에 의해 소개되자 몰리누의 문제는 일약 18세기 철학자들의 관심을 사게 된다. 콩디약(Etienne Bonnot de Condillac)은 『감각론(Traite des sensations)』(1754)에서 몰리누의 문제 제기가 한정적인 것이라 비판하고 버클리가 전개한 고찰의 가치를 인정한다. 또 그때까지의 사변적인 논의에 임상 데이터가 제공됨으로써 맹인의 심리를 실험심리학(experimental psychology)적으로 고찰한 디드로(Denis Diderot)는 체셀덴의 보고에 독자적인 관찰결과를 더해『맹인에 관한 편지(Lettre sur les aveugles à l'usage de ceux qui voient)』(1749)를 썼다.[3]

마흐의 견해는 이 문제들을 음미하면서 특히 몰리누나 체셀덴의 실험이 갖는 의미를 비판하면서도 버클리에서 헬름홀츠(Hermann von Helmholtz)로 이어지는 연합설을 수용하는 한편 맹인이 아니더라도 정확한 시각인식을 하기 위해서는 훈련이 필요하다고 한 점에서 디드로의

---

3) "… 저는 촉각의 모든 장점을 알고 있습니다. 손더슨이나 쥐조(Victor Puiseux)의 맹인을 문제시했을 때도 그 소장의 장점을 덮을 수 없었습니다. 하지만 저는 촉각에 '시각에서 빠뜨릴 수 없을 정도의' 장점이 있음을 인정하지 못했습니다. 어떤 감각의 쓰임새가 다른 감각의 관찰에 의해 완성되고 촉진되는 일은 당연한 것입니다. 그러나 그들 감각 기능 사이에 본질적인 의존관계가 있다고는 결코 생각할 수 없습니다. 눈으로는 느낄 수 없는 어떤 변화의 존재를 알려주는 것은 촉각입니다. 눈은 촉각으로 인해 비로소 그것을 인식하는 것입니다. 이 작용은 상호적입니다. 따라서 촉각보다 예민한 시각을 가진 사람들의 경우 시각이 촉각에게, 사물의 존재나 미세하여 감지하기 어려운 변화의 존재를 알게 해줍니다."(ディドロ著作集 1, 平岡昇訳,『盲人に関する手紙』, 法政大学出版局, 1976, 八九頁)

견해와 닿아있다고 할 수 있다.

몰리누에서 비롯된 이 일련의 논의는 디드로를 제외하면 개안자의 시각을 축으로 전개된 것이다. 버클리에 의해 인식의 근원으로서의 촉각(體性感覺, Somatosensory)이라는 중요한 사유의 결과가 보고되었으나 이들의 풍성한 논의가 역시 시각론에서는 중요할지 몰라도 반드시 촉각론을 전개하는 데 충분한 재료를 제공해주지는 못할 것이다. 디드로의 주장대로 맹인의 심리는 청안자의 그것과 다를 가능성이 있고 청안자의 심리로 맹인의 공간인식을 이해할 수 있을지의 여부 또한 의문이다. 이 점에서 『맹인에 관한 편지』의 주역이나 다름없는 장님의 수학 교수 손더슨(Nicholas Saunderson)은 흥미롭다.[4]

광학십자군의 세기

몰리누의 문제가 나온 17세기에서 18세기의 시대는 한마디로 광학기계의 전성기였다. 몰리누 스스로도 『신굴절광학(Dioptrica Nova, A treatise of dioptricks in two parts)』(1692)을 펴냈고 버클리도, 케플러(Johannes Kepler)나 데카르트(René Descartes) 등 17세기 굴절광학의 성과를 마음껏 활용하면서 논의를 전개했다. 금속으로 만든 입방체와 공이라는 조건을 보아도 문제를 처음부터 광학계 내지는 수학계에 바탕을 두고 다루었음을 알 수 있다.

---

4) "손더슨과 쥐조의 맹인의 공통점은 대기 속에 돌발하는 아주 작은 변화의 영향을 받은 사실, 특히 날씨가 화창할 때 몇 발짝밖에 떨어져 있지 않은 곳의 있는 사물의 존재를 인식한 일입니다. (중략) 따라서 손더슨은 피부로 사물을 본 것입니다. 이 덮개(피부)는 그의 경우 대단히 미묘한 감수성을 띠고 있었던 까닭에 화가가 그의 손바닥 위에 얼굴모양을 그린 것만으로도 친구들 중 누구의 얼굴인지를 알아맞힐 수 있을 만큼 노련했습니다. 다시 말해 연필의 연속적인 자극을 받은 감각으로 그것이 누구누구의 얼굴인지 알아냈을 것이라 확신할 수 있을 정도입니다. (『盲人に関する手紙』, 法政大学出版局, 1976, 七三頁)

사물의 형태는 시각 공간, 촉각 공간 양쪽에 존재하는데 논의된 것은 후자에서 전자로의 번역이 가능한가의 여부로 맹인의 촉각 공간이 어떠한 것인가가 아니다. 거리가 없는 세계 즉 원근법이 없는 세계는 사고할 수 없는 세계라는 뜻일까.

사고 가능한 것이 되게 하려면 거기에 원근법을 도입할 필요가 있다. 가장 단순한 원근법은 두 개의 봉이다. 두 개의 봉을 교차시켜 그 끝으로 물체를 끼웠을 때 그 물체의 크기는 눈을 감고 있더라도 두 봉 사이에 생긴 각도로 알 수 있다. 데카르트가 〈굴절광학(La Dioptrique)〉에서 언급하여 유명해진 조작인데 버클리와 디드로도 이를 인용했다.

이 봉이 수정체 속에서 교차하는 광선과 유비관계에 있음은 말 할 나위도 없다. 그 누구도 자신의 안구에서 일어난 일을 본 경우는 없다. 시각 세계의 중심인 안구는 어둠인 것이다. 그러나 그 어둠도 이렇듯 간단한 조작으로 알 수 있는 셈이다.

몰리누의 문제를 인식론의 문제로 고찰하던 18세기 중엽이라는 시기는 특히 현미경이 대활약을 펼칠 무렵이었다. 디드로가 『맹인에 관한 편지』를 발표했다가 당국에 체포되어 무신론자로 투옥의 쓰라린 나날을 보내고 있을 무렵 영국에서는 로버트 후크(Robert Hooke)가 현미경으로 관찰한 기록을 『미크로그라피아(Micrographia)』(1667)라는 타이틀로 출판함으로써 커다란 주목을 받았다.

19세기에 이르면 현미경의 배율도 현격히 증대되어 1872년에는 렌즈업체로 유명한 짜이즈(Carl Zeiss, Inc.)가 배율 1,000배의 현미경을 개발한다. 이러한 현미경의 성능 향상은, 19세기말에 이루어진 수많은 병원균 발견에 공헌하게 된다. 광학장치의 진보는 문자 그대로 인간의 진보여서 실제로 인간은 눈에 보이는 형태로 그 수혜를 받아왔다.

관점을 바꾸면 망원경과 현미경으로 대표되는 광학적 지식을 바탕으로 세계를 지배하려한 근대의, 아직 빛이 미치지 않은 최후의 개척지로 부상한 것이 맹인의 세계고, 거기에 발을 내디딘 이들이 몰리누를 비롯한 과학자들이었다고 할 수 있지 않을까. 교차하는 두 개의 봉이나 두 개의 손가락은 어둠의 영역으로 향하는 광학 십자군의 깃발문양이었을지도 모른다.

눈을 감는다

"예술은 보이는 것을 재현하는 것이 아니다. 눈에 보이지 않는 것을 보이게 하는 것이다."

파울 클레(Paul Klee)의 이 말이 적확하게 요약하고 있듯이 시대의 가장 예민한 손은 보이지 않는 세계로 향해 있다. 초현실주의의 모험이 무엇보다도 인간의 시각을 광학적인 지식의 지배에서 해방하는 것이었다면 그들이 묘사하는 '회화의 피안'이란 몰리누의 문제계에서 살펴본 바대로 광학적 세계의 '피안'으로 이해할 필요가 있을 것이다.

광학지배에서 벗어나는 가장 간단한 방법은 눈을 감아버리는 것이다. 맹목상태의 모험이다. 앙드레 브르통은 『초현실주의 선언』에서 상상력은 "눈을 감은 상태에서만 발동한다"고 했고 또 막스 에른스트도 〈회화의 피안〉이라는 평론에서 '가수면 상태의 상상력'에 대해 밝혔다. 에른스트에게 회화란 껍데기를 벗어던지고 자유로워지는 것이자 외부와 내부의 불분명한 경계를 탐험하면서 내부에 있는 것들을 보이도록 하는 행위에 다름 아니다.

1922년 에른스트는 〈오이디푸스 왕〉에서 갈라진 호두껍질을 그렸다. 베르너 슈피즈(Werner Spies)는 이 호두를 '내적 상상력으로 향하는 전주 곡으로서의 시각적 붕괴'라 분석했는데 광학의 껍데기로부터의 탈출이 라는 모티브는 마그리트(René Magritte)나 베르메르에게도 반복되어 나 타나는 것 중의 하나다. 같은 해 에른스트는 엘뤼아르의 시집 표지를 위 해 실을 관통시킨 안구 콜라주를 만들었다.

1929년에 르네 마그리트도 〈숨겨진 여자(Hidden Woman)〉라는 제목 의 콜라주를 만들었는데 눈을 감은 나체의 여성 주위에 초현실주의자의 초상 사진을 배치한 것으로 16명의 남성들은 하나같이 눈을 감고 있다.

루이스 부뉴엘(Luis Buñuel)과 살바도르 달리(Salvador Dali)는 영화 〈안달루시아의 개(Un chien andalou)〉에서 면도날로 안구를 잘랐다. 이 영화의 시나리오는 마그리트의 콜라주와 더불어 같은 해에 발행된 〈초 현실주의자 혁명(La Révolution surréaliste)〉지에 실렸다.

초현실주의란 감은 눈을 중심으로 전개된 운동이었다.

시각에서 촉각으로의 전환

장님 상태의 이미지가 만들어지는 한편에서 촉각적인 창조의 시도가 일어난다. 뜨기(frottage)가 등장한 것은 1925년이다. 에른스트에 따르 면 호텔방에서 부서진 마루청을 물끄러미 바라보고 있을 때였다고 한 다. 종이를 깔고 흑연으로 문질러 보았다. 나무의 무늬가 드러났다. 〈박물 지〉(1926)로서 발표된 뜨기 작품집에 대해 브르통은 '이것은 데생이 아 닌 전사(轉寫)'라 했다. 표면을 문지르는 행위는 무엇인가를 파악하는 일 이 아니다. 만지고 쓰다듬는 행위다. 그때까지의 공간 파악이라는 회화

기법이 빠졌을 뿐 아니라 화면을 공간적으로 구성해간다는 논리도 거기서는 문제시되지 않았다. 사물의 표면을 차례로 문질러 그것들의 단편을 우연히 조합함으로써 에른스트는 이미지 생성의 방정식을 단번에 바꿔버렸던 것이다.

이처럼 예술이 맹목상태로 돌진하는 사이 과학 쪽은 무엇을 하고 있었을까. 브르통의 〈초현실주의 선언〉이 발표된 같은 해 프랑스 물리학자 드브로이(Louis-Victor Pierre Raymond, 7e duc de Broglie)는 물질파(物質波, Wave-particle duality) 이론을 제시했다. 최초의 전자현미경이 완성된 것은 1933년 에른스트 루스카(Ernst August Friedrich Ruska) 등이 만든 것으로 배율이 12,000배에 달했다. 이후 초고배율의 세계는 광학현미경에서 전자현미경으로 자리바꿈을 하게 되고 현재는 원자 1개를 볼 수 있는 데까지 와 있다.

그러나 그것도 한계치가 아니었다. 최근 나노테크놀로지라는 말로 주목을 받고 있는 극미한 세계에서는 한층 더 새로운 현미경이 활약 중이다. 1981년 아이비엠 취리히연구소가 개발한 주사형 터널현미경(Scanning Tunneling Microscope)은 나노미터(10억분의 1미터)의 세계를 볼 수 있을 뿐 아니라 대상을 가공하는 일도 가능하다.[5]

전자현미경은 분명히 광학현미경의 뒤를 이은 것이기는 하지만 빛 대신에 전자선을 이용하여 대상물을 관찰한다는 점에서는 원리적으로 같다. 그런데 주사터널현미경은 원리적으로 전혀 다르다. 떨어져 있는 곳에서 무엇인가를 살피는 것이 아니라 프로브(mechanical probe)라 불리

---

5) 志賀隆生,「ナノ・テクノロジーのフロンティア」,『季刊インターコミュニケーション』所收, 1992.

는 탐침을 대상물에 첩촉시켜 관측하는 것이다.

여기에서는 16세기 이래 무엇인가를 '보는' 데 필요한 전제조건인 '거리'가 배제되어 버렸다. 다시 말해 관측자는 원자를 보는 것이 아니라 원자의 표면을 만지는 것이어서 단단함과 같은 표면의 상태를 알 수도 있다. 몰리누의 개안자는 같은 금속으로 만들어진 입방체와 공을 시각으로 식별할 수 없다고 여겨졌는데 400년 후에 금속원자 한 개를 오히려 촉각으로 식별할 수 있게 된 것이다.

게다가 이것은 식별할 수 있는 데 머무르지 않는다. 만질 수 있으므로 가공할 수도 있다. 1990년 크세논(Xenon) 원자 35개로 쓴 'IBM'의 세 글자가 세계 최소 광고로 전 세계 미디어에서 다루어진 일은 기억에 새롭다.

이렇게 보면 엘뤼아르의 집 벽에 그려져 있던 손은 시각에서 촉각으로의 전회를 예언한 듯한 느낌이 든다. 지금처럼 보는 것과 만지는 것이 교차하던 때는 없었다. 교차하는 손가락은 그 신호인지도 모른다.

손의 기능

내 손에 미지의 부분이 있음을 알고 놀란 적이 있다.

그것은 스페인의 작은 술집에 들어갔을 때였다. 카운터에서 포도주를 주문하고 주위를 둘러봤더니 남자 둘이서 작은 잔으로 무언가를 마시고 있었다. 금방 데킬라(tequila)임을 알 수 있었다. 이 멕시코산의 독한 술을 마실 때에는 소금을 핥아야 한다. 한 번 그 맛을 들이면 뗄 수 없게 되는데 하여튼 소금을 어디에 둘 것인가.

원래 이 술집은 작은 접시에 소금과 라임을 내줄 만큼 자잘한 데까지 마음을 써주는 가게가 아니다. 사내는 한 잔 쭉 들이키더니 엄지손가락을 살짝 치켜세워서 손목 근처에다 가볍게 입을 댄다. 손등을 눈과 마주하고 엄지손가락만 위로 젖히면 엄지손가락을 지나는 힘줄과 손목 안쪽 사이에 작은 골이 생긴다. 이 골에 소금을 놓는 것이다.

발견이라고까지는 할 수 없으나 자신의 손에 새로운 기능이 더해진 것 같은 기분이 들어 잠시 동안 엄지손가락을 폈다가 구부리기를 반복했다. 이러한 손의 기능을 보통은 쓰는 일이 없기 때문일 테다.

사람의 손은 사물을 잡거나 쥐거나 하는 운동 기능과 온도나 경도를 느끼는 감각기능을 갖추고 있다. 그리고 이 두 기능을 동시에 더군다나 상호 연대적으로 쓸 수 있는 데에 손의 비밀이 있다.

지금 자신의 손을 움직이면서 '파악(把握)'이라는 운동 기능만을 따져보아도 그것이 실로 다양한 움직임을 내포하고 있음을 알 수 있다. 지우개를 집는다. 담배를 손가락 끝에 끼운다. 난간을 잡는다. 그리고 이들 물체를 놓으려고 손을 벌린다. 쥐는 방식과 펼 때의 타이밍만으로 투수는 갖가지 공을 나누어 던진다.

잡는 동작에 집중해보도록 하자. 핀을 손가락 끝으로 집는다. 담배는 검지와 중지 사이에 끼우지만 쇠구슬이라면 엄지, 검지, 중지 세 손가락으로 집을지도 모른다. 종이를 넘길 때에는 손가락의 바닥을 이용한다. 열쇠를 잠글 때는 열쇠를 엄지로 검지 쪽에 밀어붙인다. 잡초는 다섯 손가락으로 움켜쥐고 뜯는다. 마술사는 이상의 어떤 것에도 구애받지 않는 '쥐는 방식'을 마스터하고 있다.

이들 파악이라는 동작 외에도 손은 물체를 유지할 수 있다. 그러니까 우리는 손바닥을 접시처럼 만들어 어떤 사물을 받는다. 떨어지는 물을 받는다. 반지를 손가락 끝으로 끼운다. 엄지와 검지로 만든 원에 비눗물의 막을 만들어 슬그머니 비눗방울을 불어 보이는 거리의 마술사를 본 적이 있다. 테킬라를 마실 때의 골도 이러한 유지 기능의 특수한 예라 할 수 있을 것이다.

이 기능들에 속도가 더해지면 손은 무기가 된다. 주먹을 쭉 뻗는다. 손가락 끝으로 격파한다. 수도를 내려친다. 손의 파괴력이 얼마나 센지, 또 그 힘 조절이 얼마나 미묘한 것인지를 알려면 각종 격투기를 관찰하는 것이 지름길이리라.

파악, 이동, 교환

손은 이렇게 소금을 받는 접시가 되거나 포크 내지는 나이프가 되기도 한다. 이렇게 손이 자유자재로 변신할 수 있는 것은 관절 때문이다. 손에는 27개의 뼈가 있고 그 중 손목의 폄과 구부림을 관장하는 것이 '8개의 뼈를 수근골(carpal bone)'이라 한다.

여기에 5개의 중수골(metacarpal bone)이 이어진다. 손등에 예의 골이 생기는 것은 수근골 안쪽의 주상골(scaphoid bone)과 엄지의 중수골 사이의 부들기 근처다. 주상골은 수관절이 펴질 때와 오므라들 때 복잡하게 움직이는 뼈인데 이것에 두 개의 능형골(multangular bone)이 이어진다. 대능형골(trapezium)과 소능형골(trapezoideum)이 각각 엄지의 중수골과 검지의 중수골 식으로 각각 관절을 이루고 있다. 전자는 엄지가 다른 손가락과 마주하고 움직이는 부분으로 동물학적으로 보면 이 엄지 대향성이야말로 우리 손이 획득한 가장 중요한 능력이다.

말할 나위도 없이 이 능력은 영장류가 진화하는 과정에서 수상(樹上) 생활을 통해 획득한 것이다. 쥐 정도 크기의 몸집이라면 나무줄기에 발톱을 걸치는 것만으로도 몸을 지탱할 수는 있겠지만 체구가 커지면 나뭇가지를 잡을 필요가 생긴다. 엄지와 다른 손가락 사이에 틈이 생겨나면서 엄지의 힘도 세어지게 되었다. 그리고는 그저 나무를 잡고 쥐는 것에서 작은 것을 집을 수 있게 엄지 대향성은 세련되어져 유인원 특유의 털 다듬기와 같은 세밀한 작업까지 할 수 있게 되었다.

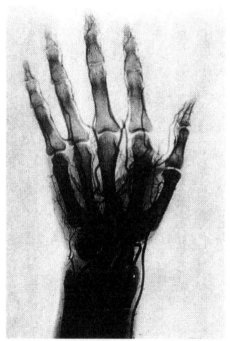

손의 엑스레이 사진. 페노(A. Peignot) 촬영(1896)

엄지 대향성과 관련하여 또 한 가지 중요한 점은 양손의 연동성이다. 침팬지가 나무 위에서 이동하는 장면을 떠올려 보자. 우선 침팬지가 양손으로 나뭇가지에 매달려 있다고 하자. 그런데 앞으로 이동하려면 한

쪽 나뭇가지에서 손을 놓고 다른 가지로 뻗어야 한다. 이때 한 쪽의 다른 손은 원래 잡고 있던 나뭇가지를 꽉 움켜쥐어야 한다. 그렇지 않으면 침팬지는 바닥에 꽂히고 말 것이다. 이 손을 놓는 시점은 앞의 한 손이 앞에 있는 다른 가지를 확실히 붙들었을 때다. 또 다시 전방에 적당한 가지가 있다면 침팬지는 같은 손놀림을 반복하여 앞쪽으로 나아갈 것이다.

일요일 동물원에 놀러간 모든 사람들의 감탄을 자아내는 원숭이의 날렵함은 이 양손의 민첩한 연계에 따른 것이다. 그것은 쥐었다 펴는 엄지대향성이라는 두 가지 간단한 동작으로 성립하는데 특히 양손으로 이루어진다는 점이 중요하다.

쥐었다 펴는 전혀 상반된 동작을 동시에 한다는 것은 어쩌면 사물을 잡는 것이 포식과 직결되어 있던 동물에게 한층 진보한 손의 기능이었음에 틀림없다. 두 손이 동시에 그리고 상호 병행하여 이루어지는 가장 기본적인 이 동작에서 새로운 리듬이 탄생했다.

양손으로 하는 이 동작은 사물을 교환하는 동작의 원형에 다름 아니다. 동시에 이 리듬은 이동의 리듬이기도 하다. 요컨대 여기에 이동과 교환이라는 영장류 발전의 기초가 되는 두 가지 커다란 활동이 시작되었다. 그렇게 생각해도 괜찮다면 이동과 교환, 손에 기원을 둔 소유라는 활동은 독립적으로 시작된 셈이다. 하여간 그 리듬은 보행의 리듬보다 오래된 것이다.

숨겨진 수열

중수골 앞쪽으로 14개의 손가락뼈가 이어진다. 손가락뼈가 엄지에서는 기절골(phalanx proximalis)과 말절골(phalanx distalis) 두 개, 다른 손가락에서는 기절골, 중절골(phalanx media), 말절골 세 개의 뼈가 손가락을 받치고 있다. 이 뼈들은 모두 인대로 연결되어 있고 힘줄에 의해 뼈에 부착되어 있는 근육을 동력 삼아 움직인다.

손가락을 구부리는 동작에서는 우선 엄지를 구부리는 외재근(外在筋 = 팔에서 이어지는 긴 근육)이 하나, 다른 네 손가락에는 천지굴근(flexor digitorum sublimis)과 심지굴근(flexor digitorum profundus)이라는 두 근육이 있고 천지굴근은 제1관절을 심지굴근은 주로 제2관절을 움직이는 역할을 한다. 또 천지굴근은 각각의 손가락을 하나하나 구부릴 수 있으나 심지굴근은 네 손가락 모두를 동시에 구부린다. 이 때문에 손을 편 채 제2관절만을 구부리는 일은 불가능하나 제1관절만큼은 독립적으로 구부릴 수 있다.

손을 펴는 경우에는 신근(伸筋)이 수축하고 엄지에서는 두 개의 신근이 다른 손가락에서는 총지신근(總指伸筋)이 이를 관장한다. 손으로 힘찬 동작을 하면 손등에 툭 하고 힘줄이 불거진다. 예의 손등의 골은 장모신근(長母伸筋) 안쪽에 생기는 것을 알 수 있다. 그 외에 손 안에만 있는 몇 개의 내재근(內在筋)이 손가락의 굴절, 늘여 폄, 안으로 폄, 밖으로 폄, 마주보게 하기를 관장한다.

사람의 손의 쓰임이는 아주 일부만 살펴보아도 그 복잡함을 알 수 있으나 손의 뼈 구조에 눈을 돌리면 오히려 다른 동물과의 공통점에 관심이 쏠리게 된다. 다시 말해 양서류에서 파충류 그리고 포유류로 진화하는 과정을 통해 원숭이나 인간은 다섯 손가락의 손을 이어받았다. 생활 양식에 따라 다소의 변화가 있기는 하지만 다섯 손가락이라는 기본적인 구조에는 별반 큰 변화가 없었다는 뜻이다. 인간의 손은 원시적인 형태의 제약 속에서 움직이고 있는 셈이다.

손가락 수만이 아니라 손은 얼마간의 기하학적인 형태를 따르고 있다. 당장 손을 펴서 엎으면 가운뎃손가락의 중수지관절(中手指節関節)을 중심으로 모든 손가락 끝이 원호를 그리고 있다. 또 각각의 손가락 관절과 관절 사이의 길이도 어떤 규칙에 따르고 있음은 알려진 사실이다. 손가락 뼈의 기절골, 중절골, 말절골 세 뼈의 길이를 계산해보면 그것이 어떤 수열을 이루는 것이다.

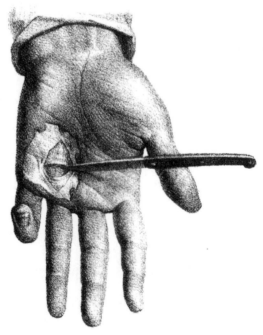

N. H. Jacob의 해부도 데생(19세기)

이 수열은 일반적으로 피보나치 수열(Fibonacci number)이라 불리는데 0, 1, 1, 2, 3, 5, 8, 13, 21, 34…처럼 각 항이 그 선행하는 두 항의 합을 이루는 무한 수열이다. 피보나치 수열은 자연계에서도 발견되는데 잘 알려져 있는 것으로는 악어 몸의 마디나 고둥, 소라, 우렁이 등의 둘둘 말린 조개의 나선구조를 들 수 있다.

피보나치 수열을 응용한 작품에는 이탈리아 예술가 마리오 메르츠 (Mario Merz)의 것이 유명하다. 메르츠는 1960년데 후반에 '아르테 포베라(Arte Povera)=가난한 예술'이라 불리는 일파로부터 탈퇴한 예술가다. 유리로 만든 에스키모의 집이나 악어 박제가 등장하는 그의 작품 세계는 골계미마저 느끼게 하는 자유분방함이 자리잡고 있는데 문화와 자연을 직접적으로 연결하는 작업에 하나의 지표로서 피보나치 수열이 동원된다. 그것은 종종 유리나 나무, 신문지와 같은 물질을 쌓아 놓고 빨갛고 파란 네온관으로 표기된다.

피보나치 수열이 유용한 까닭은 미지의 항을 다른 두 개의 항을 통해 결정할 수 있기 때문이다. 손가락의 경우로 보자면 세 개의 손가락 뼈 중 두 개의 길이를 알면 나머지 하나의 길이는 자동적으로 알 수 있는 것이다. 이 사실은 손가락 재생 외과수술에서 특히 중요하다.

미소외과의 손

외과수술은 최근 10년 사이에 커다란 진보를 이루었다. 팔만 놓고 봤을 때 절단된 팔의 재접착 수술은 1962년 보스턴에서 최초로 이루어졌고 절단된 손가락의 재접착 수술은 1968년 두 명의 일본인에 의해 성공한 것이 최초다.[6]

절단된 기관을 다시 붙이려면 동맥이나 정맥의 봉합이 필요하고 수술

---

6) 荻野利彦, 「手の医学」, 『手は何のためにあるか』, 風人社, 1990.

현미경을 이용하여 직경 2미리미터 이하의 혈관을 약 20미크론의 나일론 실로 봉합하는 이 수술을 미소외과(微小外科, Microsurgery) 수술이라 부른다. 미소외과의 발달로 재접착 수술뿐 아니라 손가락의 부분적인 결손을 연장하거나 손가락의 결손을 당사자의 발의 엄지발가락을 이식함으로써 보완하는 조지술(造指術) 등이 세계 곳곳에서 이루어지고 있다.

미소외과 수술은 아마도 사람 손으로 이루어지는 작업 중에 가장 복잡하고 미묘한 범주에 속할 것이다. 의사는 의자에 앉은 자세에서 팔과 손을 완벽하게 한정된 상태에 둘 필요가 있다. 수술에는 통상의 외과수술과는 달리 조금(彫金) 도구에서 차용한 특별한 기구가 쓰인다. 또 수술에 쓰이는 현미경은 배율이 대략 16배로 기구의 끝 부분만 시야에는 들어온다.

더욱이 미소외과는 가장 숙련된 조금사(彫金師)보다도 미세한 작업을 제한시간 내에 완료해야 한다. 절단된 손가락은 상처를 입은 후 8시간 이내에 수술을 받아야 재접착이 가능하다고 한다. 하나의 손가락을 재접착하는 데 걸리는 수술시간은 보통 수 시간이 소요된다. 수술이 끝나고 4주 후에는 해당 손가락을 움직일 수 있게 되고 또 3주가 지나면 감각이 돌아오게 된다.

외과수술 자체의 미세화는 최근 몇 년 사이에 더욱 진전되었는데 특히 최근에는 광섬유를 이용한 내시경(endscope) 개발과 레이저 메스(laser mes)로 하는 무절개 수술이 화제가 되고 있다.[7] 마이크로 내시경은 그 내부에 이미지 가이드(Image Guide)와 레이저 메스를 내장하여 화상으

---

7) 내시경의 원형은 2차 세계대전 중에 등장했다. 1940년에 의사 라울 파르마(Raul Parma)는 복통을 호소하는 어떤 여성의 복부를 검사하기 위해 복부에 불활성가스를 주입하고 배꼽 부분에서 광학기기로 관찰하는 데 착안하여 복강경의 기초를 다졌다. 이 방법을 채택한 최초의 무절개 수술은 자궁외임신치료를 위해 1973년 프랑스 클레르몽 페랑(Clermont-Ferrand)에서 이루어졌다. 80년대에 들어서부터는 탄소가스 레이저를 겸비한 내시경이 개발되어 무절개 수술 사례는 200회를 넘겼다. Jean-Paul Binet, *L'acte chirurgical*, Paris, 1991.

로 관찰하는 한편 광학적인 계측은 물론 레이저 광을 이용한 절제, 접착, 지혈 등의 외과수술을 할 수 있다.

이러한 마이크로 내시경은 외경이 나노미터 단위의 나노기기 (Nanomachine)가 되도록 하는 것을 목표로 삼고 있는데 그것이 실현된다면 혈관 내부를 통해 몸 전체의 어떠한 곳으로도 도달할 수 있게 된다.

무릇 관절염 수술에서 비롯된 이 미소외과는 80년대 초에 급속하게 그 대상 범위를 넓혀 현재는 내장에서 뇌에까지 미치고 있다. 사람을 축소시켜 환자의 혈관 속으로 보내 치료를 생체의 내부에서 실시한다는 내용의 공상과학영화 〈마이크로 결사대(Fantastic Voyage)〉가 발표된 것은 60년대 후반이었는데 나노테크놀로지와 내시경, 요컨대 내부에서 본다는 관찰 시점의 전환으로 무절개 수술은 현실화되었다.

미소외과의 현재에는 인간의 손으로 만든 첨단 기술이 그것을 가능하게 한 손을 치료하는 매력적인 주제가 포함되어 있다. 당대의 가장 미세한 작업은 화가를 비롯하여 특히 손을 쓰는 인간을 매료시켜 왔다. 베르메르를 필두로 서양회화에 등장하는 자수 뜨는 사람이나 자수 그 자체는 그러한 손의 표현 중 하나일 것이다.

또 로댕(François-Auguste-René Rodin)은 400여 개의 손에 관한 습작을 남겼는데 이는 과학기술이라는 인간의 손에서 생겨난 힘이 한창 강대해지고 동시에 개인의 손 자체가 왜소화되기 시작한 19세기에서 20세기 초에 걸쳐 이루어진 것이었다. 미소외과의 손은 그것과 마찬가지 의미에서 내부(endscope)와 왜소(Nanotechnology)가 개척할 다음 세대의 손을 상징하는 것은 아닐까.

손을 만든다

그것은 어쩌면 뇌가 뇌를 이해할 수 있는가의 여부와 비슷한 관계가 있을지 모른다. 인공 뇌를 만들기 위해서는 뇌에 대한 이해가 불가결하다. 마찬가지로 손의 구조에 대한 보다 깊은 이해가 손을 치료할 뿐 아니라 손을 인공적으로 만든다는 목적에 크게 이바지하고 있는 것이다.

〈연인들의 손〉, 오귀스트 로댕(1909)

제조업에서 인공 손으로 널리 쓰이고 있는 로봇 팔 혹은 로봇 손은 현재 작업 내용이나 다루는 대상물에 따라 그 기능이 특화된 것이 대부분이다. 단순한 파악과 유지를 위해 붙은 손에는 손가락이 두 개 내지는 세 개가 많다. 자유도(自由度, degrees of freedom: DOF)에서도 사람 손과는 비교할 수 없이 제한되어 있다.

자유도란 동작의 융통성을 나타내는 척도로 일반적으로 회전이나 선회하는 부분 내지는 방향의 수로 따진다. 사람의 팔에서는 어깨가 3자유도, 팔꿈치가 1자유도, 손목이 3자유도로 합계 7자유도다. 일반적인 가전제품 조립에 쓰이는 전용 로봇에서는 작업이 벨트 컨베이어에 대해 한 방향에서 이루어지는 까닭에 대부분 4자유도로 되어 있다.[8]

마야력에서는 7일째를 손으로 표현한다. 또 성서에서는 세상을 만든 것은 진흙을 빚는 손, 즉 도공의 손이었다. 이 손은 7일째에 쉰다. 신의 손이 로댕이 창작한 손과 같은 것이었는지의 여부는 알 수 없으나 손이 이렇듯 시간과 공간 양쪽에 이바지하고 있다는 사실은 중요하다. 보통 인간에게는 잘 쓰는 쪽의 손이 있다는 것 그리고 대뇌에서 이 비대칭성이 언어뇌의 위치와 관계가 있음을 떠올리면 언어가 입에서가 아닌 손에서 생겨난 것은 아닌가 하고 생각하게 된다. 이처럼 많은 예술가들이 손에 대한 표현을 추구해온 것도 존재의 최대밀도가 실은 손 안에 감추어져 있다는 사실을 알고 있었기 때문은 아닐까.

이에 대해 더욱 복잡한 동작을 할 수 있는 것이 인간의 팔에 가까운 형태를 띤 인간형 로봇 팔로 형태만이 아니라 기능적으로도 인간의 동작을 재현할 수 있는 것이 개발되고 있다. 이는 제조업에서 생산시스템이 종

---

8) "일반적으로 로봇이 갖고 있는 자유도(度)의 수가 커지면 움직임이 수월해지는데 그 대신 제어가 어려워진다. 3차원 공간 안에서의 강체(剛體; 힘을 가하여도 모양과 부피가 변하지 않는 가상적인 물체. 이 물체 안에서 임의의 두 점 사이의 거리는 일정한 것으로 간주한다. 일반적으로는 외력에 의한 변형이 아주 적은 물체를 이르는 말이다- 역자)의 위치를 설명하기 위해서는 위치와 자세에 대해 각각 셋씩의 매개변수가 필요하다. 그 때문에 작업을 수행하는 로봇의 손가락 끝에 관해서도 여섯 개의 위치에 관한 매개변수를 지정해야 한다. 따라서 로봇의 손가락을 임의의 위치에 임의의 자세로 이동시키기 위해서는 팔의 기구로서 최저 6자유도를 필요로 한다." 6자유도의 조작장치로 작동시킬 경우 6개의 관절 중 어떤 것을 움직이고 어떤 것을 고정시키는가에 따라 다른 조합을 만들어낼 수 있다. 이 조합을 작업 목적에 따라 바꾸고 최적의 구조를 갖게 하자는 의도에서 가변 시스템인 '변성 조작장치(Metamorphic Manipulator)'를 제안하기도 한다.(吉川弘之·立花 隆,『ロボットが街を歩く』, 三田出版会, 1987, 七二頁, 一一七頁)

래의 단품종 대량생산에서 다품종 소량생산으로 변한 점, 또 고도의 자동화 시스템(Automation Systems) 개발이 요구되는데다 비제조업 분야에서 극한작업이나 의수로서 인간의 팔을 대신할 손에 대한 요구가 고조되고 있는 점에서도 기인한다.

극한작업이란 '대단이 험난한 환경에 있으면서 현 상황으로는 인간에 기댈 수밖에 없는 고도의 작업'이라 정의된 것이다. 구체적으로는 원자력시설, 해양개발, 재해현장, 우주환경 등에서의 작업이 포함되는데 다시 말해 벨트 컨베이어에 의지한 단순작업이 아니라 다양한 상황에 대응할 수있는 인간에 버금가는 기능성을 갖춘 로봇 개발이 절실해졌다는 뜻이다.

기능성을 높이려면 인간의 팔처럼 자유도를 높이면 그만이지만 그렇게 되면 중량이 늘어나게 되고 제어하기가 훨씬 복잡해진다. 또 로봇에 자율성을 부여하기 위해서는 실제로 작업을 수행하는 부분의 미묘한 처리 기술(manipulation)은 물론 그 작업을 수행하는 장소까지 이동하기위한 이동기술, 그것들은 움직이는 데 필요한 동력기술, 시청각정보를 처리하는 감지기술 등 수많은 요소기술을 개발해야 한다. 이러한 로봇에 대한 개발이 일본에서는 통산성, 공업기술원의 '극한작업 로봇 개발 프로젝트'라는 대형 프로젝트가 1983년에 시작되어 8년간의 연구개발 기간을 거쳐 상당한 성과를 올렸다.

마스터-슬레이브 시스템

기계기술연구소의 마에다 유지(前田祐司) 등이 개발한 인간유사형 로봇시스템은 사람과 똑같은 다섯 손가락을 가진 로봇 손으로 자유도도 사람과 거의 같다.[9] 예상대로 극한작업용으로 개발된 것인데 원자력시설, 해양개발, 재해 등의 현장에서 고도의 원격작업을 수행할 수 있도록 이 로봇시스템에는 마스터-슬레이브 방식(Master-Slave System)이 적용되었다.

마스터-슬레이브란 흔히 매직 핸드라 불리는 것이 있는데 인간이 조작하는 조작장치(manipulator)=마스터와 실제로 현장에서 작업하는 로봇=슬레이브 두 대를 준비하여 인간이 마스터를 조작하면 떨어진 장소에 있는 슬레이브가 그것과 동등하게 움직이는 시스템이다. 손의 경우는 인간의 팔과 유사한 슬레이브 암(arm)과 동시에 그것을 움직이기 위한 마스터 암(arm) 그리고 그것들을 다룰 제어장치 개발이 요구된다.

마스터 암(arm)에서는 인간의 팔 움직임을 정확히 슬레이브 쪽에 전달하도록 각 부분의 동작을 빠짐없이 검출하여 지령신호로 끄집어 내게 하는 것이 연구의 한 핵심을 이룬다. 그러기 위해서는 장치를 인간의 팔에 직접 부착하는 방법과 팔과 병행하여 배치하는 방법이 있으나 여기서는 자유도가 높은 센서를 배치할 목적으로 전자의 방법을 채택했다.

검출방식으로는 전위차계(電位差計, potentiometer)라는 굴곡 각도를 기계적으로 검출하는 방법과 변형계(Strain Gauges, 금속저항이나 반도체에 더해지는 저항을 이용한 센서)를 이용하는 방법이 있는데 후자 쪽의 구조가 단순한 까닭에 암(arm)을 작게 할 수 있다. 즉 가능한 한 장갑에 가까운 형태를 취할 수 있는 셈이다. 이리하여 팔에 부착된 마스터는 어깨 3, 팔꿈치 1, 손목 2, 엄지 4, 그 외의 네 손가락 3으로 전부 23의 자유도를 검출한다.

---

9) 마스터 슬레이브에 대해서는 다음 자료를 참고로 했다. 前田裕司ほか,「人間型テレロボットシステム」, 日本ロボット学会学術講演論文. 前田裕司,「ロボットの手」,『手は何のためにあるか』所収, 1990.

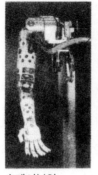 

슬레이브암　　마스터암

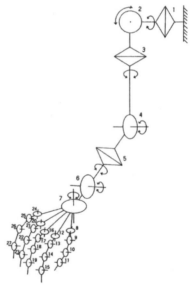

슬레이브 암의 자유도배치와 동작각도
일본 통산성공업기술원 기계기술연구소 마에다 히로시(前田裕司) 등.

　Mark-3라 명명된 슬레이브 암(arm)도 마스터와 마찬가지로 23의 자유
도를 갖고 있다. 자유도를 높이려면 그만큼 구동장치도 많이 필요하고 따
라서 중량이 늘어난다. 그 중량을 견디기 위해서는 구조재료의 강도를 올

려야 한다. 요컨대 경량이면서 강도가 높은 재료여야 하는데 구동창치가 23개인 Mark-3에서는 손바닥 부분에 고분자 재료, 팔과 어깨 등 힘이 많이 드는 부분에는 알루미늄 합금을 사용하여 총중량 27킬로그램, 손바닥 부분을 합한 팔꿈치와 손목 부분은 1킬로그램으로 비교적 가벼운 편이다.

이상의 마스터-슬레이브를 제어하는 메인 컴퓨터가 있고 또 슬레이브를 직접 온라인으로 제어할 수 있는 컨트롤 판넬 그리고 동작 상태를 그래픽으로 표시하는 모니터가 마련되어 있다. 실제 실험에서는 사람이 수행하는 일상적인 동작이라면 Mark-3가 마스터 암(arm)의 움직임을 따라갈만 하다는 결과가 나왔다. 더욱이 경량화가 이루어진다면 통상 장갑 정도의 장치에 장착이 쉬운 마스터와 보다 민첩하게 움직일 수 있는 슬레이브가 가능할 것이다. 그것은 인간의 손이 갖고 있는 능력을 100% 발휘할 수 있는 로봇의 탄생을 의미한다.

TE에서 VR로

그런데 마스터 핸드를 장착한 작업자가 현장으로부터 멀리 떨어진 장소에서 슬레이브를 조작하려면 해당 현장의 상황을 정확하게 파악하고 있어야 한다. 그러려면 작업자는 일정 정도 현장감을 갖고 움직일 수 있도록 슬레이브 쪽으로부터 시각이나 청각적 정보를 실시간으로 받을 필요가 있다. 물체를 다루는 경우의 입체시나 슬레이브 쪽에서의 파워 피드백(power feedback) 등을 포함한 기술은 원격현장제어(Tele-Existence System)라 불리어 극한작업 로봇개발의 열쇠가 되고 있다.

현재 원격현장제어 기술은 의학이나 화학에서 군사 영역까지 폭넓은 분야에서 연구가 진행 중이다. 이 기술의 새로운 점은 다루는 대상이 반드시 현실 상황일 필요는 없다는 데 있다. 예를 들면 우주개발용 원격제어 로봇의 경우 슬레이브를 실제로 화성에 보내기 전에 화성의 토양을 상정한 시뮬레이션 영상을 통해 연습할 수 있을 것이다. 마스터 핸드를 장착한 작업자는 실제로 슬레이브가 화성 표면을 돌아다니듯이 시뮬레이션 영상의 세계를 느끼면서 손을 움직이게 된다. 즉 작업자의 몸은 여기에 있으면서 그 감각은 그쪽에 있는 시뮬레이션 영상의 세계 속으로 들어가 버리는 것이다.

이러한 연구는 인공적으로 만들어진 현실, 혹은 가상적으로 만들어진 현실환경을 대상으로 삼는다는 의미에서 인공현실(Artificial Reality) 혹은 가상현실(Virtual Reality) 등으로 불려 원격현장제어 기술을 더욱 발전시킨 연구로 근년 커다란 주목을 받고 있다.[10]

시뮬레이션이 입체시(立體視) 시스템에 의해 3차원이 된 점, 그 영상이 일방적으로 흐르지 않고 마스터 자신의 움직임과 연동하여 반응하는 쌍방향 영상이라는 점 때문에 우리가 현실 공간을 움직일 때 갖는 것과 비슷한 감각의 연합이 일어난다. 확대된 분자 모델을 보고 게다가 그것들의 움직임을 실제 손으로 느끼면서 새로운 분자 합성을 시도하는 시스템은 물론 가상의 모델하우스 안을 거닐면서 구조나 방의 배치를 체험하고 사용하기 편리한 정도를 알 수 있는 것까지 그 응용범위는 굉장히 넓다.

---

10) 가상현실기술개발의 역사와 그 현황에 대해서는 모두 체험에 바탕을 두고 풍부한 사례를 소개하면서 기술의 본질을 탐색하는 다음 저작을 참고로 했다. 植島啓司,「仮想環境システム」,『ゼロビットの世界』, 岩波書店, 1991 所收. 服部桂,『人工現実感の世界』, 工業調査会, 1991. Howard Rheinbold, Virtyal Reality, 1991. 2010년 현재 시점까지 가상현실기술이 거듭해온 발전과 그 연구나 비평을 여기에서 망라할 수는 없다. 이 기술을 차용한 질 높은 예술작품이 지난 20년 동안 다수 발표된 것 또한 주지의 사실이다. 그리고 후술하는 시뮬레이터 기술이 닌텐도의 'wii'와 같은 가정용 게임에서 고도로 실용화 되거나, 가상공간에 제2의 사회를 구축하기라도 하듯 '또 다른 삶(second life)'으로서의 정보화 사회 구현이라는 '현실'은 가상과 현실의 이분법을 무효화하고 있다고 볼 수도 있으리라.

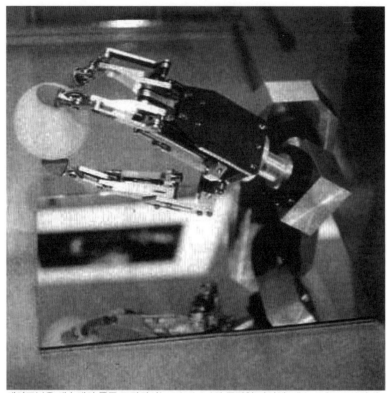

해양로봇용 해수액압 구동 조작장치(manipulator)와 근력형 다지핸드(Many fingers hand)

이는 극한작업 로봇기술연구가 결합된 형태로 극한작업의 하나인 해양개발을 위해 고안된 로봇의 하나다. 환경오염을 염려하여 구동부에 해수압을 적용했다. 핸드 부분은 거의 사람의 손과 흡사한 크기로 고무튜브형의 인공근을 채택했으며 다이버를 대신하여 밸브의 개폐나 보수작업 등의 수중작업을 할 수 있다. 이러한 핸드의 과제는 얼마만큼 세밀한 작업을 할 수 있는가에 있는데 그러기 위해서는 로봇에 어떤 촉각을 부여하는가가 관건이다. 현재로서는 반사광을 이용하여 접촉위치를 파악하는 센서, 소형의 변형 측정기기(strain gauge)에 의한 압각센서(pressure sensor) 등 다양한 촉각센서가 개발되고 있는데 그와 더불어 어떤 물체를 어떤 환경에서 다룰 것인가 하는 작업공간의 전략적 인지가 장차 핸드 개발의 중요한 포인트다. 바꿔 말하자면 '손재주'란 무엇인가를 반추하고 있다는 뜻이다.

이들 가상현실기술의 한 가지 특징은 고도의 시뮬레이션 영상의 개발과 더불어 인간의 촉각이 클로즈업되고 있다는 점이다. 특히 마스터 핸드에 해당하는 부분의 개발은 눈부시다. 이 분야에서 일약 유명해진 것이 캘리포니아 소재 VPL Research사가 개발한 '데이터 글러브(Data Glove)'로 관절의 움직임을 검출하는 데 광섬유를 사용한다. 이 데이터 글러브와 머리에 장착할 수 있는 컬러영상 디스플레이 장치로 촉각과 시각의 연동을 일으켜 인공의 현실감이 발생한다. 현재는 더욱 검출 정도가 높은 글러브가 개발되어 마스터 핸드도 게임용, 공학용 등으로 용도별로 선택할 수 있는 시대가 다가오고 있다. 이 핸드들은 말하자면 가상 슬레이브에 명령을 내리기 위한 장갑인데 거기에 손놀림을 더할 목적으로 피드백 메커니즘 개발도 동시에 진행 중이다.

물체를 만졌을 때의 저항감을 마스터 쪽으로 내보내는 이 연구에서는 예컨대 엠아이티(MIT)공과대학에서 개발한 가상 줄(鑢)이 있다. 컴퓨터 그래픽으로 표시된 물체의 표면을 조작봉을 움직이면서 덧그리면 그 표면의 상태에 맞춰 저항감이 봉의 진동을 통해 손으로 전해진다. 또 물체를 쥐었을 때 그 저항감을 공기 펌프로 움직이는 실린더를 매개로 글러브에 전달하는 장치에 대한 연구도 진행되고 있다.

방법은 여러 가지지만 인공 현실을 만들어낼 때 촉각을 얼마만큼 반영할 수 있는가가 열쇠임에는 틀림없다. 가상현실이라는 시각문화의 최전선에 출현한 새로운 현실에 걸맞게 손의 복권이 시작되었는지도 모른다.

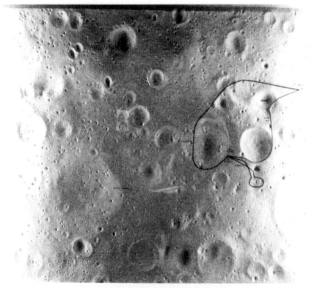

달 표면의 족적, 케이프 커너배럴(Cape Canaveral)의 작품(1990)

창밖 풍경이 천천히 움직이기 시작했다 오후 9시를 막 넘은 참인데 한 낮의 태양이 지기에는 아직 시간이 있다. 앞을 보면, 스크린에 기체(機体) 전방의 풍경이 나온다. 기체 어느 쪽에 카메라가 붙어있는지는 모르지만 조종석에서의 시계(視界)처럼 보이는 풍경이 천천히 후방 쪽으로 흐른다.

마침내 고무 타이어의 검은 흔적이 생생한 활주로가 비치고 제트 엔진 의 분사가 개시된다. 진동이 격해지면서 선명한 시야가 기막힌 속도로 사라져 간다. 돌연 시선이 소실점에서 튕겨져 나오는가 싶더니 스크린으 로 창공이 펼쳐진다. 이륙할 때의 감각은 언제나 신선하다.

아비오닉 이미저리(Avionik Imagery)

그러나 금연 표시가 사라짐과 동시에 카메라도 격납되어 버렸다. 스크 린이 다시금 실시간으로 나오려면 12시간이 흐른 뒤 착륙할 무렵이 되어 야 한다. 그도 그럴 것이 현실을 인공적으로 만듦으로써 일어나는 문제계 의 뿌리 중 하나는 비행기의 창과 스크린 사이에서 생겨나기 때문이다.

비행 시뮬레이터(Flight simulator)는 지금으로부터 약 반 세기 전 오스 트리아계 미국인 에드윈 링크(Edwin Albert Link)가 만들었다. 이는 2차

세계대전 전투기 조종사의 훈련용으로 만들어진 것인데 현재 쓰이고 있는 시뮬레이터의 경우는 고속계산이 가능한 대형 컴퓨터의 등장으로 실현된 것이다.

오늘날 조종사 훈련센터는 전 세계적으로 100군데를 헤아리고 대략 500대의 비행 시뮬레이터가 가동 중이라고 한다. 새 기종의 여객기가 개발될 때마다 반드시 그에 상당하는 시뮬레이터도 제작된다. 따라서 조종사들은 새 기종이 도착하기 전에 모형비행을 통해 준비할 수 있다.

실제 비행이나 다름없는 체험을 할 수 있도록 시뮬레이터의 심장 구실을 하는 것은 역시 컴퓨터다. 그 수학 모델은 캐나다의 CAE사(Canadian Aviation Electronics)와 프랑스의 Thomson-CSF 등의 전문 기업이 제공하고 있다. 그러한 프로그램 소프트와 항공회사가 비행기와 더불어 제공하는 하드 시스템으로 시뮬레이터를 가동한다.

예컨대 보잉사가 생산하는 점보여객기 747-400의 시뮬레이터는 조종실과 그것을 지지하는 여섯 개의 수압식 기둥으로 이루어져 있다. 실제 모의훈련에는 조종사 외에 컴퓨터 오퍼레이터가 동승하여 기상조건을 비롯한 각종 사고를 인공적으로 조작함으로써 실제 훈련비행에서는 체험 불가능한 상황을 연출한다. 그에 대한 조종사의 반응은 실시간으로 수압식 다리에 전달되어 실제 비행처럼 기체의 움직임에 변화가 일어난다. 이때 조종사는 그에 상응하는 힘의 부담을 온몸으로 느끼게 되는 것이다.

이러한 움직임 말고도 지금의 시뮬레이터에는 세계 곳곳에 있는 공항의 경관을 찍은 영상이 탑재되어 있는데 예를 들자면 홍콩처럼 이착륙에 각별한 주의를 기울여야 하는 지리적 조건도 미리 모의 체험할 수 있다. 시뮬레이터의 움직임은 거의 완벽하다. 조종사는 종종 그것이 모의 비행

HMD와 데이터 글러브

가상현실감각 혹은 가상현실 등의 개념을 일반화하는 데 공헌한 이들 세트는 이미 텔레비전 게임에 버금가는 보급에 나서기 시작했다. 19세기 사람들이 열광한 파노라마관이나 스테레오 사진과 마찬가지로 이는 환등장치의 대중화다. 사진에서는 전자 안경과 장갑을 끼고 가상공간 속을 비틀비틀 걷는 남성을 가이드가 마치 술래를 다루듯 조심스레 안내하고 있다. 그도 그럴 것이 가이드가 팔 하나를 남성의 팔꿈치나 어깨에 갖다 대는 동작이 우리가 길거리에서 앞을 못 보는 사람을 안내할 때의 방식과 거의 흡사하다. 남성은 맹인이나 다름없는 상태에서 걷고 있는 셈인데 때마침 가상의 벼랑까지 와 있어서 뛰어내릴 것인지 돌아갈 것인지를 두고 망설이는 중이다. 물론 두 사람의 신체는 각각 다른 현실 속에 있는 까닭에 설령 이 남성이 뛰어내린다 해도 당황할 필요는 없다.

이라는 사실을 잊어버릴 정도라고 하는데 그에 비해 경관이 담긴 영상의 시뮬레이션 부분은 여전히 개선의 여지가 있다.[1] 최근 이 경관 영상에 새로운 차원을 연 것으로 프랑스의 시뮬레이터 전문회사 AMCI가 개발한

---

1) 이러한 비행 시뮬레이터를 여가생활에 응용한 예는 디즈니랜드의 '별나라 탐험(STAR TOUR)'을 비롯하여 세계 각지에서 '움직이는 극장' 등으로 다양하게 나타나고 있다. 또 영국의 시뮬레이터 메이커인 휴즈사(Hughes)처럼 비행 시뮬레이터뿐 아니라 레저 시뮬레이터를 생산하는 기업도 등장하고 있다.

'아비오닉 이미저리(Avionik Imagery)'가 주목을 받고 있다. 전투기용 시뮬레이터인데 여기서는 조종실 창에 비치는 2차원 영상 대신에 조종사의 고글(goggles)에 3차원 경관 영상이 비친다. 또 여러 가지 지시나 명령도 이 고글에 표시 된다. 이를테면 조종사의 헬멧 자체가 기기 패널과 스크린이 일체화 된 셈이다.

이러한 두부 장착형 디스플레이를 HMD(Head Mounted Display)라 하는데 '아비오닉 이미저리'에서는 단순한 디스플레이를 뛰어넘어 적기에 대한 조준에서 포격까지 같은 HMD 상에서 실행하게끔 되어 있다. 다시 말해 시야에 들어온 적기를 자동 추격하여 조종사의 시선으로 기영(機影)이 지나친 순간을 디스플레이 상에서 포착하여 발포할 수 있도록 되어 있다.

눈으로 쏘는 사람들

그야말로 SF영화나 다름없는데 이 장치는 결코 가상적으로 만든 것이 아니다. 오늘날의 전투기가 만들어내는 초고속의 세계에서는 인간의 시각인식에서 의사 결정을 거쳐 손끝으로 실행하기까지의 시간이 너무 길다. 눈으로 본 다음 손가락으로 단추를 누르는 식이어서는 한참 늦게 된다. 보는 것 자체가 쏘는 것이어야 하는 빌리리오(Paul Virilio)의 세계가 실현을 눈앞에 두고 있다.

'눈으로 쏘는' 일이 비유만이 아닌 세계임을 표현한 것으로 최근 오스트리아에서 발표된 작품을 보도록 하자.[2] 주로 베를린에서 활동하는 두

---

2) 여기에 소개된 작품들은 과학과 예술의 경계 영역에 대해 매년 의욕적으로 발표의 장을 제공하고 있는 ARS Electronica Center(웹페이지; http://www.aec.at/en/index.asp- 역자)에서 1992년에 발표된 것들이다. ARS는 해마다 이론가인 페터 바이벨(Peter Weibel)에 의해 오스트리아 공업도시 린츠(Linz)에서 개최된다. 매회 페스티발과 관련된 상세한 논문집과 카탈로그를 제작한다. K. Gerbel, P. Weibel, *Die Welt von Innen*, Ars Electronica 92.

명의 예술가가 발표한 이 쌍방향 시스템은 미술관 한 쪽 벽에 마련된 두 개의 액자라는 매우 전통적인 환경 속에서 전개된다.

액자에는 두 장의 스크린이 끼워져 있다. 한 장의 스크린에는 그림이 비치고 다른 한 장은 '백지' 상태다.

그림 앞에 서면 우선 '백지' 스크린에 확대된 동공이 상영된다. 그 눈동자가 자신의 것임을 알아차리는 데 많은 시간이 걸리는 것은 아니다. 본인 스스로가 눈을 깜박거림과 동시에 스크린의 눈동자도 깜박거리기 때문이다.

어느새 당신은 눈 앞에 있는 그림을 응시한다. 소녀의 자화상이다. 그런데 지금 자신이 보고 있는 소녀의 목 언저리가 흡사 귀얄로 스치기라도 한 것처럼 흩어져 버린다. 시선을 움직이면 그 부분 역시 변화한다. 즉 자신의 눈으로 본 부분이 차례차례 흩어지는 것이다.

다시금 옆 스크린으로 눈길을 돌리면 정확히 동공 부분에 십자 마크가 들어 있음을 알게 된다. 실은 벽에 이 쪽이 눈치 채지 못하도록 비디오카메라를 설치해두어 화면 앞에 선 사람의 눈의 움직임을 촬영하고 있는 것이다. 동공 부분의 움직임은 '아이 트래커(Eye Tracker)'라는 추적 장치로 전해지고 그 정보가 컴퓨터에 입력되어 보이는 부분의 영상이 변화하도록 꾸며져 있다. 시선 추적 장치는 다임러 벤츠(Daimler-Benz)사의 것이 원형이고 워크스테이션은 SGI(Silicon Graphics, Inc.)사의 VGX라고 되어 있다.

시선을 옮기면 그 부분이 변화하여 보이지 않던 부분은 원 상태로 돌아간다. 이는 원래의 영상정보가 저장되어 있기 때문이다. 제작자인 J. 자우터(Joachim Sauter)와 D. 루제브링크(Dirk Lüsebrink)는 이 인스터레이션에 〈Zerseher〉혹은 〈Disviewer〉라는 제목을 붙였다. '파괴+보다'라는 조어다. 작자의 의도는 회화 감상에서 보통은 보이지 않는 관찰자와 작품과의 관계를 시각화함으로써 거기에 잠재되어 있는 쌍방향의 관계를 드러내려는 데 있다.

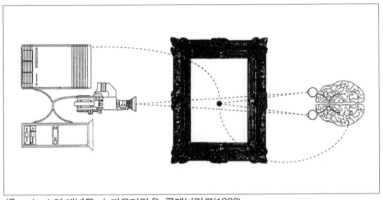

〈Zerseher〉의 개념도. J. 자우터와 D. 루제브링크(1992)

컴퓨터, 액자, 뇌라는 세 요소의 상호작용을 나타내는 그림. 자우터의 설치미술은 보는 것과 액자나 원근법과 같은 서양회화의 장치라는 관계를 다시금 생각게 한다. 그것은 또 파울 클레가 제시한 물음으로 우리를 끌어들인다. 바야흐로 우리는 사물뿐 아니라 회화에게도 비쳐지고 있다.

　단순한 장치로 잘 만들어 놓은 게임처럼 보인다. 그러나 지금 이 스크린에 그림이 아닌 어떤 지역의 경관을 비춘다고 하자. 그리고 그 경관 속의 어느 부분을 보면 그곳이 붕괴하도록 했다고 하자. 그러면 그 장치는 이미 '아비오닉 이미저리'와 본질적으로 다르지 않은 것이 되리라.

　본다는 것의 의미, 나아가서는 주시하는 자의 정치적 신체가 부상하게 된다. 나아가 그 부분의 영상을 무너뜨린다는 프로그램 대신에 미사일 발사로 연동하는 시스템을 덧붙여본다. 무엇이 떠오르는가, 결과는 자명하다. '핀 포인트 공격'이라는 말로 유명해진 오늘날 아주 특이한 어떤 전쟁기계가 등장한다.

분자 간 비행

이러한 시뮬레이션은 항공 산업 더 나아가서는 지표만이 아닌 하늘과 밀접한 관계가 있다. 현재 발표된 쌍방향의 시뮬레이션에는 역시 항공과 관련된 것이 적지 않다. 예를 들면 〈Zerseher〉의 제작자 자우터는 베를린의 하늘을 항공사진과 컴퓨터그래픽(이하 CG- 역자) 조합으로 날아다니는 〈사이버시티 비행(Cybercity Flight)〉을 발표했다.

지표에 비해 하늘은 크다는 단순한 사실이 있다. 광대한 공간에서는 보다 커다란 에너지가 필요할 터인데 비행 시뮬레이터를 사용하면 실제 비행훈련과 비교하여 100의 1 정도의 비용밖에 들지 않는다고 한다. 조종은 물론 항공기의 기체 제조에도 시뮬레이션이 불가결하다는 것은 당연하다.

예컨대 풍동(風洞)실험을 들 수 있다. 나사의 에임스 연구센터(NASA's Ames Research Center)에서 개발한 인공풍동실험장치(Virtual Wind Tunnel)는 우주왕복선(space shuttle)을 위해 만든 것인데 거기에서는 기류의 상태를 바깥에서 뿐 아니라 안에서도 관찰할 수 있다.

관찰자가 실험설비를 밖에서 바라보는 것이 아니라 '데이터 글러브'를 장착하고 CG에 의한 풍동실험 표시 속으로 '들어갈' 수 있는 것이다. 글러브의 손가락 끝으로 특정한 공기의 흐름을 선택하여 보다 자세하게 관찰하거나 기류와 기류 사이로 들어갈 수도 있다. 게다가 앞서 언급한 HMD를 장착함으로써 이 모든 상태를 입체적으로 관찰할 수 있다. 가까운 장래에는 그 흐름을 '느끼는' 일도 가능할 것이다.

눈에 보이지 않는 것 혹은 작은 것 사이로 들어가는 일도 시뮬레이션의 중요한 기능이다. '분자간 비행'이라 명명된 어플리케이션을 보도록 하다. 노스캐롤라이나대학 워렌 로빗(Warren Robinett) 교수가 단백질 합성 연구를 위해 개발한 장치로 '분자 간 비행'이란 그것을 소개하는 비디오테이프의 타이틀이다.

관찰자가 HMD를 장착하면 단백질 분자의 CG 영상이 입체적으로 나타난다. 분자는 착색된 구형이고 영상은 관찰자의 조작에 따라 실시간으로 움직인다.

이 장치에는 두 개의 팔이 붙어 있는데 관찰자는 양손으로 이 팔을 조작하여 분자를 움직이며 관찰하거나 합성을 시도할 수 있다. 팔은 컴퓨터로부터의 정보를 수집하여 관찰자의 작용에 대한 분자의 반작용을 피드백 한다. 실시간으로 움직이므로 실제로 분자를 움직이고 있는 듯한 감촉을 맛볼 수 있다.

부유하는 공을 매직 암(arm)과 같은 것으로 잡거나 놓으면서 분자의 미는 힘과 당기는 힘을 느낄 수 있는 장치는, 쌍방향 시뮬레이터에서만큼은 우리가 더 이상 단순한 관찰자가 아닌 인공공간의 적극적인 참가자이자 조작자임을 보여준다. 우리는 조종간을 쥐고 파일럿처럼 분자레벨의 공간을 비행한다. 단순하기는 하나 시각과 촉각을 연동시키는 이 경계면은 지금까지의 영상미디어와는 다른 종류의 어떤 것들이 생겨나고 있음을 짐작케 한다.

환영의 집

채펄힐(Chapel Hill) 소재 노스캐롤라이나대학 컴퓨터사이언스학부는 일찍이 인공 현실 환경 연구에 착수하여 차례차례 선구적인 업적을 올리고 있는 곳인데 역시 워렌 로빗 연구진이 개발한 것으로 '가상 건축물 체험(architectural walk-through)'이라 불리는 흥미로운 시뮬레이션이 있다.

HMD를 장착한 관찰자가 CG 영상의 거대한 건물 안으로 들어간다. 머리를 움직이면 영상은 그 방향으로 진행한다. 다시 말해 시선을 향한 쪽으로 관찰자가 나아가게 된다. 길게 뻗은 중앙광장을 지나 에스컬레이터를 타고 2층으로 올라간다.

오피스텔 등의 건물 묘사는 간략하게 되어 있기는 하나 빛이나 그림자는 관찰자의 위치에 따라 변화한다. 더욱 재미있는 것은 머리를 위로 향하면 신체가 공중으로 유영하기 시작하여 천정을 뚫고 지나가버린다는 사실이다. 마찬가지로 바닥을 뚫고 1층으로 내려오는 일도 가능하여 천정과 바닥 사이에 있는 전기나 공조 배선을 살펴볼 수 있다. 투명인간이 된듯한 기분이 든다.

마쓰시타전기(松下電気)가 발표하여 화제가 된 '공간결정 지원시스템' 도 역시 이와 비슷한 종류의 시뮬레이션이다. HMD와 데이터 글러브를 장착한 관찰자는 향후 만들어질 부엌으로 가서 사용하기에 편리한 정도를 몸으로 알 수 있다.

위의 건축물들은 모두 환상이다. 문제는 시야 전체를 뒤덮는 트롱프뢰유(trompe-loeil)를 보고 있다는 사실은 알겠는데 그 환영공간을 걷고 있다는 감각을 몸이 느껴버린다는 데 있다. 크리스천 묄러(Christian Möller)가 최근 발표한 〈스페이스 밸런스(Space Balance)〉는 가상현실 환경이 갖고 있는 트롱프뢰유의 성질을 매우 간결한 메커니즘으로 표현한 것이다.

당신이 들어가는 방은 입방체에 가깝다. 천정, 벽, 바닥 어디에도 실내장식 같은 것은 없는데 실은 바닥이 전후로 기울게끔 되어있어 당신은 마치 시소 위에 서 있는 느낌이 들 것이다. 흔들거리는 바닥에 놀랄 틈도 없이 스크린으로 되어 있는 전후방의 벽 전체에 CG영상이 투영된다.

아주 불안정한 바닥은 체중 이동에 따라 앞뒤로 기울지만 그에 맞춰 기운 방의 모습이 비친다. 벽이나 천정도 실제로는 움직이지 않는데 금방 자신이 굴러가는 거대한 주사위 속에 들어간 듯한 착각에 빠진다. 그로 인해 어떻게든 방 안을 안정시키려는 마음에 몸을 움직이게 되는 것이다. 전후방 벽 전체의 스크린은 HMD보다 더 강력한 착각을 불러일으켜 몇 분만 있으면 그것이 스크린 배후의 레트로 프로젝션(Retroprojection)에서 나오는 영상이라는 사실을 까맣게 잊어버린다.

이 '스페이스 밸런스'를 체험하고 제일 먼저 드는 생각은 1920년대에 유럽의 아방가르드 예술가들이 추구한 집단지각 실험이다. 특히 리시츠키(El Lissitzky)를 중심으로 한 러시아 구성주의(Constructivism)의 전시공간에 구현된 개념이나 헤르베르트 바이어(Herbert Bayer)가 고안한 관객의 시야 전체를 패널로 덮어버리는 전체 전시(Total Exposition)라는 사고방식에 아주 근접해 있거나 그 연장선상에 있는 것처럼 보인다.

그러나 '스페이스 밸런스'가 일으키는 환영의 기원은 그보다 훨씬 오래 전인, 어쩌면 바로크시대의 교회건축에 두고 있는 것이 아닐까. 트롱프뢰유라는 원근법의 마술. 바로크 교회의 문을 열고 들어가 어두침침한 입구를 지나 돔 천정을 올려다봤을 때 일어나는 떨림 말이다.

그런 까닭에 가장 놀라운 일은 '스페이스 밸런스'에서 우선 균형을 유지하는 데 성공하여 방을 안정시킨 다음 밖으로 나왔을 때 일어난다. 그곳은 움직이지 않는다. 현실의 지면인데 몸 쪽에서 균형을 잡으려고 멋대로 움직이는 것이다. 바로크 건축이 우리에게 주는 효과는 일단 교회 밖으로 나왔을 때 발생하는지도 모른다.

환영건축물

일종의 현기증일 것이다. 순간적인 어지러움이 계속 찾아오는 것인데 오늘날 우리를 둘러싼 '현실'을 생각했을 때 이 현기증은 본질적으로 숙고할만한 가치가 있을 것이다. 어쨌든 최근 2년 동안 발표된 여러 어플리케이션을 보면 많든 적든 이 감각이 핵심이 되고 있음을 알 수 있다.

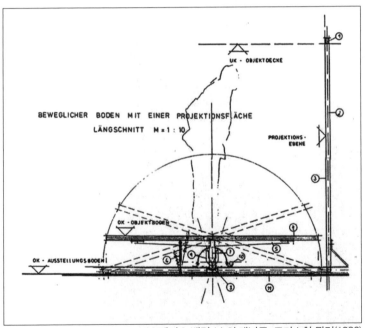

〈스페이스 밸런스〉의 개념도, 크리스천 뮐러(1992)

그 중에서도 '스페이스 밸런스'의 변주라 부를만한 환영건축물이 다양한 영역에서 등장하고 있다. 장식이 장식을 낳아 자기 증식하는 바로크 예술처럼 지금은 환영이 자기 증식을 꾀하고 있는듯 하다.

제프리 쇼(Jeffrey Shaw)의 〈가상 박물관(The Virtual Museum)〉(1991)을 예로 들어보자. 이것 역시 입방체에 가까운 방 중앙에 원형의 통제시스템을 갖춘 형태다. 통제시스템은 원형 테이블 위에 설치된 대형 비디오 스크린과 그 앞에 마련된 의자로 이루어져 있다.

〈가상 박물관〉, 제프리 쇼(1992)

회전의자에 앉아 있지만 스크린 속의 의자에는 아무도 앉아 있지 않다. 가상적으로는 그녀가 거기에 앉는 순간 이미 앉아 있지 않는 것이다. 벽을 통과하고 있는 이상한 나라의 엘리스처럼 말이다.

의자에 앉으면 스크린에 그 방과 닮은 CG영상이 나온다. 영상은 의자의 위치와 연동하고 상체를 앞으로 기울이면 화상이 전진하고 중심을 뒤로 옮기면 후퇴한다. 마찬가지로 좌우로 기울이면 테이블의 회전과 더불어 방 안의 영상 또한 좌우로 움직인다.

〈가상 박물관〉의 3번째 방, 제프리 쇼(1992)

제프리 쇼는 자전거로 책 도시를 탐방하는 컴퓨터그래픽 설치미술(Computergraphic installation)인 〈읽기 쉬운 도시(The Legible City)〉(1991년) 이후 문자를 중요한 테마로 삼고 있다. 다른 대부분의 예술가들이 컴퓨터그래픽에 열중하고 있을 때 문자 혹은 언어에 집착하는 모습은 어딘지 이단처럼 보일지도 모른다. 그러나 바우하우스나 구성주의에 의한 시각혁명의 중심에 타이포그래피(Typography)와 이미지 실험이 있었음을 상기하면 쇼는 오히려 정통한 접근을 시도한 것이라 할 수 있다.

그런데 스크린에 처음 비친 방은 통제시스템이 마련된 방과 같지만 거기에서 출발하여 관객은 가상미술관의 다른 방으로 옮겨가게끔 되어 있다. 방과 방 사이에 문은 없다. 중심을 앞으로 하고 전진하면 벽을 뚫고 그대로 다른 방으로 갈 수 있는 것이다.

전시실은 첫 방을 포함하여 5개가 있고 각각 회화, 조각, 영화 등의 다른 표현형식을 상징화한 '작품'이 배치되어 있다. 영화 방에서는 한자(漢字) 화면에 에드워드 마이브리지(Eadweard Muybridge)의 인물 연속사진(Human Locomotion)이 나온다든지, 끝 방에서는 숫자 2나 알파벳 A가 빨갛고 파란 광선을 뿜은 채 부유하면서 극중극에 버금가는 'CG 안의 CG' 공간을 만들고 있다.

테이블의 회전은 360도 가능한 데다 영상의 회전속도와 완벽하게 일치하기 때문에 관객의 신체는 현실 공간과 가상공간 양쪽에서 동시에 움직이게 된다.

관객은 현실의 신체를 의자에 맡긴 채 가상미술관 안을 자유롭게 배회할 수 있다. 그러나 가상적으로는 의자 위의 신체가 소멸해버렸기 때문에 제프리로서는 당연히 그 반대의 말을 할 것이다.

아그네스 헤게뒤스(Ágnes Hegedûs)의 〈핸드사이트(Handsight)〉(1992)는 거의 이 의자의 회전을 손목 회전으로 뒤바꾼듯한 것이다. 여기에 어항만한 크기의 투명한 아크릴로 만든 주발이 있다. 속은 비어있고 위쪽에 손목이 들어갈 정도의 구멍이 있다. 그 옆으로 탁구공만한 모형 눈알이 있다. 코드가 부착된 안구를 투명 주발에 넣으면 앞쪽에 설치된 원형 스크린에 CG영상이 나타난다.

안구를 움직이면 영상도 변화한다. 잠시 손목을 움직이는 동안 그 영상이 투명 주발 속에 만들어진 어떤 방임을 알게 된다. 안구를 움직임으로써 시선이 원형의 인테리어 속을 이동하는 것이다. 바닥에는 격자모양의 카펫이 깔려있고 가구 같은 것들이 있으며 화분에 심은 식물도 보인다. 사다리 같은 것이 세워져 있어 2층의 다락방처럼도 보인다. 하여간 구형의 공간 속을 손목을 움직임으로써 마치 날아다니는 작은 새처럼 자유자재로 들여다 볼 수 있다.

〈핸드사이트〉 아그네스 헤게뒤스

안구와 구형의 가상공간이 투명 그릇 안에서 만난다. 이 구형공간을 나중에 다룰 라반의 운동감각에 대응하는 것으로 보면 '핸드사이트'를 손목의 회전에 의한 일종의 춤으로 해석할 수도 있지 않을까.

안구와 서양의 점쟁이들이 쓰는 수정체처럼 보이는 투명 주발 그리고 원형스크린이라는 세 가지 구형 공간을 통해 우리는 손목 회전운동이 일으키는 기묘한 공간의 왜곡을 맛보게 된다. 탁구공 눈알의 시계는 우리의 그것과 달라서 어안렌즈에 가깝다. 더욱이 이것은 원형스크린에 투영되는 까닭에 영상 자체가 상당히 왜곡되어 버린다. 이는 광학적 왜곡을 응용한 왜상화법(anamorphosis)에 아주 근접한 것이다.

격자와 감옥

바로크가 전자미디어의 힘을 빌려 되살아나고 있는 것일까. 어쩌면 그럴지도 모른다. HMD나 데이터 글러브 등의 장치를 이용하여 예술가가 가상적인 공간을 구축할 경우 종종 바로크적인 미궁이 거기에 나타나는 것은 우연일까.

모니카 프라이슈만(Monika Fleischmann)과 볼프강 스트라우스(Wolfgang Strauss)가 1992년에 발표한 작품 〈뇌수의 집(Home of the Brain)〉은 그러한 미궁으로서의 미술관이다. HMD와 데이터 글러브를 장착한 우리는 거울을 빠져나간 '이상한 나라의 앨리스'처럼 가상미술관으로 들어간다. 거기에는 미궁을 중심으로 네 개의 공간이 있고 지혜의 나무라 불리는 식물이 우거져 있다. 가까이 다가가면 식물 표면에는 각종 문자가 적혀있고 그것이 여러 문명의 상징임을 알 수 있다.

네 개의 방은 과학과 예술의 경계영역, 특히 컴퓨터 예술에 커다란 영향을 끼친 네 명의 사상가에게 헌정되어 각각의 초상화를 만지면 그 사상과 관련된 비디오가 상영된다. 또 '철학자의 의자'에 앉으면 그들의 짧은 텍스트를 들을 수 있다.

각각의 방은 사상가의 성격에 대응하는 연금술적 색채가 가미되어있다. 마빈 민스키(Marvin Minsky)는 파랑색, 빌렘 플루서(Vilèm Flusser)는 녹색, 비릴리오는 노랑색, 요제프 바이첸바움(Joseph Weizenbaum)은 빨강색으로 되어 있다. 피라미드나 공, 입방체 등 네 개의 원소를 나타내는 오브제가 배치되어 물질과 언어 주변에 플라톤적 존재의 연쇄가 나선을 그리며 얽혀있다. 이들 오브제에 다가가면 물 흐르는 소리, 불꽃 튀는 소리 등이 들려온다.

〈뇌수의 집〉, 모니카 프라이슈만과 볼프강 스트라우스

바로크, 연금술, 이데아론 등이 자유자제로 조합되어 있는 이들 환영 건축을 돌아보는 일은 즐겁다. 동시에 거기에는 형식적인 한계가 있는 것 또한 사실이다. 장치의 신선함이나 게임 같은 즐거움을 빼면 이 가상 박물관이 참으로 미지의 세계라 할 수 있는가라는 의문의 든다.

하나는 그 세계를 그리드 시스템(Grid systems)으로 설정한 탓일 것이다. 이는 결국 가상공간이 모두 현실 세계에 존재하는 방의 연장선상에 있게 된다. 지구상이 중력으로부터 완전히 자유로운 구조를 만드는 것이야말로 가능성이 있는 것일 텐데 이들 가상박물관의 건축물은 웬일인지 지극히 보수적이고 현실긍정적인 것이 되고 말았다.

물론 장치의 문제는 큰 것이다. HMD가 분명히 전자 영상시대의 도구인지는 모르겠으나 원래 입체시(立体視)를 목적으로 개발된 것이다. 따라서 거기에는 입체경(Stereoscoph)나 파노라마 등의 19세기에 등장한 광학장치 혹은 그것을 응용한 광학완구적인 성격이 남아있다. HMD를 사용한 작품이 많든 적든 공간의 왜곡이나 뒤틀림을 즐기는 쪽으로 가고 있는 것도 르네상스에서 바로크를 거쳐 사진, 영화로 발전해 온 광학사의 필연인지도 모른다.

다시 말해 여기서도 인간은 아직 원근법에서 자유롭지 못하다는 것을 의미한다. 가령 현실 세계의 의자에서 신체가 사라져도 의식은 500년 이래의 원근법 안에 있으면서 더욱 더 빛의 감옥으로 들어가려 한다. 인간은 아직 '깊이의 포로'에서 벗어나지 못하고 있다. 피부로 이해하는 일이 두려운 것일까. 깊이에 대한 혹은 깊이라는 환영에 대한 집착은 기술적인 발전만으로 자연히 해소되는 것이 아니다.

암흑의 시대, 맹목의 수련

또 하나는 쌍방향의 문제다. 전자미디어에 둘러싸인 우리 손의 기능이 단말기의 키나 버튼을 두드리거나, 혹은 마우스를 움직일 뿐인 대단히 빈약한 것으로 전락해 있다는 점은 도입부에서 밝힌 대로지만 아직까지는 '데이터 글러브' 역시 명령단추(Command Button)의 연장으로서 그 빈약함을 이어받고 있는 듯이 보인다. 이런 상태라면 설령 데이터베이스의 용량이 허락하는 한도에서는 가상공간이 무한대의 확장을 할 수 있다 하더라도 거꾸로 그 기점인 손의 기능은 하찮은 것이 되고 만다. '데이터 글러브'는 세계와 촉각을 통해 이어져 있는 프라고나르의 장갑과는 반대 방향으로 뻗어있는 것일까.

결국 전자적인 퍼즐로 끝나버리고 마는 것일까. 미리 상정한 복잡한 전체상을 재구성하는 조각그림 맞추기(jigsaw puzzle)는 즐거운 것이기는 하나 완성했을 때 어떤 새로운 세계가 출현하는 경우는 결단코 없다. 가상공간이라는 놀이도 이와 닮은 데가 있다. HMD를 통해 보는 세계는 참으로 입체적인 세계인가. 아니면 기하학적으로는 3D인데 실은 우리가 프로그램이라는 기복이 없는 세계를 걷고 있는 데 불과한 것은 아닌가. 데이터 글러브를 끼고 검지를 쑥 내민 것만으로도 그것은 결국 명령이 변화한 것에 지나지 않음을 알 수 있다. 그런 손이 명령의 가시에서 자유롭기는 역시 불가능할 것이다. 현실의 가시는 전과 다름없이 그리고 지속적으로 존재할 것이다.

제프리 쇼나 아그네스 헤게뒤스의 작품은 이러한 문제를 우리에게 들이댄다. 의자에 앉은 몸은 무엇인가를 느끼고 있는 것인가, 유리 안구를 든 손은 정말 무엇인가를 보고 있는 것인가고 말이다. 우리의 몸은 결국 고글이나 장갑, 의자로 자리바꿈을 해도 상관없는 것이 아닌가. 그리고 그것은 이 눈부신 영상들 저편 데이터베이스라는 어둠 속으로 내던져져 있는 것이 아닌가.

유리 안구를 손에 쥔 우리는 어둠 속을 손을 더듬으며 걷는다. 우리는 어둠의 시대를 맞이하려 하고 있다. 가상현실이란 새로운 장님 상태를 말한다. 그리고 가상현실을 포함한 모든 현실 차원에서 자기와 비자기의 관계가 위태로운 상황에 빠진 지금이야말로 깊이로의 유혹을 끊고 피부의 인식을 생각해야 하는 것이다.

〈식물의 성장(The Interactive Plant Growing)〉, L. Mignonneau and C. Sommerer(1993)

이 설치미술은 식물의 성장을 나타내는 시뮬레이션인데 실제로 식물을 만짐으로써 그 성장과 움직임을 실시간으로 제어할 수 있는 쌍방향 시스템이다. CG화상이 나오는 화면 앞에는 다섯 종류의 화분이 놓여 있고 그것들의 잎이나 줄기에 손을 대면 화면 속 식물이 성장을 개시한다. 이는 화분의 식물에 센서가 장착되어 있기 때문인데 센서는 우리 신체의 정전기를 감지하여 작동하게끔 되어 있다. 감도가 대단히 높고 식물에 직접 닿지 않고 그 주변의 공간을 손바닥으로 감싸듯 하기만 해도 여러 형태를 만들 수 있다. 이 시스템은 얼마간 매력적인 데가 있는데 특히 식물의 정치한 형태가 우리의 섬세한 감각을 불러일으킨다는 점에서 지금까지의 상호작용예술(Interactive Art)에는 없던 가능성을 열었다. 공학과 식물학의 행복한 만남이 낳은 아름다운 시스템이다.

진정으로 또 하나의 현실을 만들어낼 요량이라면 지금 있는 현실 속에서 빈사상태에 빠진 촉각을 재생하는 데서부터 출발해야 할 것이다. 그러려면 손과 손가락을 키나 버튼을 두드릴 뿐인 단순작업에서 해방시켜 본래 가지고 있을 터인 미세한 감각과 움직임을 되돌려야 한다. 처음으로 수영을 익히듯이 그것은 손이나 팔이 아닌 몸 전체의 움직임을 통해 획득해야 한다.

그럼에도 우리가 맹목의 세계에서 배울만한 것이 있다면 그것은 이 미묘함에 대해서다. 장님의 세계는 그가 만질 수 있는 팔 길이의 세계다. 그 안전권은 지팡이가 다다르는 넓이다. 그로부터 미묘한 기복을 통해 구축된 세계를 이끌어내는 기술이야말로 우리가 필요로 하는 것이다.

그러기 위해서 필요한 연습은 무엇일까. 어떤 신체 기법을 배워야 하는 것일까.

몸짓의 세계

샤뜰레 레 알(Chatelet-les-Halles)은 파리 중심에 위치한 도쿄로 치면 신주쿠역(新宿駅)처럼 기차를 갈아타려는 승객이 가장 많은 역이다. 구내에는 신문을 비롯하여 꽃이나 극장표 등을 파는 매점들이 있어 혼잡하기 이를 데 없는데 이곳에서 얼마 전부터 신기한 광경을 목도하게 되었다.

개찰구 근처로 청년의 그룹이 모여 뭔가 상담을 하고 있다. 그 뿐이라면 이렇다 할 것이 없다. 그러나 같은 모임을 몇 번인가 목격하게 되면서 고개가 갸우뚱해졌다. 파리의 자동 개찰구에는 금속으로 만든 실팍한 문

짝이 달려 있어서 개폐음이 요란하다. 그냥 있어도 반향음이 꽉 차 있는 지하철 구내에서도 제일 시끄러운 장소다. 대화를 나누기에 가장 부적절한 곳을 왜 즐겨 모임장소로 택했을까. 혹시라도 뭔가를 거래하고 있는 것인가고 호기심이 발동하기 시작했다.

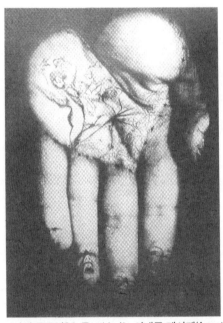

〈나의 트로피(My Trophies)〉, 아네트 메사제(Annette Messager)(1986)

엄지는 지배하고 확인한다. 검지는 결단하고 위협한다. 중지는 때때로 매도한다. 약지는 계약하며 새끼손가락은 붙어서 따른다. 메사제가 묘사한 손바닥의 투우는 문신의 이미지에서 생겨난 것이리라. 스페인어로 왼손잡이를 수르도(surdo)라 하는데 이는 귀머거리를 의미하는 소르도(sordo)에 가깝다. 손과 언어의 본질적인 관계가 어딘가에 숨어 있다. 수화는 목소리의 대체물이 아니라 오히려 언어의 기원에 있는 신성한 손의 활동으로 여겨야 하는 것 아닐까.

그날 오후는 평소보다 사람들이 많았는데 20명 정도의 남녀가 모여 있었다. 주말 저녁의 혼잡 정도는 끔찍하여 수만 마리의 벌떼가 날아다니는듯 한 소리로 충만하다. 그들이 무슨 말을 하고 있는지는 도저히 알아들을 수가 없다. 가까이 다가가서야 비로소 그 사정을 알 수 있었다. 그들은 전혀 목소리를 내고 있지 않았다. 그들의 움직임을 손짓 발짓일 것이라 생각했는데 알고 보니 수화였다.

거기에서 어떤 대화를 나누고 있었는지, 어떤 정보를 교환하고 있었는지는 알 수 없으나 매일 같이 다니는 역의 혼잡함 속에서 그들이 나누는 손의 움직임은 매우 신선한 것이었다. 수화로 소통하는 농아(聾啞)의 입장에서 보면 우리가 시끄러워 대화를 나누기에 부적절하다고 여기는 공간도 그들에겐 결코 부적절하지 않다. 갈아타는 객차 수가 가장 많은 샤뜰레 레 알은 집합 장소로서 이상적이다. 더욱이 구내여서 승차권을 다시 살 필요가 없다. 이 소음의 바다 속에서 다른 형식을 취한 소통의 섬은 아주 자연스럽게 생겨난 것이리라.

도시의 미시분석

이러한 현대도시의 내부에서 자율적으로 생겨난 행동을 철저한 관찰을 바탕으로 연구한 성과가 윌리엄 화이트(William H. Whyte)의 『도시(City)』(1988)다.[3] 부제인 '중심가의 재발견(Rediscovering the Center)'에서도 알 수 있듯이 화이트는 대부분의 도시에서 진행되고 있는 '도시의 확산(Urban sprawl)'과 공동화라는 악순환에서 벗어나고자 도시 구조가 아닌 인간의 행동을 축으로 중심가의 기능을 재평가하는 데 주력했다.

『도시』는 길거리에서 드러나는 인간의 행동, 그것을 둘러싼 도로와 인

---

3) William H. Whyte, *City*, New York 1988.

도의 환경 그리고 중심가에 대한 재평가를 위한 몇몇 관점 등 크게 세 부분으로 나뉘어져 있다. 특히 눈길을 끄는 곳은 첫 번째 부분이다. 뉴욕을 비롯한 대도시에서 16년에 걸쳐 관찰한 성과가 이 부분에 집약되어 있다.

첫 장이 〈거리의 사회생활〉로 시작되듯이 화이트는 도시 재생의 핵심을 길거리를 매운 사람들의 활동에 두고 있다. 뉴욕 거리의 즐거움은 이미 문학이나 영화 등을 통해 다방면으로 다루어져 왔는데 그야말로 '가두극장'이라는 말이 어울리는 이 거리의 다양한 인간 행동을 이보다 정치하게 다룬 책은 없을 것이다. 이는 화이트 등이 카메라를 관찰 도구로 삼아 예컨대 이야기하면서 소맷자락을 만지거나 옷에 난 실 부스러기를 손가락으로 놀리는 등의 통행인들이 보인 사소한 행동을 놓치지 않고 기록했기 때문이다.

여러 사람들이 등장한다. 우선 정규직인 경찰, 우체부, 현관안내인(doorman), 여러 교통기관의 관계자들이 그들이다. 이들은 육체적인 면에서 전문가다. 점포경영자는 거리의 24시간을 잘 알고 있다. 여기에 전단지 배포, 아이스크림이나 핫도그 전문 매점에서 일하는 젊은이들, 배달원, 점쟁이, 노점상, 거리연예인, 소매치기, 각종 종교의 포교원, 매춘부, 혈압측정원 등의 비정규직종을 더하면 대강 어느 도시에서나 볼 수 있는 출연자 목록이 만들어진다.

다음으로 그 도시가 아니면 볼 수 없는 특수한 인물들이 더해지기 마련인데 뉴욕을 뉴욕답게 해 온 데에는 여기에 속하는 사람들의 역할이 크다. 뭉뚱그려 거리노숙자라 일컬어지는 사람들 중에도 상상을 초월하는 캐릭터들이 존재한다. 쇼핑백 레이디(shopping-bag lady)를 비롯해서

달무리 사나이(Moon dog Man), 미스터 마구(Mr. Magoo), 피해망상의 사나이(paranoid man), 아즈텍 선교사(Aztec missionary), 기둥서방, 마녀, 마약 파는 사람 등의 기묘한 사람들이다.

그러나 거리의 진정한 주인공은 이들 출연진에는 **빠져** 있는 사람들, 다시 말해 가두극장의 관객이자 '통행인'인 일반시민이다. 화이트 등이 분석 대상으로 가장 심혈을 기울인 것도 다름 아닌 이 통행인들이다. 중심가의 재발견이란 통행인의 재발견인 것이다. 다운타운의 회복 또한 한 마디로 말해서 통행인이 영위하는 사회생활을 보증할 수 있는가의 여부에 달려 있는 것이다.

렉싱턴 감각가

이러한 관점은 어쩌면 통상의 도시계획에서는 청사진 밖으로 **빠져** 나와 버릴 것이다. 투시도법으로 그린 도시에는 들어 있지 않은 부분이다. 화이트는 이렇게 시각적 도시개념으로는 볼 수 없는 부분을 '감각가(感覺街)'라 불렀다.

그리하여 예로 든 것이 뉴욕 렉싱턴(Lexington)가의, 특히 57번가에서 61번가 사이의 4구획이다. 맨해튼에서도 보도가 좁은 편인데다 도로표지나 쓰레기통, 우체통 등이 아무렇게나 배치되어 있는 까닭에 가장 걸어 다니기 힘든 장소 중 하나인 이 길에서 화이트는 가장 많은 시간을 들여 조사했다.

지하철 렉싱턴역은 맨해튼을 오가는 세 개의 노선과 퀸즈로 이어지는 노선의 환승역이고 59번가는 그 앞에 다리가 있는 까닭에 자동차로 혼잡을 이루는 장소다. 또 여기에는 블루밍데일즈(Bloomingdale's)와 알렉산

더(Alexander)라는 두 개의 대형백화점이 자리를 잡고 있어 항상 쇼핑을 하려는 손님들의 발길이 끊이질 않는다. 화이트는 알렉산더 앞에서 정점 (定點)관측을 했는데 이 백화점은 작년에 철거했다. 거기에 영화관, 양식 조리 식료품점(delicatessen), 패스트푸드점 등이 즐비하여 점심시간이나 초저녁에는 비좁은 인도 행렬이 긴 꼬리를 문다.

같은 번화가 중에서도 렉싱턴가는 5번가나 파크가(Park Avenue)와 비교했을 때 굉장히 서민적인 분위기를 띠고 있다. 전단지를 배포하는 사람들이 왔다 갔다 하면서 보행리듬을 깨는 곳이기도 하다. 한 가지만 덧붙이자면 강도는 없지만 소매치기나 날치기가 쉽게 일어날 만큼 혼잡한 길이라고 이해하면 되겠다.

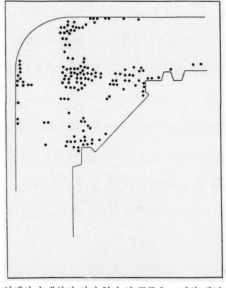

알렉산더 백화점 정면 현관 앞 군중을 묘사한 배치도. 기다리는 사람, 서서 대화를 나누는 사람 등 각양각색이지만 흥미롭게도 인도 중앙에 위치한 군중의 위치는 건물의 가상 윤곽을 드러낸다. 이 보이지 않는 윤곽선은 각을 제거하기 이전에 있었던 건물의 모서리 부분과 일치한다.(화이트의 『도시』에서 발췌)

화이트는 렉싱턴가가 이렇듯 걷기에 대단히 힘든 곳인데도 많은 사람들이 즐겨 다니는 현상에 주목한다. 다시 말해 도시계획의 관점에서 보면 장애물이 많은 곳인데 오히려 장애가 많기 때문에 사람들이 모여드는 게 아닐까고 여긴 것이다.

예를 들면 장애물이 이토록 많은 거리인데도 뉴욕의 대부분의 맹인들은 렉싱턴가를 잘 안다. 그도 그럴 것이 반 블록 떨어진 곳에 라이트 하우스라는 맹인센터가 있어서 이 센터에 다니는 맹인들의 보행훈련에 렉싱턴가 귀퉁이가 활용되고 있기 때문이다.

화이트의 책에 소개된 한 맹인의 예는 '감각가'의 의미를 잘 전해준다. 그에 따르면 렉싱턴가에는 대단히 많은 '신호'가 있다고 한다. 우선 그는 모퉁이의 신문판매대를 한길로 나서는 표시로 삼는다. 신문 판매대의 잉크냄새와 신문팔이 소년의 목소리가 신호다. 다음 모퉁이에는 프레첼(pretzel)을 파는 매점이 있고 고소한 빵 냄새가 신호다. 머리로 물방울이 떨어진 느낌이 든다면 그것은 애완동물 가게 위의 공조기 때문이다. 손에 부드러운 것이 닿으면서 우아한 향기가 감돈다면 꽃집이고 따뜻한 공기(여름에는 냉기)가 흘러나오면 백화점 입구다. 조금 더 걸으면 바에서 맥주 냄새가 풍겨나온다.

화이트는 렉싱턴의 인도가 패인 곳이 많다고 밝혔다. 지금은 맨해튼 어디고 비슷한 상황이지만 그러한 도로 파손도 촉각을 의지해서 걷는 사람들에게는 중요한 신호가 된다. 이 맹인의 경우는 모든 파손 상황을 숙지함으로써 자신의 위치를 정확하게 파악할 수 있었던 것이다.

보행의 기보법

뉴욕은 세계 도시 중에서도 보행 속도가 가장 빠른 곳 중의 하나다. 여러 도시의 보행자 행동을 비교 조사한 결과 화이트는 가장 숙련된 보행자로 뉴요커를 들고 그들의 행동을 상세하게 분석했다.

예컨대 보행자끼리 지나칠 때 나타나는 발걸음의 변화를 보자. 마주서서 오는 상대방과의 거리가 어느 지점에 다다르면 불과 0.2초 만에 걷는 속도가 떨어져 부딪히지 않도록 자세를 바꾼다. 이는 의식적인 행동이라기보다는 시각과 촉각의 연동에 따른 고도의 반사행동이라 봐야한다. 따라서 아침, 저녁의 혼잡한 시간에는 보행자 전체가 이러한 무의식적인 템포의 조절을 하고 있다는 말이 된다.

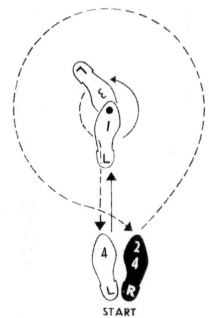

〈폭스트로트(foxtrot)〉, 앤디 워홀(Andrew Warhola)(1961).
불가능한 춤…….

도시로 통근하는 사람들의 무리는 기계적으로 행동하는 덩어리로 표현되는 경우가 많다. 그러나 화이트의 조사는 그러한 이미지를 전복하고 대단히 능동적인 보행자의 모습을 부각시켰다. 시선, 팔과 손에 든 신문지를 이용하여 수영하듯이 미끄러져 나아가는 사람의 신체는 보행이 하나의 기술로서 단련되어 있음을 보여준다.

　밀도와 속도에서 뉴욕의 보행자에 필적하는 이들이 동경 사람들이다. 화이트는 도쿄의 보행자가 뉴요커보다도 규칙적이고 또 잘 달리는 것에 놀랐다. 긴자(銀座)나 시부야의 스크램블(scramble) 교차로의 횡단은 렉싱턴역의 교차로에 필적하는 장관이 아닐 수 없다. 실제 시간당 수천 명에 달하는 사람들이 모든 방향에서 횡단을 시작하여 충돌을 일으키지 않는 일은 기적에 가까운 현상이다. 보행은 가장 오래되고 보편적이면서 가장 놀랄만한 행동임에 틀림없다.

　물론 보행이라는 행동을 관찰하고 연구한 것이 뉴요커가 처음은 아니다. 보행에 대한 연구는 어쩌면 최초의 보병대 조직만큼이나 역사적으로 오래되었을 터이다. 군대의 기본은 행진에 있다. 보행이 독립된 행동으로 다루어진 적이 있다면 복수의 사람들이 보조를 맞춰야만 하는 문제가 생겼을 때였을 것이다.

　행진은 명령에 의존한다. 그때의 몸동작은 명령의 형식에 따라 결정된다. 따라서 임의의 방향으로 걸어가는 사람의 몸이 진정으로 훈련된 곳은 전투 집단이 아닌 무도(舞蹈) 집단이 아니었을까. 왜냐하면 무도는 명령이 아닌 동의에 바탕을 두고 진행되기 때문이다. 뉴욕이든 도쿄든 혼잡한 시간대의 흠잡을 데 없는 횡단 행동에 명령이 아닌 어떤 무의식적인 동의가 깔려있다면 그 기원은 행진이 아닌 춤이 아닐까 한다.

그러나 보행이나 춤의 역사를 되새겨 볼 경우 문제시 되는 것은 그에 대한 기록이 거의 없다는 사실이다. 같은 시간예술 중에서도 음악에는 악보가 있고 극에는 대본이 있는데 세계 도처의 춤에는 그러한 것이 없다. 물론 춤을 표현하는 언어가 없었다는 것은 아니다. 대부분의 춤은 신체의 움직임을 표현하는 풍부한 어휘군을 갖고 있으나 그것은 구비전승된 것으로 악보를 보면 언제든 재연할 수 있는 것이 아니다.

따라서 오늘날 모던댄스의 안무에 쓰이는 보면(譜面)은 비교적 최근에 고안된 것이다. 17세기에서 18세기에 프랑스에서 생겨난 춤 기보법은 저절로 나온 것이 아니라 춤을 전달하려는 명확한 목적에 의해 만들어졌다.

춤의 체계화는 루이 14세가 1661년 왕립 무용 아카데미(Académie Royale de Danse)를 만들고 같은 해 파리오페라극장(Opéra national de Paris) 부속 무용학교를 개설함으로써 시작된다. 춤사위의 체계화에 나선 것은 안무가인 피에르 보샹(Pierre Beauchamp aka Beauchamps)이었다. 보샹의 업적을 계승하여 최초로 체계적인 기보법을 만든 이가 피에 (Raoul-Auger Feuillet)다.

보행의 선형이론

1700년에 피에가 발표한 〈안무법(Chorégraphie)〉은 몸의 움직임을 기술한 최초의 문법서다. 발상 자체는 이미 보샹 등의 동시대 인물들이 다져놓았으나 이 책에서 피에는 몇 가지 획기적인 기술법을 도입했다.[4]

하나는 보면을 바닥의 투영도에 비유하여 춤 동작을 그 위에 남는 선으로 묘사한 것이다. 시작점과 끝점이 있는 선형은 공간 안에서의 움직

---

4) 기보법의 역사는 허치슨-게스트가 꼼꼼하게 정리한 바 있다. Ann Hutchinson-Guest, *Dance Notation*, London, 1983.

임을 나타내는 흔적임과 동시에 악보와의 대응으로 시간의 흐름도 보여준다. 또 이 선은 몸의 이동방향을 나타냄과 동시에 몸의 축을 나타내는 투영이기도 하다. 요컨대 피에는 몸의 이동방향과 몸의 축방향을 한 줄의 선으로 나타냄으로써 춤이라는 공간과 시간의 예술을 직선적인 운동으로 인식할 수 있게 했다.

발명이라 불러도 될 정도의 이 기보법이 획기적이었던 것은 보면으로 연습에 임하는 무용수를 상상해보면 금방 알 수 있다. 무용수는 시작점에 서서 춤사위에 들어갈 것이다. 안무가는 보면의 선과 무용수의 몸을 두루 살피면서 몸짓을 조정한다. 다시 말해 안무가도 무용수도 시간의 경과에 따라 춤을 하나의 연결된 운동으로 읽어 나갈 수 있다.

이 선에 맞춰 전방이나 옆으로 내디딜 발의 움직임이 기입되어 있다. 피에는 몸의 이동을 체중의 이동으로 생각했다. 이것도 하나의 발견이다. 춤에서 중요한 것은 위치다. 위치는 몸을 지탱하고 있는 쪽 발을 뜻하고 공중에 있는 다리는 그것이 착지하여 새로운 위치를 확정할 때까지의 과정에 지나지 않는다. 피에의 기보법은 이 과정을 기술한다. 보통은 눈에 보이지 않는 체중의 이동을 선으로 볼 수 있게 했다. 춤의 본질을 하나의 평형에서 다른 평형으로의 이행으로 파악한 것이다.

피에의 궁리는 프랑스 국내 뿐 아니라 영국을 비롯한 유럽 각지에 소개되어 급속히 퍼져나갔다. 또 영국에서는 피에의 방식을 개량하여 18세기를 통해 수많은 춤을 기록했다. 해협을 건너 외국 궁정의 춤이 전해진다. 이리하여 거울의 방(La Galerie des Glaces)이든 별장의 뒤뜰이든 프랑스든 영국이든 보면만 있으면 하나의 춤을 다른 장소에서 재현할 수 있게 되었다.

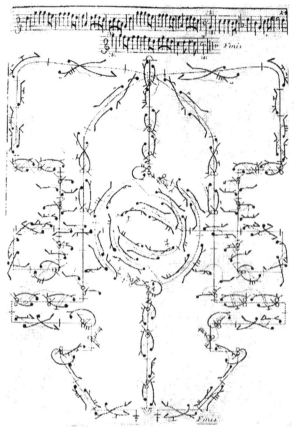

⟨Favorite⟩의 기보법. Issac(1707)
피에의 것을 개량한 Weaver의 기보에 따름.

여기에는 음악과 악보의 관계와는 다른 어떤 힘의 구조가 숨어있다. 각각의 장소에서 모인 사람들이 궁정의 대형 홀에서 같은 춤을 춘다는 것은 춤을 통해 왕권이 모든 신체에 미친다는 것을 의미한다. 시공을 초월한 몸동작의 통일이 시작됐다는 뜻이다.

무용보(舞踊譜, Labanotation)

새로운 기보법의 고안은 19세기에 들어서도 이루어졌는데 독일에
서는 프리드리히 초른(Friedrich Albert Zorn)이 『무용문법(*Grammatik
der Tanzkunst*)』(1887)에서 독자적인 기호를 고안하였다. 프랑스에서
는 지로데(Alfred Girodet)가 『흉내, 표현, 몸짓』(1892)에서 춤꾼의 표
정에 대해 분류했다. 19세기 후반에 나온 이들 기보법에서는 신체의 움
직임에 대한 분석과 분류가 과학적으로 이루어진 것이 특징이다. 그 배
경에 같은 시기에 전개된 사진술의 발달이 한몫하고 있음은 두말할 나
위 없다. 특히 1892년 러시아 출신의 블라디미르 스테파노프(Vladimir
Ivanovich Stepanov)가 발표한 『몸짓의 첫걸음(*Alphabet of Movements
of the Human Body*)』은 클래식 발레의 기보법으로 채택되었고 니진스
키(Vaslav Fomich Nijinsky)는 이를 개량하여 자신의 춤에 적용했다.

1920년대에 들어서면 모던 댄스의 영향과 새로운 신체관에 바탕을 둔
기보법이 등장한다. 그 중에서도 혁명적인 춤 이론과 함께 현대 무용술
(choreography)에 커다란 영향을 미치고 있는 것이 루돌프 라반(Rudolf
von Laban)이 제시한 기보법이다.[5]

1879년 헝가리에서 태어나 파리에서 건축을 배웠으나 본격적으로 춤
을 연구한 것은 1910년대의 뮌헨 시절이었다고 한다. 동시대에는 쇤베르
크(Arnold Schönberg)와 칸딘스키(Wassily Kandinsky)가 있었고 슈타이

---

5) 프랑스와 독일에서는 라바노테이션을 키네토그라피(Kinetographie)라 부른다. 라바노
테이션의 연구서는 주로 영어권에서 다수 출판되었으나 프레스톤 던롭(Valerie Preston-
Dunlop)은 저서 *Readers in Kinetography Laban*(1967)을 통해 라반 특유의 용어를 풀어쓰
고 복잡하기 그지없는 사상을 정리했다. 또 라반의 생애에서 그 교육 방법까지도 포함하
여 일반적으로 알기 쉽게 정리한 것으로는 쏜튼의 자료가 참고할 만하다. Valerie Preston-
Dunlop, *Readers in Kinetography Laban*, 2 vol., London, 1967. San Thornton, *A Movement
perspective of Rudolf Laban*, London, 1971.

너(Rudolf Steiner)의 사상이 주목을 받던 때였다. 칸딘스키가 형태와 색
이론을 발표하고 쇤베르크가 새로운 음계이론을 만들어내는 흐름 속에
서 라반이 '화성의 과학'이라 부른 신체의 과학을 모색한 것은 시대적 필
연이었는지도 모른다.

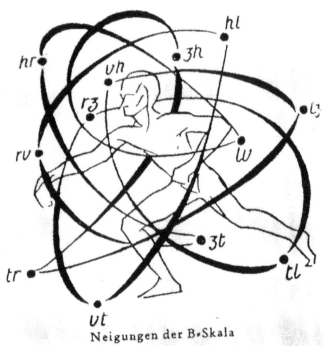

Neigungen der B-Skala

〈계조〉, 루돌프 라반(1926)
라반은 신체의 움직임을 기술하기 위해 다양한 기호화를 시도했다. 이 '계조'는 운동감각
에서의 가능한 모든 움직임을 곡선으로 나타낸 것이다.

나중에 라바노테이션(Labanotation)이라 불리게 되는 기보법에서 라반
은 신체의 움직임을 두 요소로 나누어 파악한다. 하나는 '무게'다. 라반이
이 이론을 구축하는 과정에서 피에를 발견하고 커다란 충격을 받은 일은
잘 알려진 사실이다. 라반은 피에가 2세기도 전에 춤을 체중의 이동으로

기술한 것에 대해 놀랐던 것이다.

또 하나는 움직임을 지배하는 에너지로서의 '흐름'이다. '무게'와 '흐름'은 한 몸의 두 측면, 다시 말해 에너지의 양과 질에 상당하는 것으로 보면 무난하다. 라바노테이션은 신체를 둘러싼 3차원 공간에 6개의 방향을 가정하여 이들 보이지 않는 두 힘이 활동하는 모습을 기술한다. 이 공간의 기본이 되는 축은 척추를 관통하는 수직선으로 이 축이 음계에서의 A가 된다. 피에의 기보가 수평방향으로 전개된 것에 대해 라반은 천지방향으로 축을 정한 셈이다.

코로틱(choreutics)[6]이라 불리는 이 이론은 1928년에 발표되었고 라반은 이를 바탕으로 뮌헨에 무용학교를 개설한다. 그 영향이 대단히 컸기에 라반은 1930년에 바이로이트음악제(Bayreuther Festspiele)에서 안무를 담당하는가 하면 이듬해에는 국립극장의 발레감독으로 임명되기에 이른다.

라반과 피에의 관계는 시대적 환경을 고려하면 굉장히 흥미롭다. 라반의 지위는 나치가 권력을 쥔 후에도 변함이 없었다. 그는 정식으로 나치 선전부에 발탁된다. 나치는 라반의 이론을 군중의 신체조작에 이용할 수 있을 것이라 생각했는지도 모른다. 그런데 라반은 베를린 올림픽과 동시에 개최된 무용페스티벌에서 상연한 작품이 빌미가 되어 체포 투옥되는 한편 그 저작들은 모두 불태워지고 만다. 이후 라반은 영국으로 망명한다.[7]

---

6) Laban, *Choreutics*, London, 1966.

7) 현재 라바노테이션의 자료를 갖춘 연구기관이나 라바노테이션을 발전시키고 있는 무용센터에는 다음과 같은 것들이 있다.
   · Lavan Center for Movement and Dance /Goldsmith College University of London.
   · The Dance Notation Bureau/33 W21 street New York.
   · Department Dance/Ohio State University.
   2002년에는 런던에 라반과 라바노테이션 아카이브를 갖춘 센터가 오픈하였는데, 헤르조그 드 뫼론(Herzog & de Meuron)의 건축물과 더불어 본격적인 컨템포러리 댄스 스쿨로서 널리 알려져 있다. http://www.trinitylaban.ac.uk/

신체의 상대성 이론

기보법이라는 형태를 띠고 등장한 몸짓과 권력을 둘러싼 역학을 이해하는 데 흥미로운 재료가 하나 있다. 그에 대한 분석은 다른 기회에 하기로 하고 여기에서는 라반의 이론이 어떻게 발전했는가를 살펴보기로 하자.

오늘날 모던 댄스에서 가장 큰 영향을 끼치고 있는 무용수로는 역시 머스 커닝엄(Merce Cunningham)을 들 수 있을 것이다.

존 케이지 (John Cage), 재스퍼 존스(Jasper Johns), 로버트 라우센버그(Robert Rauschenberg), 백남준과 커닝엄을 에워싸고 있는 예술가들은 현대예술의 은하계다. 커닝엄을 이해하기 위해서는 그의 작품을 보는 수밖에 없다. 이는 예술가 자신의 생각이기도 하다. 그런데 케이지나 백남준과 비교했을 때 커닝엄의 발언은 현저하게 적다. 여기서는 1980년에 발표된 귀중한 인터뷰를 참고로 그의 사상적 특징을 끌어내고자 한다.

인터뷰 들머리에서 클래식무용과의 차이를 물었을 때 커닝엄은 다음과 같이 대답한다.

"저는 모든 점(点)이 등가인 공간을 열 생각을 했습니다. 이는 거기에 사람이 있건 없건 각각의 장소가 갖는 중요성에는 변함이 없는 공간을 말합니다. 그렇게 보면 어떤 특별한 점에 악센트를 두는 것이 중요하지 않다는 것을 알게 됩니다. 그때 저는 아인슈타인의 다음과 같은 구절을 발견했습니다. '공간 안에 정해진 점은 존재하지 않는다'. 거기서 저는 만약 정점이라는 것이 없다면 모든 점은 유동적이고 마찬가지로 흥미로울 것이라 생각했습니다."[8]

---

8) Merce Cunningham, *Le Danseur et la danse*, Paris, 1980, p.16.

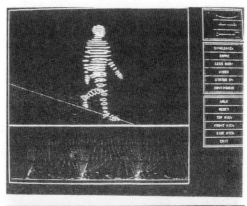

컴퓨터 프로그램 'Compose'를 사용한 무용기보법. 머스 커닝엄(1990)

Compose는 라바노테이션을 매킨토시용으로 프로그램화한 맥라반의 개량형이다. 위의
사진은 신체의 움직임을 링과 선으로 나타내고 있다. 또 화면 오른쪽의 메뉴를 클릭하면
하나의 움직임을 위쪽, 정면, 측면에서 볼 수 있다. 원하는 움직임을 얻을 때까지 반복해
서 시연할 수 있다. 아래 화면에서는 복수의 댄서의 움직임을 따로따로 저장해두고 그것
을 한 무대에 임의로 불러들여 안무를 하는 장면이다. 화면 오른쪽의 작은 기호들은 라
바노테이션의 '계조'처럼 움직임을 나타낸다. Compose로는 각각의 댄서가 무대 위에서
펼치는 움직임뿐 아니라 입장과 퇴장 시간을 초단위로 설정할 수 있다.

　여기에 커닝엄이 생각하는 공간의 특성이 집약되어 있다. 이러한 공간

안에서는 어떤 방향이나 동작이 다른 방향이나 동작보다 더 중요하다고

할 수 없다. 따라서 그 공간에서 댄서에게 요구되는 것은 표현이 아니다.

커닝엄은 "나는 하나의 동작이 어떤 표현도 갖추지 않고 명석하게 이루

어지기를 바란다. 어떤 댄서가 어떤 동작을 이루는 것이지 댄서가 그 외에 무엇인가를 가미하거나 하는 것이 아니다. 댄서가 어떤 동작을 취함으로써 만들어내는 형태만을 보고 싶은 것이다"라고 지적한다.

응차쿠 쿠바(ntshak kuba)족의 베(자이레)
응차쿠라 불리는 이 베는 쿠바족 여성이 춤출 때 허리에 두르는 것이다. 표면에 보이는 화살표를 비롯한 기하학적 문양은 아플리케(appliqué)로 흡사 춤추는 공간의 방향을 나타내고 있는 것처럼 보인다. 그 자유스런 형태와 리듬은 파울 클레를 비롯한 수많은 예술가들을 매료시켰다.

표현력을 떨쳐버린 춤꾼에게 춤의 질이란 무엇인가. 커닝엄에게 그것은 가능한 한 명석한 움직임이다. 기술이란 명석함이고 특히 동작에서의 재빠른 몸놀림이다. 종종 어떤 작품에 대해 '순수하다'라는 형용사가 쓰이는 것도 독일을 중심으로 일어난 연극무용(Theatre-Dance)이나 일본의 '부토(舞踏)' 등의 표현주의적인 춤과는 전혀 다른 이러한 기본적인 사고방식에 따른 것이 클 것이다.

1992년 가을 파리오페라극장에서 상연된 최신작 〈Enter〉는 상연시간만 1시간이나 되어 지금까지의 커닝엄의 작품치고는 예외적으로 긴 것이었다. 백색 천에 검은 선으로 원이나 타원을 그린 커튼은 존 케이지가 이 작품을 위해 만든 것이다. 작품 쪽도 같은 해 여름 생을 마친 케이지를 위해 바치듯 고요함으로 채워졌다.

커닝엄은 이미 90년부터 'Compose'라는 컴퓨터 프로그램을 안무로 사용했다. 이는 밴쿠버 소재 사이먼 프레이저 대학(Simon Fraser Univ.)에서 개발된 것으로 라바노테이션을 매킨토시용으로 프로그램한 '맥라반(Maclaban)'의 개량형이다. 커닝엄은 케이지와 협력하면서 자신의 무용술에 불확정성을 적극적으로 적용했는데 이 'Compose'에 의한 무용술의 가능성은 무한하다고 볼 수 있다.

최신작은 거기에서 더 나아간 프로그램 'Life Forms'를 원용한 것으로 하나의 움직임에 대한 마디(phrase)를 기억하였다가 그것을 필요에 따라 추출하면서 커닝엄이 작품을 구축한 것이다. 각 댄서의 등장과 퇴장, 각각의 춤사위 시간 역시 'Life Forms'로 프로그램된 불확정성에 따라 정해진다고 한다. 라반이 개발한 방법이 형태를 바꿔 커닝엄의 신체 상대성

이론으로 소생한 것이다.[9]

촉각도시로

"여기에 적당한 공간만 있다면 반드시 멋진 춤을 출 수 있을 것이다. 가장 좋은 장소를 제공할 수 있는 곳은 오래된 철도역일 것이다. 그런 장소가 남아있는 곳에서 펼치는 인간의 움직임은 기막히다. 그랜드 센트럴역(Grand Central Station)의 발코니에 서서 중앙 홀을 내려다보라. 사람들이 왼편에 있는 에스컬레이터를 타고 같은 방향으로 내려간다. 하지만 그것은 아주 짧은 순간일 뿐이다. 곧 그들은 모든 방향으로 흩어진다. 안내 카운터 주변을 시계방향으로 걷는 이들이 있는가 하면 그 반대 방향으로 도는 이들도 있다. 수백 명의 사람들이 모든 방향으로 구불거리고 몸을 비켜가거나 상대를 견제하면서 걷는다. 여기저기서 뛰는 이들이 보인다. 하나같이 누군가와 충돌하기 쉬운 코스를 밟아 가는데 발걸음을 늦추거나 재촉하면서 또는 곁으로 발을 비켜가면서 접촉하는 일 없이 걷는다. 분명히 이것은 춤이다."[10]

화이트가 묘사한 이 글에서 그랜드 센트럴역이라는 고유명사를 지우

---

9) 라반은 '코레오틱스'의 사상에 대해 다음과 같이 밝혔다. "인간은 공간 속에서의 신체 위치를 바꾸는 몸짓에서 전자나 원자 그리고 분자가 움직일 때의 양식과 다를 바 없다"(San Thornton, *op. cit.* p.28). 또 라바노테이션을 중심으로 댄스 안무를 둘러싼 수학자 르네 톰(René F. Thom)이나 도시계획 전문가 폴 비릴리오(Paul Virilio) 등이 참가한 학제간 (Interdisciplinary) 토론이 루페(L. Louppe)의 주도로 이루어졌다. L. Louppe, P. Virilio, *Danses tracées*, Paris, 1991. 또 윌리엄 포사이드(William Forsythe)는 라바노테이션을 부분적으로 계승하면서 인터랙티브한 영상 미디어를 이용한 새로운 노테이션 툴을 발표하여 컨템퍼러리 댄스에서 미디어아트에 이르기까지 폭넓은 분야에 영향을 끼치고 있다. William Forsythe: Improvisation Technologies: A Tool for the Analytical Dance Eye(CD-ROM), Hatje Cantz, 2000.

10) W. H. Whyte, *op. cit.* p.67.

면 그대로 〈Enter〉에 대한 인상과 겹친다. 커닝엄의 무대에서도 인간은 모든 방향을 향해 걷다가 엉키고 멈추었다 다시 제멋대로 움직이기 시작한다. 함께 있는데도 따로따로고 따로따로인데도 하나의 장을 만든다. 머스 커닝엄 댄스컴퍼니(Merce Cunningham Dance Company)가 뉴욕에서 탄생한 것도 우연이 아니다.

화이트가 관찰한 〈도시〉 속에서 가장 중요한 광경은 노상에서 이야기하는 사람들이다. 그와 마찬가지로 도시에서 제일 재미있는 것은 노상의 사람 관찰인 것이다. 극장을 나와서 카페에 앉는다. 수백 명의 사람들이 모든 방향으로 구불거리고 몸을 비켜가면서 걷고 있다. 공간 속에 정점(定點)은 없다. 대화가 시작된다. 두 사람 사이의 거리, 대화하는 중에 주고받는 신호, 팔과 어깨의 움직임 그리고 표정. 옷소매를 만지작거리는 손. 코트 옷깃에 붙은 실보무라지를 잡는 손. 이러한 굉장히 미세한 대부분의 겨우 무의식적으로 이루어지는 동작 속에 인간이 갖고 있는 촉각의 최대치에 해당하는 표현이 있다.

우리는 이처럼 그리고 항상 타자와 접촉하는 일을 단념하지 않는다.

9장
세계피부의 꿈

이 책은 현대를 살고 있는 우리의 '손의 퇴화'라는 하나의 인식에서 출발했다. 1991년부터 2년 동안의 집필 당시만 해도 인터넷과 휴대전화는 아직 일반화에는 미치지 못한 상황이었다. 당연한 얘기지만 엄지손가락 하나로 '메일을 보내는' 사람도 없었고, '인터넷으로 검색한다'는 표현도 없었다. 현재 앞서 든 두 행위가 없는 일상을 상상할 수 있을까. 20년도 지나지 않은 사이에 우리 사회에 일어난 변화에 현기증을 느낄 수밖에 없다. 그럼에도 기본적으로는 '손의 퇴화'로 시작된 일련의 고찰이 현재까지 이어지는 길을 그대로 드러내고 있는 듯이 보인다.

하나의 스크린은 모든 스크린

"열 손가락으로 무엇 하나 할 수 없다"는 앙드레 르로와-그랑의 말에 자극을 받아서는 아니지만, 컴퓨터는 '손가락으로 무엇이든 가능한' 방향으로 개발이 추진되고 있다. 그것을 떠받치는 것은 '멀티 터치'라 불리는 복합기술로 스크린이 복수의 손가락을 검지(檢知)하여 그 움직임에 반응한다. 이미 스마트폰이나 태블릿PC에 채택되어 쓰이고 있으나, 향후 10년 사이에 손가락 끝은 시간, 압력, 체온, 맥박, 지문 등 다른 정보를 스크린과 주고받으면서 컴퓨터를 본래 의미에서의 '퍼스널'한 것으로 맞추어 나갈 것이다. 다시 말해 이 분야의 기술이 마침내 촉각을 인터페이스로 실용화하는 단계에까지 따라붙어왔음을 의미한다.

그뿐만이 아니다. 손가락 끝은 스크린을 통해 다른 스크린과도 정보를 교환한다. 거대 통신회선을 통해 실질적으로 하나의 스크린이 모든 스크린인 듯한 상황에서, 하나의 손가락 끝이 제공하는 정보를 온라인에 있는 모든 스크린에서 공유할 수 있다면 촉각은 새로운 원격 소통이 가능하다. 개개의 손가락 끝의 체온이나 맥박은 기상정보와 같은 위치를 점하고 있는지도 모른다. '신체의 기상학'을 실천한 무용가들의 단련에는 훨씬 못 미치더라도 멀리 떨어진 지점에서 불특정 다수의 인간 신체의 기상은 미지의 작품을 낳는 매체가 될 가능성이 있다.

다만 주의할 점은 거기에서 진화하고 있는 것은 어디까지나 스크린과 그것을 떠받치는 수많은 기술 쪽이지 우리의 손이나 촉각이 아니라는 사실이다. 말할 나위도 없이 시각의 압도적인 우위는 지금도 변함이 없다. 이에 그치지 않고 인터넷의 폭발적인 진화에 의해 시각문화는 우리의 생활을 토대에서부터 바꾸려하고 있다. 예를 들면 '영상 혹성(picture planet)'이라 부른 상황이 그 하나인데 거기에서는 모든 스크린이 혹성을 덮는 단일한 스크린으로 기능한다(港千尋, 『映像論—「光の世紀」から「記憶の世紀」へ』, NHKブックス, 1998). 우리는 이미 정지화면과 동영상을 포함해, 과거와 현재의 모든 이미지가 공유되는 '혹성영화관'에 살고 있고, 누구인지도 모르는 사람들의 사진이 담긴 '혹성가족 앨범'을 뒤적이고 있다. 그것이 매일 엄청난 양으로 증가하는 모양새에 대해 이미지의 초편재성이라 불러 마땅할 것이다.

이러한 시각의 압도적인 우위를 보면 그것이 얼마만한 것이든 촉각이나 피부의 변화는 상대적으로 미미한 것이다. '퍼스널'한 미디어가 발전하면 할수록 사람과 사람이 직접 얼굴을 맞댈 기회는 줄어든다. 그러한 경향이 미국사회에서 전해져 온지 이미 오래다. 스크린에는 상영막과 가림막이라는 두 가지 의미가 있다. 스크린이 원래 사람과 사람 사이를 격리하고 고독을 조장하는 경향이 있다는 점을 감안하면, '퍼스널'한 미디어에 부과된 과제란 그와는 반대로 직접 부대끼고 사태를 감안하여 어떻게 창조의 장을 만들 수 있는가가 될 것이다.

처형기계와 새로운 벽

이 책 2장 〈통증의 도상학〉에서 다룬 카프가의 무시무시한 기계는 후대에 작가가 생각지도 못했을 광범위한 영향을 미치고 있다. 미디어 아티스트 닌 자넷 카디프(Janet Cardiff, 1957~)와 조지 부스 밀러(George Bures Miller, 1960~)는, 2007년에 이 소설을 바탕으로 한 처형기계를 발표했다. 제목도 적나라하게 〈Killing Machine〉이다.

두 예술가는 1995년 이래 미술사나 문학에서 제재를 취해 다채로운 작품을 발표해왔는데 작품의 특징을 하나 들자면 신구의 미디어를 해체하여 새로운 방식으로 통합하는 방법을 모색한다고 할 수 있다. 컴퓨터로 제어하면서도 어디까지나 그것을 배후로 사용한다. 우리가 대면하는 것은 라디오나 엘피판, 슬라이드 사진 등 '아날로그 시대'의 기록이고 그것들은 마치 다락방에서 불려 와서는 약간의 실감나는 배려심으로 우리를 초대한다. 거기에서는 아날로그 기계만의 독특한 음색 쪽이 실재고, 그것을 듣고 있는 우리들은 유령이 되어버린 듯한 기묘한 역전이 일어난다.

〈Killing Machine〉 역시 같은 방법으로 제작되었다. 금속제 틀 속에 '침대'가 놓여 있다. 관객이 '누름' 버튼을 누르면 침대 위쪽에서 두 개의 로봇팔 같은 것이 내려온다. 이것이 써레에 해당하고 로봇팔 끝에는 빔 라이트와 문신기계가 장착되어 있다. 두 개의 팔이 침대 위 가상의 신체를 주사(走査)하듯 자유분방하게 움직이고 기묘한 노이즈가 섞인 음향이 흘러나오면서 마침내 판결문으로 보이는 내용의 목소리가 들린다.

카프카의 원작에서는 '제도사'가 톱니바퀴를 조정하면서 판결문을 써레에 전달하게 되어있다. 〈Killing Machine〉에서는 로봇과 복수의 모니터로 연결된 제어시스템 전체가 이에 해당한다. 원작에서도 그렇지만 판결문 자체는 컴퓨터에 의해 전달되는 '명령'이나 여행자=관객에게는 그대로는 판결불가능하다. 즉 '제도사'는 판결문의 내용을 인간에게 판독=감상할 수 있게 표시하는 장치고 그것을 실행하는 로봇이 '써레'인 것이다. 팔 끝으로 튀어나온 길고 예리한 금속제 침이 수도 없이 움직이면서 최후에는 침대 위쪽에 붙어있는 미러볼(mirror ball)이 회전하며 장치 전체에 어슴푸레한 빛을 덮어간다. 순간 갑자기 전기가 꺼지며 '종료'. 원작은 1919년인데 두 명의 아티스트는 현대기술과 카프카의 아이디어를 매우 충실하게 접목하여 소름끼치는 기계를 만들어낸 셈이다.

작동시간은 한 회에 약 4분간이다. 여러 사람이 보는 가운데 움직이는 이 그로테스크한 기계장치를 통해, 일본을 포함해서 지금도 많은 나라에서 채택되고 있는 사형제도, 특히 미국에서 사용 중인 처형기계에 대한 강렬한 아이러니를 쉽게 볼 수 있다. 그것은 미러볼뿐 아니라 금속 틀에 부착되어 있는 일렉트릭 기타와 심벌이 어색하게 움직이며 내는 노이즈에서도 느껴진다. 현실은 처형이 쇼로서 기능을 지속하고 있다.

그 4분간이 지난 후의 어둠 속에서 여행자=관객은 생각하지 않을 수 없다. 분명히 가상의 처형을 스펙터클한 쇼로 지켜보던 많은 사람 중 한 사람은 나다. 그렇다면 이 기계를 움직이는 자는 누구란 말인가. '노사령관'은 지금도 어딘가에 있다는 말인가. 그것은 역시 현 상황에서 공적인 처형이 가능한 유일한 주체 '국가'가 아닐까.

지난 20년간은 베를린 장벽의 붕괴, 소련의 해체, 아파르트헤이트의 폐지 등 일련의 역사적 장벽이 연쇄적으로 붕괴한 시기이기도 했다. 이 책의 집필은 바로 소련 붕괴를 전후로 하여 이루어졌고 특히 유럽으로서는 세기의 교체보다 더 커다란 역사적 분기점을 이룬 시기다. 무언가 지속적으로 변하고 있다는, 막연한 기대에 찬 시대였다고 해도 좋다. 하지만 현실은 반드시 그렇게 되지는 않았다.

〈색소정치학〉의 장에서 다룬 극우정당과 그 지지기반은 여전히 힘을 갖고 있다. 그뿐 아니라 예컨대 프랑스에서는 대통령이 솔선하여 인종주의적 발언, 네오식민지주의(neo-colonialism)적 정책 공언을 거리끼지 않는다. 배타주의라는 점에서 최근에 벌어진 가장 우려스러운 현상은 새로운 '벽'의 구축이다. 예를 들면 미국과 멕시코 국경에 끝없이 이어지는 철책, 이스라엘이 팔레스타인을 포위하는 거대한 콘크리트 장벽 등은 뉴스나 영화에서 다루고 있는 것이어서 비교적 잘 알려져 있다. 하지만 사우디아라비아가 예멘과의 사이에, 인도가 카시미르에서 파키스탄과의 사이에, 보츠와나가 짐바브웨와의 사이에 새로운 벽을 구축하고 있음은 거의 알려져 있지 않다.

이것들은 콘크리트로만이 구축된 것이 아니다. 대부분은 철조망을 몇

겹이고 에워싼 '존(Zone)'으로서 설치되어 있다. 외부를 향해서는 전류가 흐르는 위험한 철조망이다. 여기에 예로 든 것은 일부에 지나지 않는다. 그 대부분은 최근 10년 사이에 출현한 것으로 그런 의미에서는 '포스트 베를린'시대의 새로운 벽이다. 그뿐 아니다. 미국에서 부유층 주거지역의 출입을 제한하기 위해 다수 만들어져 문제가 되고 있는 게이티드 커뮤니티(Gated Community)가 있다. 높은 벽으로 에워싸고 검문소를 설치한 것으로 지금은 세계 전역에서 비슷한 커뮤니티가 증식 중에 있다. 스페인은 모로코 일각에 자신들의 영토를 가지고 있는데 이 지역을 둘러싼 두터운 벽은 EU의 예산으로 추진된 것이다.

베를린 장벽 붕괴 20년을 기념하여 세계 유명 아티스트들이 도미노로 만든 벽을 무너뜨린 식전행사는 기억에 새롭다. 현실은 그와 정반대로 도미노 식전행사에 새로운 벽이 구축되고 있는 양상이다. 이것을 어떻게 받아들여야 좋을까. 국가 권력에 제동을 걸 수 없게 된 마당이니 누구에게라도 물리적인 분단과 포위를 거리낌 없이 자행할 수 있다는 뜻인가. 이러한 현상을 정면으로 다룬 최초의 연구자인 웬디 브라운(Brown, Wendy)은 이를 부정하고 오히려 국가 주권의 약체화에 주목해야 한다고 주장한다. 예컨대 미국에서는 게이티드 커뮤니티처럼 다수의 벽에 대한 건설 · 관리 · 감시체제의 유지를 민간에 위탁하고 있는데, 이는 아프가니스탄이나 이라크 등에서의 군사작전처럼 '전쟁의 민영화' 흐름 속에서 벌어지고 있는 현상으로 이제는 국경 유지마저도 '민영화'되어가고 있다는 것이다.

분명히 일리가 있는 말이다. 하지만 확대일로의 EU 내부에서 국경이 철폐됨과 동시에 곧바로 그 외부에 위치한 모로코에 강고한 벽을 구축하는 것에 대해 반드시 국가주권의 약체화나 민영화만으로 설명할 수 있는 것은 아니다. 그 배경에는 항상적으로 이식된 접촉공포로, 이상한 벽의 증식에 무관심하게 된 듯한 〈Killing Machine〉의 작동을 살펴야하는 것은 아닐까. 카프카의 기계가 명령을 새기는 기계였음을 놓쳐서는 안 될 것이다. 그곳을 지나가서는 안 된다는 명령, 대지 보행이라는 인간의 가장 기본적인 영위(營爲)를 금지하는 '명령의 물질화'가 진행되고 있는 것이다.

'국경 없는(borderless)'이라는 단어가 쓰인지 오랜데 촉각문화론적으로는 이미 사어가 아닌가고 따져볼 수도 있을 것이다. 볼 수는 있어도 느낄 수는 없는 공간이, 조용히 그러나 광대한 범위에서 확장되고 있기 때문이다.

손의 전략

그럼에도 손은 단념하지 않고 계속해서 움직인다. 최근 들어 앨빈 토플러가 주저 『제3의 물결』에서 제창한 '생산소비자'라는 개념이 재삼 주목을 받고 있다. 원래 농업생산의 시대, 즉 '제1의 물결' 시대에는 인간이 자신의 생산물을 소비하고 부족한 것은 교환하여 충족시켰다. 생산과 소비 사이에 명확한 분리가 일어난 것은 '제2의 물결' 시대고 구체적으로는 산업혁명이 양자 사이에 두텁고 복잡한 관계를 구축했다. 토플러는 지식이 중심적인 힘이 된 '제3의 물결' 시대에는 양자 사이의 경계가 약해지고 생산소비자가 부활한다고 예견했다. 그가 그 구체적인 예로 든 것은 당시 미국에서 유행 중이던 셀프서비스와 Do it Yourself(DIY)였다.

'프로슈머'라는 조어로 설명하려 한 토플러의 예견이 재평가 되고 있는

데에는 한마디로 고도정보화 사회가 세계화의 흐름에 따라, 종래 정보제
공자와 이용자로 분화되어 있던 구도가 극적으로 변화한 현실이 자리 잡
고 있다. 블로그나 트위터를 예로 들것도 없이 누구나 발언자 내지는 발
신자가 되어 스마트폰으로 텔레비전 중계까지 가능한 현실에서 정보의
생산과 소비를 명확하게 분리하는 일은 곤란하다. 그것은 다만 서비스
상의 어떤 현상에 한한 것이고 지금이라도 내구소비재의 대부분은 생산
자와 소비자로 이분화된, 즉 '제2의 물결' 에 머물러 있다고 해도 좋다.

　만일 토플러가 '제3의 물결'에 예상하지 못한 어떤 것이 생겨난다면 그
것은 단순한 정보서비스의 생산소비자가 아니다. 현재의 인터넷 환경을
최대한 이용하여 복수의 사람이 각자의 지식과 경험을 공유하면서 새로
운 것이나 아이디어를 만들어나갈 것이라는 방법론의 생산소비자다. 그
것이 세계적 규모로 급속하게 침투하고 있는 부분은 어쩌면 창조의 세계
일 것이다. 특히 흥미로운 것은 물질과 정보의 하이브리드를 시도하면서
수제(手製) 정신을 폭발적으로 확대하고 있는 사람들이다. 손의 복권이
이 시대에 가능한 것은 그러한 DIY 정신이 맥맥이 살아있기 때문이다.
거기에는 1980년대에 생겨난 운동(movement)뿐 아니라 그보다 훨씬 긴
시간 속에서 배양되어온 뜨개질(編物)과 같은 전통도 있다.

　예를 들어 레이스 뜨개질이나 니트 뜨개질도 프로그래밍 기술과 결합
하여 여태까지와는 전혀 다른 형태나 스케일이 파생되고 있다. 패턴을
인터넷 상에서 공개하고 세계 각지에서 분담한 부분을 수합하여 하나의
거대한 편물을 제작하는 일도 가능해졌다. 이러한 작품을 보고 있자면
열 손가락으로는 안 되더라도 백 손가락은 가능할 수도 있다는 것을 알
게 된다. 만 손가락이라면 더 더욱 그러하리라. 만약 정보통신망이 제2

의 피부로서 지구를 연결한다면 그 손가락들이 따로 움직여 만든 제3의 피부가 언젠가 세계를 뒤덮는 날도 오지 않을까.

이 책에 등장한 마이클 잭슨과 머스 커닝엄은 이미 지상의 사람이 아니다. 허전하기 이를 데 없지만 두 사람 모두 각자의 재능과 드문 천재적 신체감각으로 세계를 이으려 애쓴 예술가였다. 두 사람이 음악과 춤에서 보인 공헌이 더 풍부한 결과로 이어지는 것은 역시 예민한 피부감각을 가진 세대의 몫일 것이다.

거기에서는 이해하는 것 이상으로 느끼는 것이 중요하다. 그리고 시대의 숨겨진 곳에서 움직이고 있는 감각이 무엇보다도 피부감각임을 실감하게 된다. 피부는 역시 깊은 데에 있어서 우리가 나아가야 할 길을 내부로부터 꾸준히 알려주고 있는 게 아닌가 생각한다.

참고문헌

Janet Cardiff and George Bures Miller, *The Killing Machine and Other stories 1995~2007*, Hatje Cantz Verlag, 2007.
Wendy Brown, MURS, Les Prairies Ordinaires, Paris, 2009.
アルビン・トフラー, 德岡孝夫監 訳,『第三の波』, 中央文庫, 1982
Radical Lace and Subversive Knitting-Museum of Arts and Design, New York, 2008.
DIY에서 가장 활동적인 MAKE에 대해서는 아래 URL을 참조.
http://makezine.com

관련 지도

① 피그미 분포도(다페르[Olfert Dapper]재단, 1992)

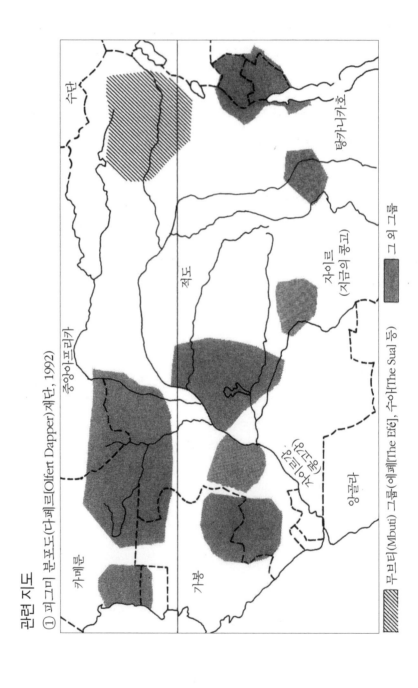

무브티(Mbuti) 그룹(에페[The Efe], 수아[The Sua] 등)

그 외 그룹

수단

중앙아프리카

카메룬

가봉

앙골라

잠비아(일부)

자이르
(지금의 콩고)

적도

탕가니카호

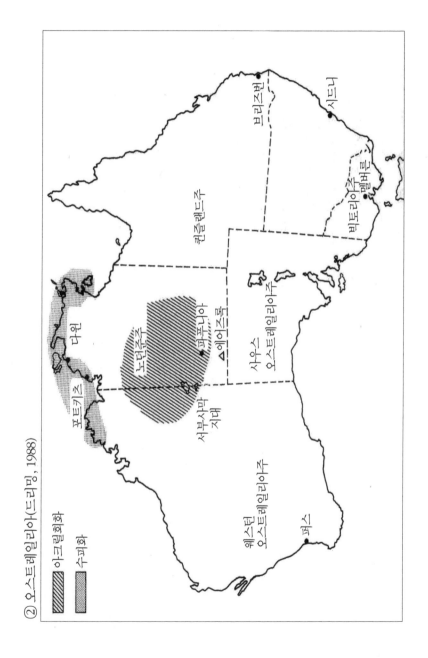

② 오스트레일리아(트리핑, 1988)

아크릴화

수피화

브리즈번

시드니

퀸즐랜드주

빅토리아주

멜버른

사우스
오스트레일리아주

노던준주

△헤이즈록

포프니아

다윈

포트키츠

서부사막
지대

웨스턴
오스트레일리아주

퍼스

신판후기

새로운 세기를 맞아 복간, 그것도 이미 최초의 10년을 경과하고 있고 그 사이 세계에서 벌어진 괄목할만한 변화를 생각하면 솔직히 얼마만한 증보가 가능한 것인지 자문하지 않을 수 없었다. 하지만 초판을 다시 읽어보면, 변화한 것은 주로 기술적 발전에 따라 실현된 현상이어서, 각각의 테마는 각각의 기술-정치적 환경을 기초로 반추할 수 있을 것이라 생각한다. 약간의 표기를 수정하고 주석에 최소한의 보족을 더했을 뿐으로 본문은 초판 그대로다. 당시 위기의 한복판에 있던 유럽의 분위기를 남겨두고 싶어한 것도 작용했다.

정보통신 혁명 전야에 씌어졌지만 얼마간의 주제는 그 후 구체적인 조직으로서 독립하여 흥미로운 프로그램을 전개하고 있다. 파리의 깨브랑리 박물관(Musée du quai Branly)이나, 런던의 라반 센터(Laban Centre) 등 가능한 범위에서 업데이트 한 부분에는 웹의 사이트를 부기하였으므로 참조하기 바란다. 모두의 질문 "사라져가고 있는 것은 손 쪽인가 아니면 현실 쪽인가"는 앞으로도 형태를 바꾸어 반복될 것이다. 갓난아기나 장님도 그리고 암흑세계에 남겨진 우리들도 우선은 손을 내민다. 정보로서 부여된 이전의 세계에 대해 손짓이란 사느냐 죽느냐 하는 문제기 때문이다.

오랜 기간 품절이었던 이 책에 문자 그대로 새로운 피부를 입히는 동안 이마오카 마이코(今岡雅依子) 씨에게 많은 신세를 졌다. 마음속 깊이 감사드린다.

2010년

미나토 지히로

역자후기

　서양의 정신사는 몸을 무화과 잎으로 가려야 할 부끄러운 것으로 만들어 버렸고 피와 살인 몸을 십자가에 못 박아 죽여 버렸으며 계몽의 이름으로 신의 자리를 대신한 이성은 그 몸을 아예 버려 버렸다.

　그러나 우리들의 '삶-체험'(Erlebnis)은 '의식'이며, 그 의식은 마음으로만 하는 것이 아니라 몸으로도 한다. 몸과 마음은 서로 분리 불가능하며 '체험의 연속성'이야말로 인간의 요체다. 신체를 통한 외부의 자극으로부터의 느낌, 정서, 성질, 패턴에 대한 이해와 그로부터 형성된 개념과 이성 그리고 우리들의 영성(Spirituality)에 이르기까지 몸의 확장을 통해 이루어지지 않는 것은 없다.

　몸의 확장은 두 갈래 길을 통해 이루어진다. 그 하나는 도구적 확장이며, 다른 하나는 표현적 확장이다. 도구적 확장은 수단과 방법 사이의 합리적 관계에 대한 주목이며, 표현적 확장은 표현하는 것과 표현되는 것 사이의 심미적, 의미론적 관계에 대한 주목이다.

　표현의 확장은 늘 은유(Metaphor)를 통해 이루어진다. 은유는 거의 신체적이다. 몸을 지반으로 하지 않는 표현은 존재하지 않는다. 모든 예술 창작 또한 새로운 은유의 발견이며 참다운 미적 인식을 통해서만 인간은 자신에 대한 성찰과 타자와의 진정한 관계에 도달할 수 있다.

나와 타자를 가르는 신체적 기준은 피부다. 스스로 자신의 몸에 간지럼을 태워 보라. 보통의 사람이라면 그 반응하지 않던 피부조차 타자가 간지럽게 할 때에는 참을 수 없는 웃음을 터트리게 된다. 청춘남녀의 사랑에 가득 찬 마음이 도달하는 지점 또한 그윽한 눈빛의 표정과 '스킨십'이 아니던가?

부정할 수 없이 촉감은 타자와의 관계를 전제하는 감각이다. 결국 미적 인식은 타자의 통증에 대한 반응으로부터 출발하며 그 반응(response)은 곧 책임(Responsibility)이라는 레비나스(Emmanuel Levinas)의 성찰 또한 몸이 드러내는 감정, 즉 얼굴을 통해서 이루어진다.

『생각하는 피부』, 이 책의 제목이 주는 느낌이 생경하다고 느낄 수 있을 것이다. 오래 전에, 그것도 우연히 만난 이 책은 최근의 내 관심사 속에서 여전히 떠나지 않고 있다. "어떻게 몸이 생각을 하느냐"고 묻는 이들에게 이 책을 통해 "피부를 생각해보라"고 권하고 싶다. 풍부한 문화사적 사례를 품고 풀어가는 미나토 지히로의 이야기는 매우 흥미롭고 진지하다.

2014년 여름에
김경주